Joseph Marius Babo, August von Kotzebue, Johann Christian Brandes

Die Strelitzen - ein heroisches Schauspiel in vier Aufzügen

nach einer wahren russischen Begebenheit

Joseph Marius Babo, August von Kotzebue, Johann Christian Brandes

Die Strelitzen - ein heroisches Schauspiel in vier Aufzügen
nach einer wahren russischen Begebenheit

ISBN/EAN: 9783743440104

Hergestellt in Europa, USA, Kanada, Australien, Japan

Cover: Foto ©ninafisch / pixelio.de

Manufactured and distributed by brebook publishing software (www.brebook.com)

Joseph Marius Babo, August von Kotzebue, Johann Christian Brandes

Die Strelitzen - ein heroisches Schauspiel in vier Aufzügen

Die Strelitzen.

Ein

heroisches Schauspiel

in

vier Aufzügen,

nach

einer wahren russischen Begebenheit.

Von

J. M. Babo.

Perſonen.

Peter Alexiowitz, Czaar von Rußland.

Ein Miniſter.

Ein General.

Oſſakof, Strelitzen Obriſter.

Paulowna Oſſakowa, ſeine Gemahlinn.

Fedor Oſſakof, ihr Sohn.

Soukaninn, Oberhaupt der verſchwornen
    Strelitzen.

Jwanof, ein alter Strelitze.

Ein Offizier.

Strelitzen.

Wache.

Die Begebenheit trug ſich in Moskau zu.

Er=

Erster Aufzug.

(Straße.)

Erster Auftritt.

Bei nächtlicher Dunkelheit und Stille kommen
Oſſakowa und Iwanof aus einer
Straße.

Oſſakowa.

Iſt's denn noch ſo früh, daß man keinen Menſchen ſieht und hört?

Iwanof. Freilich iſt's früh und finſter.

Oſſakowa. — Nacht und Finſterniß ſtrei-
ten, glaub ich, mit dem Lichte, wie die Unge-
rechtigkeit mit dem Edelſinne, und hier ſcheinen
ſie gewonnen zu haben. — Sind das nicht

drei-

drei Nächte! Eine kömmt mir länger vor, als
mein ganzes Leben!

Jwanof. Ihr habt ein eigenes Maas für
eure Zeit.

Ossakowa. Ich zähle sie nach meiner Un-
ruhe; nach Furcht und Sorg' und Sehnsucht.
Du bist eine lebendig todte Uhr, die nach dem
Pulsschlag richtig geht.

Jwanof. Desto besser!

Ossakowa. Oh! nicht immer. In den Tagen meines Glücks wars anders!

Jwanof. Desto schlimmer!

Ossakowa. — Ja wohl! wenn ich damals
richtiger zählen gelernet hätte, so könnte ichs
jetzt. Wer nie glücklich war, kann nie unglücklich werden! — Freund!

Jwanof. Befehlt!

Ossakowa. Glaubst du, daß wir ihn hier
sehen werden?

Jwanof. Ich kann euch nichts versichern,
als daß dieses der öde Platz ist, den man mir
beschrieb.

Ossakowa. Und daß mein Sohn alltäglich
sehr frühe über diesen Platz nach der Kirche geht?

Jwanof. Ja.

Ossakowa. Aber warum kam er gestern und
vorgestern nicht?

Jwanof. Fragt ihn selbst, wenn er kömmt.

Ossakowa. Wenn er aber auch heute nicht
kömmt? wenn er nie kömmt?

Jwanof. So weiß ich nicht warum.

Ossa.

Offakowa. — — Im Gebiete der Eigenmacht ist die Pest zu Hause, und sie wohnt im
Auge des Despoten. Auf seinen Wink harren
Knute, Kerker, Ketten, Beile in den Händen
seiner Würger. — Jwanof! Vielleicht gefiel es
dem Czaar, auch meinen Sohn seiner Majestät
zu opfern!

Jwanof. Pfui der gefräßigen Majestät!

Offakowa. Oder daß Krankheit, die Gesel-
linn der Armuth, ihn aufs Lager warf, und
jetzt die letzte Jugendkraft aus seinen Nerven
saugt. O Freund! warum wolltest du nicht zu
ihm gehen? —

Jwanof. Weil ihr dadurch verrathen würdet. Ich dien' euch nur in dem, was euch
nützt und frommt. Ihr seyd aus dieser Stadt
verbannt, und sollt und dürfet hier nicht seyn.
Mich kennt man. Sähe man mich bei eurem
Sohne, gleich würde der Späher fragen: „Was
macht Jwanof der Strelitze, beim Sohne Offakof? Wer sendet ihn? Was bringt er?" —
Man würde forschen, euch finden, und euch
strafen.

Offakowa. Wer denkt an uns? Wer kann,
wer will uns kennen?

Jwanof. Der Argwohn.

Offakowa. Für den Argwohn des Herrschers
sind wir zu klein geworden.

Jwanof. Nein, der Argwohn des Herrschers ist noch groß genug für uns zerstreute,
vernichtete Strelitzen. Er trennte unsere Schaar,
weil

weil sie zu mächtig seiner Willkühr und seinem Thron gefährlich schien. Glaubt mir, an jedem Tage gedenkt er der Strelitzen. Auf den Schultern unsers tapfern Heeres ruhte der Glanz der Moskowitischen Krone; Vereint war's einst der Czaarn Stolz und Stütze, und nun getrennt, vertilgt, kann kein Strelitze dem Vertilger gleichgültig seyn.

Ossakowa. Stille! ich höre jemand.

Iwanof. So gehn wir auf die Seite.

Zweyter Auftritt.

Soukaninn. Die Vorigen.

Soukaninn. (vor sich) Zum leztenmal will ichs heute noch versuchen. Find' ich an ihm denselben verschlossenen, kalten Jüngling, so mag der Entwurf scheitern, wenn er anders nicht ohne ihn zu Stande kommen kann!

Ossakowa. (leise zu Iwanof) Geh ihm ein wenig näher; vielleicht ist er's.

Soukaninn. Spricht da nicht jemand?

Ossakowa. (wie oben) Hörst du? geh zu ihm: geh und rede ihn an.

Iwanof. Das ist gefährlich. Wir wollen noch warten. Ist es ein Kundschafter, so wird er sich schon näher um uns kümmern.

Soukaninn. (vor sich) Wie diese Leute gerade daher kommen! (Er tritt schüchtern auf die Seite.)

Ossa.

Ossakowa. Nun so will ich ihn anreden. Warum soll unsertwegen ganz Moskau mit Spionen angefüllt seyn?

Jwanof. Thuts auf eure Gefahr. Ich will mich indessen auf den schlimmen Fall gefaßt halten, den eure Zunge hier veranlassen könnte. Ist der Mensch gefährlich und erkennt euch, so weiß ich kein andres Mittel, als ihn geschwind abzufertigen. Das hat er dann eurer Gesprächigkeit zu danken. (Er nimmt vorsichtig seinen Säbel unter den Arm, und stellt sich aufmerksam ihr zur Seite.) Jetzt redet!

Ossakowa. (laut) Guter Freund! du hast uns frühe aufgeweckt. Wir sind fremde, die aus Dürftigkeit auf diesem unbewohnten Platze übernachten müssen.

Soukaninn. Das ist nichts seltenes. Man hat die Russische Gastfreiheit zur Thüre hinausgestoßen.

Ossakowa. Sonst war ein guter Jüngling in aller Frühe der Erste in unserer Herberg.

Soukaninn. Das war Ossakof.

Ossakowa. Ossakof? Kennst du einen Menschen der so heißt?

Soukaninn. Der verbannte Vater darbt in Sibyrien, und der Sohn lernt hier vergessen, was er ist.

Ossakowa. So genau kennst du sie? Wer bist du?

Soukaninn. Diese weibliche Stimme deucht mir nicht so unbekannt, als eine Weltfremde zu seyn; wie wohl sie hier in Moskau seltsam klingt! Ich will sehen, ob ihr das seyd, wofür ich euch halte. Mein Name ist die Probe. Ich heiße Soukaninn.

Ossakowa. (geht zu ihm.) Soukaninn! Mein Freund und Hausgenosse, willkommen! (Iwanof steckt seinen Säbel ruhig ein.)

Soukaninn. Nun, bey Gott! Ihr seyd Maria Paulowna, meines lieben Obersten liebste Gattinn! — Laßt mich den Saum eures Kleides küssen, holde, wohlthätige Frau, Ihr wart stets der Strelitzen gute Mutter, und gewiß hat Peters Bannfluch, der uns vernichtete, nicht auch euer Herz für uns verschlossen. — Heil dem Tage, an dem ich euch wiedersehe und vom Vater Ossakof ein Wort höre! Wie lebt er, mein Heerführer, euer getreuer Herr? —

Ossakowa. Still! Still! Frag nicht wie einer lebt, dem das Leben zur Strafe gemacht ist. Wenn ich dir's erzählen wollte, so würdest du, als ein treuer Freund und Kriegsgefährte die Wüsteneyen Sibyriens durchspüren, um ihn zu finden und mit wohlthätiger Hand zu tödten.

Soukaninn. O mein Feldherr!

Ossakowa. Still, sag' ich! berühre mich nicht von der Seite, die große Wunde ist noch frisch und offen. Sag' du mir lieber, wo ist mein Sohn?

Soukaninn. Hier in Moskau.

Ossakowa. Das weiß ich. Aber wo kann ich ihn sehen? — Seit den drey Tagen, da

ich

ich hier ankam, war ich jedesmal gleich nach der
Mitternachtsstunde auf diesem Platze und harrte
sein, weil ich gehört hatte, daß er täglich sehr
frühe vorübergehe. Er kam nicht, ich sah ihn
nicht, auch durft ich ihn nicht suchen. Denn
ich bin eine Verbannte; mir ist diese Stadt bey
Todesstrafe verboten.

Soukaninn. O man sieht die wackern Leute
überhaupt nicht gern hier, weil sie den Schur=
ken das Spiel verderben.

Ossakowa. Ich muß mich hüten entdeckt zu
werden. Darum erfand ich die Unwahrheit in=
dem ich dich anredete; wiewohl mir deine Stim=
me, wie dir die meinige, nicht ganz fremde tön=
te. Sieh, Soukaninn, dahin bin ich gebracht!
Schüchtern wandle ich nun durch diese Straßen,
wo alles sonst tief gebeugt zur Seite stand, wenn
ich vorüber gieng.

Soukaninn. Kränkt euch deßhalb nicht,
edle Frau! In einem Lande, wo es von der Lau=
ne eines Einzigen abhängt, Menschen, wie Geld,
zu prägen, verliert der wahre Maaßstab des
Verdienstes sein ganzes Verhältniß. Heute kann
der Czaar den goldnen Rubel zur geringsten Schei=
demünze herabsetzen; aber Gold bleibt, trotz dem
Czaarn, Gold, und Kupfer bleibt, ungeach=
tet aller aufgeprägten Wappen und Fürstenge=
sichter, Kupfer.

Ossakowa. Nicht das, nicht das, mein
Soukaninn, kann meine Seele kränken. Ich
weiß, daß der Czaar wohl Fürsten machen kann,

aber

aber keine Edeln; ich weiß, daß er Bösewichter
in die Höhe heben, aber keine wahrhaft edeln
Menschen erniedrigen kann. Das weiß ich alles,
und fühle die Erhabenheit meines Adels über die
Nacht. Aber ich bin Gattinn und Mutter. Sieh
da die schmerzliche Kette, die mich durch das
Herz meines Herzens an seine Eigenmacht fesselt.
Warum darf die Mutter den Sohn nicht überall
umarmen, wenn kein Verbrechen zwischen beyde
tritt? Und wo ist das Verbrechen des Ossakof?

Soukaninn. Ihr Verbrechen liegt in ihrer
Tugend. Wahrhaftig, wenn man einmal **Memmen, Dummköpfe und Räuber** zu Feld-
herrn, Rathgebern und Richtern haben will; so
ist es Verbrechen genug, wenn tapfere, weise
und gerechte Männer sich um diese Stellen bewer-
ben, oder darin sich zu erhalten suchen!

Ossakowa. Aber ich armes Weib und mein
Sohn, wir waren ja auch von dieser Schuld
engelrein. Warum verbannt man mich? —
Trennt meinen Sohn von mir? Du kennst ihn
Soukaninn; wie lebt er? Warum sagst du, er
lerne hier vergessen, was er ist? —

Soukaninn. Muß er das nicht? Ein guter, frommer Mann mag euer Sohn wohl werden, aber nie ein großer Mann, nie ein Ossakof
an Muth und kühner Entschlossenheit. Er lebt
hier unter der Aufsicht finsterer Popen, die ein
Geschöpf aus ihm bilden, das zu nichts taugen
wird, als mit dem Rosenkranz in der Hand über
die Welt zu seufzen. So will es der schlaue

Czaar

Czaar. Gestern und vorgestern begegnete ich eurem Sohne dort auf der Strasse; denn in seiner klösterlichen Wohnung kömmt ihm niemand, am wenigsten ein Streltze, nahe. Ich glaubte meinem gepreßten Herzen einmal Luft machen zu können. Ich sprach von der grausamen Verbannung seines Vaters und von der eurigen. Ein Seufzer war seine ganze Antwort. Ich redete von der ehmaligen Größe seiner Eltern, erzählte ihm, was sein Vater mit dem Heere der Streltzen für den Thron des Czaarn, selbst für Petern that. „Das war Pflicht‟ sprach er und schwieg. Ich faßte ihn von jeder Seite an, wo ich einen Ossakof, einen Sohn meines Obersten zu finden glaubte; aber überall war der Jüngling kalt und todt.

Ossakowa. O so hätte er ja schon vergessen, was er ist!

Soukaninn. Vielleicht schläft das Gefühl seiner selbst von den unverdaulichen Lehren der Popen und von dem Blendwerk der hohen Wohlthat betäubt. Eure Gegenwart wird es aufwecken. Bey euch wird sich seine wahre Gestalt heraus kehren, die er itzt etwan verborgen hält, um den Absichten des Czaars wenigstens dem Scheine nach zu entsprechen. Ich will ihn jetzt aufsuchen; dieß ist die Stunde seines Ausgangs. Bleibt ihr hier; gestern und vorgestern war ich schuld, daß er nicht über diesen Platz kam; dafür bring ich ihn heute gewiß. Nehmt euch indessen wohl in Acht, daß euch kein

Hund

Hund des Czaars aufspüre. Sie sind so gut abgerichtet, daß ich besorgt bin, sie haben schon Witterung von euch.

Ossakowa. Wie wäre das möglich, da ich nebst diesem Kleide auch immer die Finsterniß der Nacht über mir habe? Geh nur, Soukaninn, und bring ihn bald!

Soukaninn. Nun, Gott befohlen!

(ab.)

Dritter Auftritt.

Ossakowa. Iwanof.

Ossakowa. Kannst du mich nun tadeln, daß ich ihn angeredet habe? Wir Weiber folgen unsrem Gefühle oft so sicher, als ihr der Ueberlegung.

Iwanof. Hm! allemal sicher, wenn's glücklich abläuft. Es wäre schlimm, wenn gar kein Wagstückchen mehr in der Welt gelingen sollte!

Ossakowa. Kennst du den Soukaninn nicht?

Iwanof. Das war ja zwanzig Jahr lang mein Kriegsgefährte und Kreuzbruder *)

Ossakowa. Du seltsamer Mann! Wie konntest du dann so stumm und unbeweglich stehen, ohne ihn beym Wiedersehen zu grüßen? Hat's dich denn nicht gefreut?

Iwa-

---

*) Wenn zwey Russen einen ewigen Freundschafts-Bund schliessen wollen, so geben sie einander ein Kreuz zum Denkmal; und von nun an, sind sie Kreuzbrüder.

Jwanof. Hm! das Verlieren, Trennen, Finden und Wiedersehen, Trauern und Freuen hat bey mir nicht viel mehr zu bedeuten. — Es ist mir in meinem Leben gar zu gemein geworden, und kömmt mir immer vor, als wärs wieder die alte Geschichte.

Ossakowa. Liebst du den Soukaninn denn nicht?

Jwanof. Er war ja zwanzig Jahre lang mein Kreuzbruder. Zwar ist er schlau, doch eben so kühn, darum lieb ich ihn.

Ossakowa. Und standest da, und sahest ihn, nach langer Trennung, wieder, und sprachst kein Wort zu ihm! Ich glaube, wenn du einen Sohn hättest, du würdest den Wiedergefundenen nicht umarmen!

Jwanof. (tief seufzend.) Das wärs! Seit der letzten Zusammenkunft mit meinem Sohne, hat die Freude des Wiedersehens ihren Kredit bey mir verlohren.

Ossakowa. Warum, Alter?

Jwanof. — — In einer argen Schlacht, die ich unter eurem Gemahl fechten half, sprengten wir über Leichen der Unsrigen und der Feinde. Plötzlich befahl Ossakof zu halten. Unter mir jammerte eine halb erloschene Menschenstimme. Ich sah hinunter — es war mein verwundeter Sohn, in dessen Eingeweide die Vorderfüsse meines Pferdes standen.

Ossakowa. O hilf ihm, hilf ihm!

Jwa-

Jwanof. Ja das that ich. Mein Pferd krieg=
te die beyden Sporn bis an die Fersen in die Rip=
pen; es rennte vorwärts in den Feind, meine
Strel'tzen mir nach, und wir siegten.

Ossakowa. Und dein Sohn, dein Sohn?

Jwanof. (gerührt.) Je nun!

Ossakowa. War todt?

Jwanof. (herzlich lachend, doch so, als ob es
ihm eher ums weinen wäre.) Muß ich über eure
spaßhafte Frage doch lachen! Als ob ein zu Schan=
den gehauener, von Pferden zertretener Pursche,
an dessen Leiche kein ganzer Knochen blieb, nicht
todt seyn müsse!

Ossakowa. Und wie war dir's, armer
Mann? Was thatst du?

Jwanof. Ich weinte recht herzlich, als mir
am Abend desselben Tages mein Pferd umfiel.

Ossakowa. Unmensch, dem Thiere und nicht
dem Sohne!

Jwanof. Doch, doch, es galt beyden; und
nützte dem Einen so viel als dem Andern. Ei=
gentlich weinen wir für uns selbst, wenn wir
den Tod eines Freundes beweinen. Es ist lauter
Eigennutz.

Ossakowa. Aber sag mir, Jwanof, wie
kannst du bey dieser eisernen Gemüthsart so viel
Antheil an dem Unglück meines Mannes und dem
meinigen nehmen? Was bewog dich mir in Si=
byriens Wüsteneyen zu folgen, so oft für mich
und mit mir dein Leben zu wagen, mir Nah=

rung zu suchen und selbst zu darben, mich Er-
müdete, vom Elend Erkränkte auf deinem ge-
beugten Rücken durch Gebürge von Schnee zu
tragen? Was bewog dich mit mir wieder zurück
zu wandern denselben gräßlichen Weg, auf welchem uns bey jedem Schritte entweder die Natur
selbst, oder die Menschen den Untergang drohe-
ten? Ich bin arm, ohne Hab' und Hofnung,
habe nichts zum Lohne für dich, als was dir der
elendeste Gassenbettler eben so gut geben kann —
ein herzliches Bedanke mich!

(ihm die Hand drückend.)

Iwanof. Hm! Ich sehe in euren Augen so
was flimmern, hört auf, gütige Frau, laßt's
gut seyn. Ich bezahle ja nur meine Schulden,
und für eure große Wohlthaten wird immer noch
ein Rückstand bleiben. Nehmt also euren Dank
zurück — da habt ihr euren Händedruck auch
wieder — (ihre Hand küssend.) aber die Thräne,
herzliche Gebieterinn, kömmt auf die alte Rechnung, ich kann sie nicht vergelten.

Ossakowa. Du guter Freund und lieber
Vater! Verlaß mich nur nicht. Ich will auch
deiner pflegen, wenn einst Gebrechlichkeit und
Wehethum dein hohes Alter befallen sollten.

(Sie steht, mit dem rechten Arm auf Iwanofs Schulter gelehnt, so, daß sie die hinter ihr Eintretenden
nicht wahrnimmt.)

B   Vier-

Vierter Auftritt.

Fedor Offakof. Soukaninn. Die Vorigen.

Fedor Offakof. (Welchem Soukaninn die Mutter zeigt, ergreift schweigend aber mit Innbrust ihre herabhängende linke Hand zum Küssen.)

Offakowa. (Zieht sie erschrocken zurück.)

Fedor Offakof. O Mutter! Mutter! ich bins ja!

Offakowa. Mein Sohn! mein Sohn! mein Trost! (an ihn sinkend)

Jwanof. Wohl sey dir, Soukaninn!*) — Ich bin Jwanof.

Soukaninn. Jwanof? Bruder! Tausendmal willkommen!

Jwanof. St! Laß unsern Gruß mit dem da (auf Offakowa deutend) in einem hingehen!

Offakowa. O mein Sohn! dieser stille Augenblick in deinen Armen war der seligste meines Lebens! Aber wie sehr gleichen Freud und Schrecken sich in ihrer Wirkung! Kaum kann ich mich aufrecht halten, so sehr hat mich dieß Wiedersehen erschüttert. (Sie läßt sich auf die Stuffen an einem halb verfallenen Gartenthore nieder.)

Fedor Offakof. Ich Sohn des Jammers! Sehet da Mutter! euer erster Trost von mir ist Krankheit.

Offa=

---

*) Gewöhnlicher Gruß der Russen.

Offakowa. Sey unbesorgt. Von Ueber=
maaß der Freud' genest man leicht. Ein Blick
auf unser Schicksal, auf diesen Ort, auf deine
Lage, mein Fedor, ist leider! mehr, als nöthig
wäre, um auf mein wallendes Herz hinabzudrü=
cken. Warum mußten wir hier uns sehen? Ich
verbannt und du verwaist!

Fedor Offakof. Ich verwaist! Mein Va=
ter —

Offakowa. Lebt! Vergieb mir das Schreck=
wort. Dein Vater lebt, aber verwaist bist du
doch!

Soukaninn und Jwanof. (Entfernen sich
und beginnen eine eigene Unterredung. Sie gehen während
dem Gespräche der Offakowa und Fedors in die Stras=
sen, kommen zurück, nehmen Theil an demjenigen was
so eben gesagt wird, gehen, kommen wieder ꝛc. ꝛc. Es
geschieht ruhig und ernsthaft, nicht um von den Zu=
schauern bemerkt zu werden, sondern weil es die Lage
und Umstände der Handlung und persönliches Interesse
so erheischen. Hier ist es nämlich wo Soukaninn dem
Jwanof den Plan seiner Verschwörung entdeckt, wovon
dieser in dem zweiten Aufzug Gebrauch macht.)

Fedor Offakof. Ich versteh' euch Mutter;
Wer verbannte Eltern hat, ist auch ein Waise.
— Wird aber diese Trennung ewig dauern?
Ich glaub' und hoff' es nicht; und wehe mir,
wenn ich es fürchten müßte!

Offakowa. Auch der gefesselte Sklave kann
von Freiheit träumen. Gewiß, mein Sohn,
ich würde mich sehr hüten, dich in diesem Wahn
zu stören, wenn ihm nur der entferntefte Schein=

grund

grund zu statten käme; aber du sollst und darfst
deine kraftvolle Jugend nicht in dieser eiteln Hoffnung verträumen. Wisse mein Sohn — denn
wissen mußt du es doch — nie, nie kehrt dein
Vater in das bürgerliche Leben, noch weniger in
seine Rechte zurück. Wär er ein Verbrecher, so
könnte man ihm verzeihen, ihn begnadigen: allein
dem unschuldigen Opfer der Politik und Eigenmacht bleibt auf ewig alle Rettung versagt.

Fedor Offakof. Eure Reden, Mutter, be-
täuben meine Sinne! Was soll ich denken, was
soll ich sagen, was soll ich thun? Nein, unmöglich! — Mein Vater muß frei, muß glücklich werden!

Offakowa. Dein Vater muß im Elende ver-
schmachten. Er selbst hat mich davon überzeugt.

Fedor Offakof. Er selbst!

Offakowa. Ja, sprach er, „sag's meinem
Fedor, daß er nie auf meine Befreiung hoffen
soll. Es war grausam mich in diesen Zustand
zu stürzen; aber wenn man das auch erkennt,
so wird man es für unklug halten, einen so
grausam beleidigten Offakof wieder zum Manne
zu machen, der sich rächen könnte. Ich hätte
für nichts zu danken, aber viel, viel abzurechnen!"

Fedor Offakof. — — Großer Gott!
Nun begreif ichs ganz. — Von dieser Seite sah
ich unser Schicksal nie. Da mich der Czaar erziehen ließ, so hielt ich diese Sorg' für eine
Vorbedeutung unsers wiederkehrenden Glückes,
und

und meine schlauen, oder gutherzigen Popen be-
stärkten mich in dieser Meinung. O nun versteh' ich es besser! Soukaninn hat recht. Mein
kindisches Herz erkannte für Wohlthat, was
nur die Folge einer tyranischen Handlung war.
Bin ich demjenigen, der mich zur Waise machte,
Dank schuldig, daß er sich meiner annahm? —
Mutter! eure Reden und Gegenwart haben mich
in eine neue Welt versetzt. Kommt, kommt
fort von hier zu meinem Vater.

Offakowa. Was willst du dort?

Fedor Offakof. Wahrhaftig, euer müt-
terliches Herz kann nichts um diese Frage wissen! Was ich dort will? Der Sohn beim Vater?

Offakowa. Noch einmal, was willst du
dort beim Manne des Elends? Du könntest sein
Elend mit ihm theilen, aber eben dadurch würde sein Schmerz dreifach vergrößert. Was hät-
tet ihr gewonnen? Er würde bei vergrößertem
Jammer früher sterben; und dieser Vortheil —
denn Vortheil wäre es ihm — würde tausendmal durch den peinigenden Gedanken überwogen,
daß er dich, seinen Sohn, in der unbeschreib-
lichsten Drangsal hinterließ!

Fedor Offakof. Das strömt wie glühendes
Erz durch meine Brust! O heiliger Gott! So
elend dacht ich mir meinen Vater nie! — Nun
muß ich ihn sehen, Mutter! Ich muß; und
kann ich nicht helfen, nicht trösten, so kann ich

lles

lieben. Theilnehmende Liebe war noch jedem
Leidenden willkommen.

Offakowa. Dein Herz, Fedor, ist besser
als deine Einsicht; und es wäre mir leid, dich
hier anders zu finden. Eine Liebe, die sich bloß
durch Worte, Seufzer, Thränen und Geberden
äußern kann, ist überall zu Hause. Ich kehre
ja zu deinem Vater zurück, und in meinem Herzen findet er alles, was Zärtlichkeit und Mitleid ihm gewähren können. Durch meiner Hände Arbeit, durch Wartung, Pflege und thätige
Theilnahme kann ich sein Elend noch eher er-
leichtern, als du. Laß also den unüberlegten
Vorsatz, durch deine Gegenwart seinen Zustand
zu verbittern. Behalte die Liebe; doch laß sie
nicht schädlich werden, wo sie nicht nützen kann.
— Ich verließ deinen Vater um dich hier zu
suchen, und dir in seinem Namen zu sagen, daß
du diese Stadt, daß du dein Vaterland fliehen
sollst, wo dir die Bahn des Glücks und der
Ehre auf immer versperrt ist. Fühlst du Muth
und edle Ruhmbegierde in deiner Seele, so geh
nackt und arm in ein fremdes Land, wo der
Name Offakof kein Verbrechen, und wo dem
Verdienste noch Hoffnung übrig ist, bemerkt zu
werden. Dieß, Fedor, ist der einzige Trost,
den du deinem Vater geben kannst, und der einzige — wie wohl theure — Beweis deiner
Liebe gegen deine Mutter.

Fünf-

Fünfter Auftritt.

Die Vorigen. Jwanof und Soukaninn.
kommen wieder.

Jwanof. Der Tag bricht an, wir müssen
fort! — Offakof, auch mir gab euer Vater
einen Gruß an euch. Kennt ihr mich?

Fedor Offakof. Nein.

Jwanof. (mürrisch und eilend) Maria Paulowna, wir müssen fort, der Tag bricht an.

Offakowa. (zu ihrem Sohn) Kennst du den
alten, biederherzigen Jwanof nicht mehr? In
deiner Kindheit liebtest du ihn vor allen Hausgenossen.

Jwanof. Und das Bübchen zerrupfte mir
spielend oft den Bart, daß mir Wasser in die
Augen schoß. Nun so kommt!

Fedor Offakof. Ho, eile nicht so von mir,
Alter! Ich kenne dich und liebe dich! (umarmt
ihn) Vergieb, daß ich dich nicht gleich erkannte;
kenne ich mich doch selbst nicht mehr.

Soukaninn. (dem man's anmerkt, daß er sie
gerne fortgehen sähe) Ich bitte euch selbst nicht länger hier zu weilen. Gestern um diese Zeit sah
ich Bewaffnete, die suchend um diese Gegend
schlichen.

Jwanof. So kommt, kommt fort!

Fedor Offakof. Wohin? Wo wohnt ihr
denn?

Ossakowa. Bei Jwanofs Bruder; in dessen Hause ich mich bei Tage verborgen halte.

Jwanof. Maria Paulowna zaudert nicht!

Ossakowa. So geh nur; geh allein, ich komme gleich. Auch wird es besser seyn, wenn wir durch verschiedene Straßen nach unserer Wohnung gehen.

Soukaninn. Wohl wahr; denn einzeln wird man weniger bemerkt. Den Jwanof kennen viele Menschen.

Fedor Ossakof. Mir däucht's auch sicherer, wenn ihr einzeln gingt; den Jwanof, der Strelitze, könnte manches Aug auf euch ziehen, das euch sonst in dieser Kleidung nicht bemerkte.

Ossakowa. So geh Freund! Ich kenne ja alle Straßen und komme gleich.

Jwanof. Mein alter Kopf sagt: nein! doch gegen drei wird er wohl Unrecht haben. Gehabt euch wohl!   (ab.)

Ossakowa. Sohn! wo kann ich dich heut wieder finden?

Fedor Ossakof. Ach leider! nur auf diesem Platze diesen Abend. Ich habe keinen sichern Winkel um euch aufzunehmen.

Ossakowa. Und in meinem dunkeln Aufenthalt, wo mich Niemand kennet, würde deine Gegenwart Verdacht erregen. Also, Fedor, diesen Abend, wenn Finsterniß und Stille herrschen, finde ich dich hier entschlossen deines Vaters Willen zu befolgen.

Fe»

Fedor Ossakof. O Mutter! Mein Kopf
ist so zerrüttet, daß die albernsten Ideen, wie im
Traume, sich zusammen paaren. Das Bild von
meines Vaters Zustand schwebt einzig durch meine Seele und läßt keiner andern Vorstellung
Raum. Ich bin mir selbst ganz fremd geworden
und erinnere mich meiner vorigen Gemüthsver-
fassung nicht. So däucht mir, muß ein Mensch
sich fühlen, der vom Tod ins Leben kehrt. Mutter! Mutter! was habt ihr aus mir gemacht?

Ossakowa. Einen Mann, Fedor, wenn
du zum Manne taugst. Fasse dich, besinne dich;
ich muß nun fort. Soufaninn! komm du mit
deiner männlichen Vernunft seiner Verwirrung
zu Hilfe. Leb wohl, mein Sohn, leb wohl!
— Denk an den Willen deines Vaters und mache dich gefaßt, ein Land zu verlassen, wo uns
der eiserne Scepter der Eigenmacht in den Staub
drückt. Reisse den Namen Vaterland aus deinem Gedächtniß, aus deinem Herzen, und fülle
die große Lücke mit Edelsinn, Ruhm und Men-
schenliebe. Glaub mir, Fedor! der würdige
Mann findet eher einen Fürsten, der ihn zu
schätzen weiß, als mancher Fürst einen Mann
findet, der geschätzt zu werden verdienet. Leb
wohl! Leb wohl! (ab.)

Sechster Auftritt.

Fedor Ossakof. Soukaninn.

Fedor Ossakof. Gottes Engel mögen' euch beschützen, liebe Mutter! — (zu Soukaninn.) Sie begleiten darf ich nicht.

Soukaninn. Entsetzlich! O mein Geist wiederhole mir das oft und lebhaft.

Fedor Ossakof. Was?

Soukaninn. Ich mein' ich sähe euern edeln Vater vor meinen Augen. Da steht er mit gesenktem Haupt, blaß, abgezehrt, um Mitleid und Hülfe flehend! — O mein unglücklicher Feldherr! wä' ich dein Sohn!

Fedor Ossakof. Mensch! du machst mich rasend! Hier steht sein Sohn, hier liegt er zu deinen Füssen. Sag ihm was er kann, was er soll zur Rettung des Vaters?

Soukaninn. Alles, alles — — Doch, laßt uns kälter von der Sache sprechen, damit du nicht glaubst, es sey ein phantastisches Hirngespinnst, was ich sage. (mit wichtiger Vertraulichkeit.) Wär ich der Sohn Ossakof, ich stellte mich an die Spitze der zerstreuten, wackern, rachedürstenden Strelitzen, dränge mit ihrer Schaar, die sich im Fortgang wie ein Strom vergrösserte, nach Sibyien und zerhieb' da mit meinem Säbel die Fesseln meines Vaters.

Fedor Ossakof. Wo sind die wackern, rachedürstenden Strelitzen?

Soukaninn. Zerstreut schleichen sie in den

Ge-

Gegenden dieser Stadt umher; aber binnen kur-
zer Zeit ist ein Heer von 6000 Mann beysammen. — Kurz — es ist jezt Zeit zur Sprache
zu kommen. — Ich habe den Auftrag dir das
Kommando anzubiethen. Denn wiewohl du noch
jung und unerfahren bist, so wollen doch die
Strelitzen von der Schaar deines Vaters ohne einen Ossakof nichts beginnen weil sie diesen Namen für ein Unterpfand des Sieges
und des Glückes halten. Einige unserer besten
Hauptmänner befinden sich hier in Moskau; sie
zogen mich zu ihren Berathschlagungen, und trugen mir auf, dir ihren wohl überlegten Plan
mitzutheilen. Gestern und vorgestern fand ich
dich in der That so matt und schlafsüchtig, daß
ich Anstand nahm, von männlichen Dingen mit
dir zu reden. Hat mich diese aufströmende Flam-
me, diese lebhafte Theilnahme an dem Schicksal deiner Eltern heute getäuscht, so versprich
mir in die Hand, zu schweigen, und nie siehst
du den Soukaninn wieder.

Fedor Ossakof. Hier, Freund, meine
Hand, mein Herz, mein Leben für meinen Vater! Himmel und Erde, was ist plötzlich aus
mir geworden! das Schicksal meines Vaters, die
Reden meiner Mutter, dein Antrag, Soukaninn! das alles wälzt sich in meinem Gehirne
durcheinander, so daß ich nicht weiß, bey welchem ich harren soll!

Soukaninn. Erinnere dich der Worte deiner Mutter; — „eine Liebe, die sich nur durch

Wor-

Worte, Seufzer, Thränen und Gebärden äussern kann, ist überall zu Hause." — Das heißt eine bettlerische arme weibliche Liebe.

Fedor Ossakof. Wohl! meine Mutter hat einen Mann aus mir gemacht. Komm, führe mich zu den wackern Hauptmännern.

Soukaninn. Junger Mann, nicht so eilig! Feuer ohne Verstand taugt hier eben so wenig, als Verstand ohne Feuer. Prüfe dich erst bey kaltem Blute, und fasse das ganze grosse Unternehmen in ein Bild vor deine Augen. Du findest mich um die Mittagsstunde hier; ich mach dir den Entwurf näher bekannt, und führe dich in die Versammlung unsrer Freunde. Noch eins! Ich habe das ganze Vorhaben dem Iwanof umständlich entdeckt; denn er war stets einer der tapfersten unter uns: aber Alter und Drangsal haben ihn entmannt. Sag' ihm ja nicht, daß du darum weißt, und deiner Mutter eben so wenig; die beiden Weiber, Maria Paulowna und Iwanof würden uns mit Bedenklichkeiten, Besorgnissen, Prophezeihungen und Ahndungen mehr zu schaffen machen, als der Czaar mit all seinen ausländischen geputzten Soldaten. Schweig also! Dieß sey die erste Probe des Mannes.

Fedor Ossakof. Meine Zunge sey todt — aber mein Geist — mein Herz —

Soukaninn. Horcht! Mich däucht, ich höre Menschen daher eilen. Besser wärs, wenn man uns nicht beysammen sieht. Fort! fort!

(Sie eilen hinweg.)

Sie

Siebenter Auftritt.

Ossakowa kommt nach einigen Augenblicken blaß und athemlos vor Schrecken und Ermattung. Ein Offizier und Soldaten.

Ossakowa. — Kein Mensch mehr hier! — Wehe mir! Fliehen kann ich nicht mehr — verrathen — gefangen — verloren! — Wehe mir! (Sie sinkt auf dieselbe Stufe nieder, wo sie vorher saß) O Gott! Hier lag ich erst vom Uibermaaß der Freud' geschwächt, und nun — hülflos ohne Rettung! — sie kommen! Wo! wohin!

(Sie sammelt ihre letzten Kräfte zur Flucht, aber kaum steht sie aufrecht, so tritt ein Soldat mit angelegtem Gewehr auf sie zu.)

Soldat. Halt!

Ossakowa. (zurücksinkend.) Vergebens! — Es ist geschehen!

Soldat. (Zu dem Offizier, der eben mit noch einiger Mannschaft herbey eilt.) Hier ist die Gefangene!

Officier. Gut. Sehet nach, Leute, ob ihr den alten Strelitzen nicht in der Gegend findet. (Die Soldaten gehen ab.) Weib! steh auf! — Auf!

Ossakowa. (kehrt langsam ihren Blick nach ihm) Sind Sie ein Russe?

Officier. Nein! Was kümmert dich das? Steh auf und komm, der Befehl war scharf. Wer bist du?

Ossa-

Ossakowa. Sie sind ein Ausländer und werden sich irren. Wie können Sie mich gefangen nehmen, da Sie mich nicht kennen?

Officier. Meine Ordre war: ein Weib zu arretiren, das seit 3 Tagen in aller frühe mit einem alten Strelitzen auf diesem Platze erschien. Von euren Streichen weiß ich nichts.

Ossakowa. (mit Würde.) Ich bin Maria Ossakowa.

Offizier. Ossakof hieß, glaub ich, ein Staabsoffizier von dem Korps der Strelitzen!

Ossakowa. Mein Mann.

Offizier. (den Hut abnehmend.) Madam — Sie verzeihen, Madam!

Ossakowa. Ich sehe wohl, Sie sind von einer gefälligen, fein gebildeten Nation. — Mein Herr! lassen Sie mich frey, ich bin gewiß keine Verbrecherinn.

Officier. Ich glaube es gern, und habe auch davon schon reden gehört; aber die Ordre war scharf, der Verlust meiner Stelle steht darauf.

Ossakowa. Und mein Leben, mein schuldloses Leben!

Offizier. Was sagen Sie? O das ist höchst traurig! — Indessen —

Ossakowa. Indessen ist mein Leben nichts gegen Ihre Stelle. Freylich! wie hätten Sie sonst Ihr eignes Leben einem fremden Fürsten für diese Stelle aufopfern können! — Mein Herr, lassen Sie mich wenigstens von Ihren Leuten nicht schlagen und mißhandeln!

Offi-

Officier. Wie können Sie das besorgen? Diese barbarische Art wird bey uns nicht geduldet.

Offakowa. Nun dann, so kommen Sie.

Officier. Madam! es thut mir leid —

Offakowa. Nicht doch! nicht doch! Ihre Höflichkeit könnte mich zu einer Bitte verleiten, die Sie mir dann abschlagen würden, und das wäre noch schlimmer —

Officier. (mit edler Wärme.) Was es sey, Madam — nur nicht wider Pflicht und Ehre — und ich vollziehe es. Ich bin zwar ein Ausländer, und fühlte wohl Ihren Vorwurf, daß ich diesen fremden gefährlichen Rock trage; wer aber den ehrlichen, wortfesten Mann darinn verkennt, thut mir noch mehr Unrecht, als der Uniform.

Offakowa. Nun, so will ich's durch mein Vertrauen wieder gut machen. — Mein Leben ist hin: denn Sie führen mich zum Czaar. Betrachten Sie mich als eine Sterbende und hören Sie meine letzte Bitte. Heute Abend noch erwartet mich ein guter, edler Jüngling, Fedor Offakof, auf diesem Platze. — Ich komme nicht — Sie könnten ihm in meinem Namen sagen, daß ich plötzlich von hier fort müßte, daß er schleunig mir folgen soll.

Officier. Aber wohin?

Offakowa. Ach Gott! Wohin? — Nennen Sie ihm ein Land nach Gefallen. Er mag mich suchen. Wenn er nur mein Schicksal nicht er-

erfährt, und geschwind fort ist. — Damit Sie
ihn aber kennen und er ja nicht zweifle, so nehm-
men Sie dieß Bildniß, mein einziger, letzter
Reichthum. Es ist sein Vater. Aber Sie können den rechten Mann nicht verfehlen, wenn
Sie diese Züge an ihm finden, und er dieß Bild
kennt.

Officier. Seyn Sie versichert, Madam —

Ossakowa. O ja, das bin ich. Vielleicht
fänden Sie ihn früher hier, wenn Sie sich bemühen wollten — doch, ich darf auf Ihre Großmuth nicht freveln. Nur das bitte ich Sie,
ihm zu sagen, daß er von hinnen soll, schnell,
ohne Verzug, mir nach, wohin Sie wollen,
nur aus diesem Lande; dort soll er mich suchen,
und fänd' er mich nicht — so soll er für mich
beten!

(mit ihm ab.)

Ende des ersten Aufzugs.

_____

Zwei-

Zweiter Aufzug.

(Ein Zimmer im Pallaste. In der Mitte eine Flügel-
thüre, durch die man, wenn sie sich öfnet, in das
Vorzimmer sieht.)

Erster Auftritt.

Peter.

(Kömmt aus einem Seitenkabinet mit einem Packet in
der Hand, das er erbricht.)

Das sind wieder allerunterthänigste Vorstellungen. Ich merks ihm an. — — (er liest) „Sin-
„ temahlen nun die getreuen Unterthanen Euer
„ Majestät in der Furcht schweben, daß durch
„ diese allerhöchste, an sich überaus weise Ver-
„ fügung und neue Einrichtung ihre uralt-väter-
„ liche Religion einen empfindlichen Stoß erlei-
„ den dürfte, als habe ich pflichtschuldigst, un-
„ terthänigst, unzielsetzlichst — — "Fort mit
dem Subler! (er wirft das Papier auf einen Tisch,
worauf noch mehrere liegen.) — Sie wollen mir
weiß machen, das Volk sey gegen meinen guten

C   Wil-

Willen hartnäckig, und es ist nicht wahr. Kein
Volk verkennet, was wahrhaft gut und nützlich
ist: aber die Pop-n, die gleißnerischen Herrn und
meine Kanzel-ymänner selbst —— nur Geduld!
(er öfnet die Mittelthüre und winkt dem Minister, der
unterdessen im Vorzimmer steht.)

Zweyter Auftritt.

Peter; der Minister, hernach der General.

Peter. (etwas heftig) Sag mir einmal ernst-
lich, ohne Komplimente und Umschweife, bin
ich auf dem rechten Wege, mein Reich empor zu
bringen, oder nicht?

Minister. Rußland muß groß und glücklich werden, wenn der Himmel Eure Majestät —:

Peter. Ja wohl muß! Da hast du wohl
recht; denn wenn ich es aufs Wollen ankommen ließe, so würde alles noch lange bleiben,
wie's war. Aber warum erschwert man mir jeden Schritt, den ich für die Wohlfahrt meiner
Russen thue? Meine Herrschaft ist saure Arbeit
und mein Dank ist Verdruß!

Minister. Eben darum müssen die Menschen
Könige haben, weil es schwer ist; und Gewalt
braucht man, um sie so glücklich zu machen, als
sie seyn können.

Peter. Das dacht ich oft. Wenn alle Menschen gleich weise, gleich gerecht wären, so wären

ten wir Fürsten unserer Aemter enthoben. O ich
thäte herzlich gerne Verzicht darauf; und wollte
Gott! es käme bey meiner Lebzeit noch dahin!

Minister. Schwerlich, gnädigster Herr!

Peter. Selber! Niemals sag' ich dir. Ich
habe das Mährchen von allen Seiten betrachtet, ich
habe Menschen und Völker kennen gelernet; Sie
sind im Grunde alle und zu allen Zeiten gleich,
und nur ein eingesperrter Schulfuchs kann von
allgemeiner Aufklärung träumen. — Lies ein=
mal das Geschreibe da, das ich heute zum Mor=
gengruß erhielt; du wirst sehen, daß Engels=
geduld dazu gehört, um solche Kerls nicht gleich
zum Teufel zu jagen.

Minister. (durchgeht die Papiere)

Peter. (öffnet die Mittelthüre)

Der General. (tritt ein)

Peter. Was giebts Neues?

General. (überreicht den Rapport) Gerußen
Eure Majestät —

Peter. (liest) — Was! die Strelitzen?

General. Man hat Bewegungen, heimliche
Zusammenkünfte bemerkt.

Peter. (lesend) — Maria Ossakowa — Wo ist sie?

General. Auf der Burgwache. Schon ge=
stern hatte ich eine entfernte Spur von ihrem
Hierseyn; heute gelang es mir, sie arretiren zu
lassen. Mein schuldiger Diensteifer machte mich
äußerst aufmerksam auf einige der gewesenen Stre=
litzen Officiere, die sich hier befinden; rastlos
forschte ich nach jedem ihrer Schritte, und ich

mela

melde es Eurer Majestät, doch als bloße Ver-
muthung, daß wohl eine Empörung im Werke
seyn kann.

Peter. (sehr aufgebracht) Empörung! Himmel und Erde! Ich will mich mitten unter die
Rotte stellen, und haben sie das Herz mich an-
zugreifen — Wo sind die Empörer? fort! bring
mich hin! (indem er den General mit Heftigkeit beym
Arme fortziehen will.)

General. Gnädigster Czaar! noch sind keine
Empörer da; aber —

Minister. (fast zu gleicher Zeit mit dem General; denn er war beym Lesen aufmerksam auf das, was
gesprochen ward, und man merkt ihm an, daß er hier
bloß einfällt, um den jähzornigen Monarchen auf einen
andern Gegenstand zu lenken.) Wollen Eure Majestät mir nicht erst Ihre Entschließung auf diese
Depesche ertheilen?

Peter. (geht stillschweigend auf und nieder.) —
— Ich glaube, wenn ich mirs bequem machte,
und meine Einkünfte in Sausen und Brausen ver-
schwelgte, wenn ich fünfe grad seyn, und einen jeden
schalten und walten ließ wie er wollte, so wäre
ich ein allerliebster Czaar. Ich könnte ja doch
Ukasen unterzeichnen, könnte mir mit dem Regie-
ren manchmal die Langeweile vertreiben, könnte
ein Heer dienstbarer Müßiggänger um mich versammeln, die mir Tag und Nacht ihren unter-
thänigsten Spaß machten. Wär ich dann nicht
auch der Czaar aller Reußen?

Minister. — O ja; aber nicht der Schöpfer einer grossen Monarchie, eines mächtigen Volkes.

General. Und nicht so allgemein bewundert und geliebt von Ihren Unterthanen.

Peter. Paß! paß! Geliebt! Ich weiß wohl selbst, daß man einen Czaar weder seiner Majestät, noch seiner schönen Augen wegen lieben kann. Wär ich allgemein geliebt, so könnten die Strelitzen, und zwar jetzt zum viertenmale, nicht hoffen durch Empörung ihr Glück zu machen. Ich verbitte mir dergleichen Hofkomplimente, der geringste Theil meines Volks ist gebildet genug, um meine gute Absichten einzusehen. Der grosse Haufe ist wider mich, weil ich ihn aus seinem lieben alten Schlafe wecke, worinn ihn die Popen und eigennützige Beamte noch gerne wiegen möchten. Aber wenn einst meine Russen in Sittlichkeit, Kultur und Aufklärung weiter vorgerückt sind, wenn sie einst in dem Range der ersten Völker sich mit Kraft und Würde behaupten, dann werden sie erkennen und fühlen, was Peter für sie that! — (zum General) Bring du die Ossakowa ins Vorzimmer.

General. (geht ab.)

Dritter Auftritt.

Peter. Der Minister.

Peter. Hab' ich dir's nicht vorhergesagt, die Strelitzen machen mir noch zu schaffen.

C 3

Mi=

Minister. Natürlich! von einer so stolzen,
engverbundenen Schaar, die gewohnt war ihren Czaaren Gesetze vorzuschreiben, ließ sich nichts
anders erwarten.

Peter. Und eben darum gehörte ihre Auf-
hebung wesentlich in meinen Plan. Was hätte
ich wohl Grosses und Gutes für die Wohlfahrt meines Reichs unternehmen können, wenn ich, wie ein
türkischer Padischah, bey jedem Schritte vor diesen Janitscharen hätte zittern müssen?

Minister. Man hielt sie stets für die besten
Truppen des Reichs.

Peter. Tapfer waren sie, die Unbändigen;
aber jetzt, kann man bey einem Heere eher den
Muth als den Gehorsam entbehren. O ich will
ihrer schon Meister werden! Es kömmt hier alles
darauf an, ihnen zu zeigen, daß sie es mit keiner Memme zu thun haben; mit keinem Czaar,
der sich hinter seine Leibwache und Ukasen vor
ihnen verkriecht. Gut, gut! mein erster zorni-
ger Einfall wird wohl wieder der beste bleiben!

Minister. Um des Himmels willen, gnädigster Czaar ——

Peter. Was?

Minister. Sie werden doch ihre allerhöchste
Person nicht in Gefahr setzen wollen?

Peter. Meine allerhöchste Person soll dem
Czaar Respekt verschaffen! Ich bin kein Prahl-
hans; aber lieber wollt ich ewig Eisen schmie-
den, um mir Schuhe zu verdienen, als ein blos-
ser Titular-Czaar seyn; und das wäre ich, wenn

ich

ich auf gar keine wesentliche Verdienste Anspruch machen könnte. Der Himmel gnade dem Manne, der nur so ganz dem Namen und äusserlichen Glanze nach der Erste seines Volks ist! Die Strelitzen haben Muth; mein Muth allein kann sie also überwältigen.

Minister Was wollen aber Eure Majestät der Rachsucht dieser muthigen Empörer entgegen setzen?

Peter. Ihrer Rachsucht? — Gut gefragt! Nun, das wird sich schon finden. Gegen die Rachsucht giebts ein Universalmittel, das im Grossen nie fehlschlägt. Aber was du nicht weißt, meine Gutherzigkeit hat mir wieder einen Streich gespielt, der bisher hauptsächlich gehört. — Vor ohngefähr 4 Wochen habe ich dem Strelitzen Oberst Ossakof die Freyheit ertheilt.

Minister. Sollte der vielleicht.

Peter. Das liegt mir im Sinne. Der Mann dauerte mich. Die Berichte des Gouverneurs waren ihm alle günstig. Er nährte nicht die geringste Hofnung mehr jemals befreyt zu werden, und eben das bewog mich seine Befreyung zu beschleunigen; denn entweder hielt er mich für grausam oder für furchtsam — und das soll kein Mensch von mir denken.

Minister. Nun aber die Bewegung der Strelitzen, die Freiheit ihres Geliebten Ossakof, die Ankunft seiner kühnen Gattin, der bey Todesstrafe der Eintritt in diese Stadt verboten war; diese Umstände sind bedenklich.

Pe

Peter. Man sollte darauf wetten, daß das alles genau zusammenhieng, und dennoch ists nicht so. Hier in Moskau kann kein Mensch wissen, daß Ossakof frey ist. Heute kann ich selbst erst den Bericht erhalten, wohin er seinen Weg genommen hat. Rufe die Ossakowa herein, und sey besorgt, daß am Hofe und in der Stadt nichts von dem Beginnen der Strelitzen bekannt werde. Kein Wort!

Minister. Durch mich kein Wort.   (ab.)

Peter. Da bin ich wieder in einer Lage, von der es hundert andern Fürsten nie träumen wird. Mit dem blossen Befehlen und Unterzeichnen, was bey ihnen oft so zauberisch wirkt, wäre hier nichts gethan!

Vierter Auftritt.

Peter. Der General, welcher die Maria Paulowna Ossakowa hereinführt.

General. Hier ist Maria Ossakowa.

Peter. (zum General leise) Auf Ehr und Leben verbiet ich dir, ein Wort vom Beginnen der Strelitzen zu entdecken! Indessen hab ein wachsames Aug'!

General. (geht ab.)

Peter. (wendet sich gegen Maria, und beobachtet sie mit scharfem Blick.) Ossakowa! warum kommst du nach Moskau?

Ossakowa. (die am Eingange kniet) Um meinen Sohn zu sehen,

Pe-

Peter. Deinen Sohn? — Ja, ich erinnere mich, er ist hier in der Schule — und dafür gabst du dein Leben Preis? —

Ossakowa. Eure Majestät haben mein Leben so weit heruntergesetzt, daß ich bei all meiner Armuth nichts Schlechters mehr habe. Dort aber wirds mehr gelten!

Peter. Steht auf! — Glaubst du verborgen zu bleiben? Oder hast du auf meine Gutheit gesündiget?

Ossakowa. Das erste, grosser Czaar!

Peter. Wie konntest du das hoffen, da Todesstrafe auf deinen Eintritt in diese Stadt gesetzt war?

Ossakowa. Eben darum glaubte ich noch sicherer zu seyn. Wenn Ew. Majestät so geringe Vergehungen mit Todesstrafen belegen, so wird das Leben Ihrer Unterthanen wohlfeil. Man wagt es leichter, und hat mehr Hoffnung unentdeckt zu bleiben, weil sich kein Mensch gern um solchen Preis mit Menschenblut besudelt. Kein Russe hätte mich hieher geliefert.

Peter. Warum kein Russe? Seht da euren Stolz, euer übermüthiges Vertrauen auf euer ehemaliges Ansehen beim Pöbel. Das wars, was dich so vermessen machte, mit der strafbarsten Ausgelassenheit von eurem Czaar zu reden, Stadt und Hof mit deinen Schmähungen zu erfüllen;

Ossa-

Ossakowa. Eure Majestät zertraten mein Leben, mein Herz, meine Hoffnung — und der Wurm krümmte sich.

Peter. Ihr alle hieltet mein Verfahren für ungerecht.

Ossakowa. Und — noch!

Peter. Weib! deine Gerechtigkeit jagt dich zum Scharfrichter!

Ossakowa. Den weiß ich ohne Ihre Gerechtigkeit nicht zu finden. Was hätte ich zu fürchten, da ich nichts mehr zu hoffen habe?

Peter. Trotzest du darauf? Du hast Unrecht deine Hoffnung aufzugeben; (er beobachtet sie scharf und durchdringend) denn die Strelitzen sind Männer, die immer noch Rath wissen.

Ossakowa. Dieser Hohn verschlimmert mein Elend nicht.

Peter. Warum wird in meinem Munde zu Hohn, was sonst auch Trost ist?

Ossakowa. O großer Czaar! warum wollen Sie mich den strafbarer finden als ich schon bin? Mein Kopf gehört so schon Ihren Henkern.

Peter. Das weiß ich, und es soll werden einem jeden, was ihm gebührt — Aber (wie oben in ihren Augen lesend) werden mirs die Strelitzen nicht übel deuten? Vor euch Leuten muß ich mich wohl in Acht nehmen!

Ossakowa. Ach! (mit sichtbaren Kampf gegen den Ausbruch ihres tief gekränkten Herzens.)

Peter. Was meinst du, Ossakowa?

Ossa=

Offakowa. Ich muß, ich muß also die Majeſtät des Herrſchers beleid'gen! Man zwingt mich das Todesurthell zu verdienen! Wohl! ich ſtehe nicht um meinen Kopf und rede kühn die Wahrheit. *) — Nur der Tyrann kann des Schlachtopfers ſpotten, daß er ſeinem Blutdurſt bringe! — Warum fällt dieſer unverſöhnliche Haß auf den Namen Offakof, den noch kein Menſch mit einem ſchlechten Beiwort geſellen durfte? — Sie haben unſer Haus vernichtet, haben unausſprechlichen Jammer über uns gebracht. Selbſt die Grauſamkeit würde zurückſchaudern, wenn ſie die Leiden meines Mannes und meines Herzens ſähe! — Sie ſind Selbſtherrſcher, Sie ſind Richter. — Wir haben gegen ihre Willkühr nichts, als unſere Menſchenrechte und die Tugend. Hier ſind der Eigenmacht ihre Gränzen von Gottes Hand bezeichnet. Will ſie auch dieſe übertreten, ſo thut ſie's mit dem Mordſchwerdt in der Hand, aber nicht in den Mantel der Gerechtigkeit gehüllt. Sie würge — würge meinen Mann, mich und — (ſie bricht in Tränen aus) O mein Fedor!

Peter. — — Warum wirds plötzlich ſo ſtille hier? — Offakowa?

Offakowa. Mein Sohn! mein armer Sohn!

Peter. Was ſoll er? — Was fehlt ihm?

Offa

---

*) Gewöhnlich redeten die Ruſſen ihre Herrn an: Herr! beſiehl nicht, daß man mir den Kopf abſchlage, ſondern erlaube mir die Wahrheit zu reden! —

Ossakowa. — Auch er wirds nun entgelten müssen, daß ich seine Mutter bin. O großer Czaar! Lassen Sie es mit meinem Tode genug seyn und schonen Sie des schuldlosen Jünglings!

Peter. Bring ihn mir her, ich will ihn sehen.

Ossakowa. — Ich — ihn bringen?

Peter. Ja, hol' ihn zu mir.

Ossakowa. — Ich — ihn holen? — Soll er mich sterben sehen? Ha! dieß Schauspiel unerhörter Marter! Gott! Gott!

Peter. Mach mich nicht toll, Weib! Pack' dich fort; und willst du mir den Jungen nicht bringen, so bleib mit ihm, wo dir's beliebt!

Ossakowa. (starrt ihn unbeweglich an.)

Peter. (öffnet die Thüre) Geh fort! (da Ossakowa sich noch nicht von ihrer Bestürzung erholen kann, so ruft er in das Vorzimmer) Maria Ossakowa ist frei.

(Der Minister und der General treten an die Thüre, und hinter ihnen erblickt man mehrere Hofleute.)

Ossakowa. Frei! (mit diesem Schrei fällt sie zu den Füssen des Czaars.)

Peter. Und ungehindert lasse man sie, wo hin sie will.

Ossakowa. Bin ich wirklich frei?

Peter. Ueberzeug dich selbst und geh.

Ossakowa. Und auch mein Sohn.

Peter. War der's nicht immer?

Ossakowa. Und auch mein Mann?

Pe

Peter. Der ist jetzt = vor jetzt wär's genug. Paulowna *) geb.

Ossakowa. Genug für Ew. Majestät, nicht für mich, der Alles mangelt. Doch, ehe ich eine Bitte wage, muß ich erst hier auf meinen Knien ein Verbrechen bekennen; das einzige, dessen ich jemals fähig war.

Peter. (aufmerksam) Rede!

Ossakowa. (im Tone eines feierlichen Bekenntnisses) Ich hielt meinen Czaar für grausam — blutdürstig — unversöhnlich — Er ist es nicht!

Peter. (mit Gutherzigkeit) Nein wahrlich nicht.

Ossakowa. Nein wahrlich nicht! Er schenkt mir Freiheit, da ich den Tod verdiente. Was läßt sich nicht von dieser Großmuth hoffen? Ich bringe meinen Sohn — O unsere Zuversicht! — Zu Ihren Füssen; und werden Sie ihm den Vater wohl versagen, wenn er zu Ihnen — Vater! um ihn fleht?

Peter. So geh denn, Ossakowa.

Ossakowa. (betrübt) Czaar! wo soll ich hin?

Peter Wo du warst.

Ossakowa. (vor Wehmuth kaum der Sprache mächtig) Ach! — ich war — im Elend!

(geht weinend ab.)

Pe

---

*) Daß Peter die Ossakowa hier bei ihrem väterlichen Namen, Paulowna nennt, hat für sie eine besondere günstige Bedeutung. Es setzt herablassende Güte voraus, und sie wagt nun kühn die folgende Bitte.

Peter. (ſieht ihr mit Theilnahme nach, und ruft, da ſie ſchon zur Thür hinaus iſt) Vergiß nicht deinen Sohn zu bringen! (vor ſich) Was ihnen vielleicht zu hart geſchah, will ich an ihrem Sohn vergelten.

(Die Hofleute im Vorzimmer ſind beſchäftiget der fortgehenden Oſſakowa den Ruf des Czaars zu ſagen, Sie verlieren ſich mit Ihr aus dem Geſichte, und nur der Miniſter bleibt, wie auf Befehle wartend, in der Nähe der Thüre ſtehen.)

Fünfter Auftritt.

Peter. Der Miniſter.

Peter. (zum Miniſter) Das Weib hat mir warm gemacht!

Miniſter. Die Thränen ſcheint ſie nicht geſpart zu haben.

Peter. Hm! wenn's nur Thränen geweſen wären! Beißer hat ſie mich mit einer Wahrheit überraſcht, für die ich ihr vieles zu Gute halten mußte. Es betraf die Juſtiz.

Miniſter. So kühn?

Peter. Nein, nein, ſie hat recht. Unſere Juſtiz hat ſich ſtark verrechnet, da ſie dieſem Weibe bei Todesſtrafe die Stadt verbot, wo doch ihr Sohn war.

Miniſter. Ich finde nicht —

Peter. Gefunden hätte ich's auch nicht, aber ich hab's gefühlt. Das Leben meiner Unterthanen

thanen wird wohlfeil — so sagte sie — wenn
man so geringe und so natürliche Vergehungen
mit Todesstrafe belegt. Ist einmal eine so geringe Taxe für einen Menschenkopf eingeführt,
so kriegt man Köpfe genug um den gangbaren
Preis. Es geschah ihr zu hart; und wer weiß,
ob nicht auch ihrem Manne.

Minister. (verlegen) — In Betreff der Strelitzen haben Eure Majestät nichts erforscht?

Peter. Nichts und alles. So viel nämlich,
daß Ossalowa und die Ihrigen von einem Komplot nichts wissen. Dennoch traute ich nicht
ganz. Weiberschlauheit ist ohne Gränzen. Ich
verschwieg ihr — so schwer sie mir's auch machte — die Freilassung ihres Mannes, damit nicht
etwann Dankbarkeit sie zurückziehe, wenn sie
anders schon an einem Komplot Antheil hatte.
Ich will wissen, woran ich mit diesen Leuten
bin. Wir müssen uns näher kennen lernen.

Minister. Doch, wenn mein unmaßgebli-
ches Dafürhalten.

Peter. Dank, Dank! Ich weiß schon, was
du sagen willst. Aber dieß ist kein Konferenzge-
schäft. Es geht mich an, mich Peter Alexiowitz. Ich habe, wie du weißt, alle Achtung
für euren weisen Rath; aber selbstdenken und
selbsthandeln ist, wie mir däucht, auch meine
Pflicht. Zum Ja oder Nein sagen, wenn eine
Sache bis ar'ein vorgerechnet ist, wär auch einer
meiner Lakaien gut genug. Gesetzt auch mein

Kopf

Kopf macht einen Fehler, so mache ich ihn — auf meine Rechnung — wieder gut. Zudem könnte ich ihn auch gegen die Fehltritte abrechnen, die manchmal in pleno begangen werden.

Minister. (lächelnd) Um Verzeihung, gnädigster Czaar, diese gehören so schon auf Ihre Rechnung.

Peter. Leider, wahr! aber dafür will ich auch so scharf, als möglich, in die Karte sehen; und bei dem lieben Gott will ich mich dann mit einem einzigen, einfältigen Sprichwort rechtfertigen: ein Schelm thut mehr, als er kann.

Sechster Auftritt.

Der General. Die Vorigen.

General. Allergnädigster Czaar! Ein alter Strelitze verlangt, unter dem Vorwand einer höchst wichtigen Entdeckung, Gehör.

Peter. Laß ihn kommen.

General. Es ist ein Strelitze, Eure Majestät!

Minister. Ein Strelitze, gnädigster Herr!

Peter. Meint ihr, ich sey taub? Der Strelitze komme! —

General. Und er verlangt allein mit Eurer Majestät zu sprechen.

Peter. Allein? — Nun das wird sich schon finden. Er komme!

General. (geht ab.)

Pe

Peter. Ich wette, daß ich errathe was du denkst! Du erwartest in diesem Streltzen einen verzweifelten Meuchelmörder.

Minister. Ich fürchte, daß es wohl möglich seyn könnte.

Peter. Das sollte mich wundern! Doch, laß dir nicht bange werden! Es sind unserer ja drei gegen ihn.

Siebenter Auftritt.

Der General mit Iwanof. Vorige.

Iwanof. Nun wer ist dann hier der Czaar?

Peter. Kennst du mich nicht?

Iwanof. Seit vielen Jahren nur dem Namen nach. Ihr seyd's also? Ey! ey!

Peter. Wäre dir's vielleicht lieber, wenn ichs nicht wäre?

Iwanof. Hm! warum das? — Wenns einer seyn muß, so gilts gleich viel, wer!

Peter. So? — Nun zur Sache. Was bringst du?

Iwanof. Ein Verbrechen, oder eine gute That, je nachdem es ausfällt!

(Alle stutzen.)

Peter. Rede deutlich!

Iwanof. Czaar! laßt mir meinen Kopf bis ich die Wahrheit gesagt habe. — Ich könnte Euch etwas entdecken, etwas, wovon ein jedes Wort so viel werth wäre, als eine Provinz

D   Eu-

Eures Reiches. Aber dafür müsset Ihr mir auch etwas versprechen.

Peter. Du kämst also mit mir zu handeln?

Jwanof. Ja.

Peter. Und würdest schweigen, wenn ich dir nichts für dein Geheimniß gäbe!

Jwanof. Gewiß schweigen.

Peter. Das doch — nach deinem hohen Anschlag — vielleicht mich, deinen Czaar, und mein Reich, dein Vaterland betrifft!

Jwanof. So ist's. Darum gelobt mir, meine Bitte zu erfüllen und ich sage alles, was ich weiß und nicht weiß. Was ich verlange, ist kein Gold, kein Amt zum faullenzen oder stehlen, keine Gnade für Verbrechen, sondern etwas ganz geringes, wozu Eure Gerechtigkeit ohnehin verbunden ist. Findet Ihr mein Geheimniß nicht richtig, oder meine Bitte ungerecht, so soll alles nichts gelten.

Peter. Nun, der Handel ist ehrlich! Meint Ihr nicht auch? (zum Minister und General)

Minister. Aber wie frevelhaft, mit seinem Monarchen über Pflicht zu handeln:

Jwanof. (zum Minister) Warum frevelhaft! Handelt der Czaar nicht auch mit uns? Müssen wir ihm nicht für die Erlaubniß, essen und trinken zu dürfen, gute Münze geben?

Minister. Und den Schutz der Gesetze, die Sicherheit des Reiches, die Bildung der Nation rechnest du für nichts?

Jwa=

Jwanof. Du magst dich bei dieser Rechnung hier am Hofe wohl befinden; aber ich und meines gleichen —

Peter. Nun, hat euer gelehrter Streit ein Ende?

Minister. Verzeihung, gnädigster Czaar! aber so thierisch roh' und äusserst vermessen —

Peter. Nicht doch! wir wollen denken, er wäre unser Hofnarr. — Zu mir, Alter! ich gehe deinen Handel ein; und verspreche dir auf deine eigene Bedingung, deine Bitte zu gewähren.

Jwanof. Ein Mann, ein Wort! Aber, Czaar! nur Euch allein kann ich mein Geheimniß entdecken.

Peter. Warum das! dieß sind meine Freunde.

Jwanof. Freunde! O laßt euch nichts weiß machen! —

Peter. (strenge einfallend) Rede oder gib!

Jwanof. (sieht betroffen den Czaar an) — O unsere Zuversicht! Ich will reden. — Gott stehe mir bei! Ein jedes Wort wiegt Zentner schwer auf meiner Seele. — Es ist Empörung im Werke — Empörung wider Euch, Czaar!

Peter. Ist das alles?

Jwanof. Nein. Ich will Wort halten und alles sagen. Erbarme sich Gott des alten Verräthers! — Es ist Empörung der Strelitzen.

Peter, (gleichgültig) Ho! weiter nichts?

Jwanof. Sechstausend Bewaffnete stehen in der Nähe der Stadt bereit und erwarten das Signal.

Peter. Und die Rädelsführer?

Jwanof. Sind hier in Moskau.

Peter. Und heissen?

Jwanof. Oh! das Wort ist schrecklich! — Soukaninn.

Peter. Wer noch?

Jwanof. Nur diesen weiß ich. Bei ihm versammeln sich die Andern.

Peter. Wann?

Jwanof. Heute gewiß,

Peter. (nach einigem Nachdenken) — — Kannst du mich in diese Versammlung führen?

Jwanof. Wie? — (sehr verlegen über die Absichten des Czaars) — — Nein, lieber sterben. — Doch, wenn ihr etwann dahin wollt, um die Sache gütlich abzuthun, so will ich euch das Losungswort geben, worauf man euch gleich einläßt. Die wenigsten kennen euch.

Peter. Wie heißt das Wort?

Jwanof. Nur euch allein, Czaar! Ich kann nicht anders.

Peter. So tritt daher zu mir.

Jwanof. (sagt's ihm leise.)

Peter. — Gut. Dein Kopf bürgt mir für die Wahrheit. Du bleibst hier, bis ich wieder komme.

Jwanof. Ja, aber nur nicht länger.

Pe

Peter. Nein, bei meiner Zurückkunft bist du frei. (zum General) Dafür sorgst du!

Jwanof. Nun aber meine Bitte —

Peter. Du hast Wort gehalten, Mann; ich will's auch.

Jwanof. (fällt ihm auf die Knie) Ich flehe nun um den Lohn meiner Verrätherei. Erbarmt euch meiner! Ehrlichkeit, Dankbarkeit und Treue haben mich zu einem unehrlichen, undankbaren und treulosen Schurken gemacht. Erbarmt euch meiner und gebt mir Maria Paulowna frei!

Peter. Ossakowa?

Jwanof. Ja, meine herzgute Wohlthäterinn; die Frau meines lieben Obristen und Freundes. Ich versprach ihm in die Hand, sie zu schützen und unversehrt zurückzubringen. Ihr aber habt sie — fangen lassen; das weiß ich gewiß.

Peter. Ist das deine ganze Bitte?

Jwanof. O ja. Für das einzige Leben dieses mir anvertrauten theuren Unterpfandes gebe ich euch meine Brüder zum Opfer, und mich herzlich gerne dazu.

Peter. Verändere deine Bitte, Väterchen! *) — Ich mag dich in unserm Handel nicht übervortheilen.

D 3

Jwa=

---

*) Peter liebte sehr die Diminutive der Namen. So nannte Er die ernsthaftesten Bojaren, die ihn umgaben, Borischen, Fedorchen, u. d. gl.

Jwanof. Gott im Himmel sey mir gnädig! Ich muß Marien lebendig haben und hinbringen zu dem edeln, armen Herrn, — Zaudert nicht, wanket nicht, habt Mitleid mit einem armen, alten Manne, der keine Hilfe wußte, außer in Meineid, Tod und Verzweiflung!

Peter. Nun Alter! — Offakowa ist fort.

Jwanof. Fort? — Wohin? — Habt ihr sie so geschwinde — — (tödten lassen? will er sagen. Aber er deutet es durch eine Gebärde an, die simpel, edel und deutlich seyn kann, ohne ins lächerliche zu fallen.

Peter. Fort ist sie, lebendig und frei.

Jwanof. (schlägt sich mit beiden Händen auf die Brust) Wehe mir Elenden!

Peter. (entrüstet) Hund! was brummst du?

Jwanof. O armer Soukaninn!

Peter. Soll ich dich für einen Narren oder Bösewicht halten?

Jwanof. — Lieber für das, was dazwischen gehört — für einen Dummkopf. — Czaar! ihr wißt nicht, wie es so einem Manne, wie ich, zu Muthe seyn kann. Ich weiß nicht, ob ich träume, oder — ob alles so ist! (er sieht mit trüben Augen einen nach dem andern an.)

Peter. (zum General) Ubergieb ihn der Wache und komm zurück.

General. Komm!

Jwanof. Ist Maria Paulowna frei?

Peter. Ja, sag ich dir,

Jwanof. Gott lohne euch dafür. — Wenn Ihr den Soufaninn tödten laßt, so sagt ihm, es geschähe für Maria Paulowna, und gebt acht — er lacht eurem Henker unter die Nase! (mit dem General ab.)

Achter Auftritt.

Peter. Der Minister, hernach der General.

Peter. — Nun so wären wir denn darüber im Reinen! (nach einem gedankenvollen Schweigen) Traurig ist's, daß mir mit dem ärgsten Tyrannen ein gleiches Schicksal werden soll. Verkannt, gehaßt von einem großen Theil meiner Unterthanen, ich, der so wohlwollende Nächte durchwacht, und jede Lebensfreude der Pflicht opfert! Wo ist die Strafe des Tyrannen? Wo mein Lohn?

Minister. (mit Wärme) Im Fluch oder Segen der Nation, im Urtheil, das hier (auf die Brust deutend) gesprochen wird, im Urtheil des ewigen Zeugen und Richters, im Fluch oder Segen der Nachwelt! — Doch Eure Majestät wissen das selbst besser: — (gelassen) Der beste Monarch findet immer mehr Hindernisse, mehr Widersprüche, mehr Kummer und Kränkung, als der für sich nur sorgt. Wo Recht, Wahrheit, Verdienste und Ehrlichkeit gelten sollen, da giebt es der Mißvergnügten viele: aber ihr Fluch ist

frucht-

fruchtbarer Segen, und ihr Zähnknirschen kann
nie die Harmonie der Bessergesinnten stören. So
wie da wo Heuchelei, Bestechlichkeit, Unterdrückung und Eigennutz am Thron stehen, jede
schmeichlerische Lüge heißere Kohlen auf das
Haupt des Tyrannen sammelt, und seines Ho-
fes feiler Jubelgesang nie den Jammer der Edeln,
nie den strengen Spruch der Nachwelt überstim-
men wird.

Peter. Es freuet mich, Freund; daß du über
dieses Kapitel noch in Feuer gerathen kannst.
Täglich sage ich mir das selbst, und dennoch —

General. (kommt zurück mit einem Packet) Ein
Kourier bringt diese Depesche.

Peter. Und der Strelitze?

General. Spricht kein Wort und sitzt in
tiefem Trübsinn.

Peter. Der sonderbare Graukopf! (er öffnet
das Paket, besieht mehrere Papiere, bis er auf das
betreffende kömmt) Aha! aus Sibyrien! (liest)
„Ossakof hat sich gleich nach seiner Befreiung auf
„den Weg nach Moskau gemacht, und zwar mit
„solch ungemeiner Eilfertigkeit, daß er vielleicht
„mit, oder wohl gar noch vor diesem unterthä-
„nigsten Bericht dort anlangen kann." — Gewiß ist er schon hier; denn einem unterthänig-
sten Berichte zuvorzukommen, braucht's keine
Hexerei. — Ob wohl das Ohngefähr alle diese
Menschen und Umstände zusammenbringen mag!
— Das wird sich zeigen. — (zum General) Du
giebst gleich in der Stille Befehl an alle Thore

was

wachen, daß man die Hinausgehenden scharf
beobachte; besonders Leute von der und der
Gestalt — die Beschreibung überlaß ich die
— nehmlich Strelitzen, Ossakoss, Soukaninns und dergleichen. — Kommen solche:
man hält sie fest und bringt sie daher zu mir;
Und dann — — soll eine Kompagnie von der
Garde, an der das Kommando steht, ins Gewehr
rücken; aber lauter zuverläßige, gediente Leute!
diese marschieren um die Stunde, die ich dir noch
sagen werde, in die Nähe von Soukaninns Wohnung. — Nun Gott empfohlen! —

Der General und **Minister.** (gehn ab.)

Peter. — — Es bleibt dabey! Man nenne
es tollkühn, oder wie man will; es bleibt dabey! — Ich muß sie endlich **selbst** überwältigen, mit eigner Kraft und Stärke. Sie müßen
den **Mann** in mir schätzen lernen, sonst verlangt die Majestät umsonst Ehrfurcht und Gehorsam!

(ab.)

Ende des zweiten Aufzugs.

Drit-

Dritter Aufzug.

(Ein Saal mit zwo gegeneinanderstehenden Thüren beym Soukaninn.)

Erster Auftritt.

Soukaninn mit einigen Vertrauten, Dann Ossakowa.

Soukaninn:

Eure Belohnung soll der Wichtigkeit des Dienstes gleich kommen; aber alles was mein Haß und meine Wuth vermögen, steht auch für den mindesten Fehler zu erwarten. Dieß ist der Saal. Bey Himmel und Hölle darf Niemand herein, ausser wer die Losung giebt. Wer diese giebt, er sehe aus, wie er wolle, hat freyen Eintritt. Es ist so auf beyden Seiten sicherer, als wenn Ihr die Namen, Kleidung und Gestalt der Kommenden erst untersuchen müsset. Das Losungswort hat jedermann nur von mir selbst — Wer kömmt da? — Geht und schärft eure Sinnen mit dem Gedanken an Glück und Verderben!

(Die

(Die Vertrauten gehen durch beyde Thüren zu gleicher Zeit ab.)

Offakowa. (hastig.) Soukaninn! wo ist er?

Soukaninn. Euer Sohn? das weiß ich nicht — sah' ihn seit heute früh nicht mehr. Aber Maria Paulowna! wenn man euch entdeckte!

Offakowa. Wenn man! Ich lief ja schon durch alle Straßen, suchte meinen Sohn und fand ihn nicht; suchte den Iwanof und fand ihn nicht.

Soukaninn. Ich bitte euch, wellet nicht hier. Es kommen verschiedene Leute daher —

Offakowa. Laß, laß! du weißt nicht, was heute vorgieng. Ich ward gefangen, zum Czaar gebracht; er gab mir Freyheit, Leben, befahl mir meinen Sohn zu holen.

Soukaninn. (sehr betroffen.) Er! — — Ha! wie schlau! der Sohn hätte entwischen können; die Mutter muß ihn selbst fangen!

Offakowa. Wie war das?

Soukaninn. Ihr findet euren Sohn nicht? Geht nur zum Czaar, der wird schon wissen, wo er ist.

Offakowa. (nach einigem Nachdenken.) — Soukaninn! Dein Haß verleitet dich auf Muthmassungen, in welchen kein Zusammenhang ist. — Warum soll mein Sohn entwischen? Warum soll ich ihn fangen? Warum soll der Czaar mir ihn vorenthalten?

Soukaninn. Um das **Warum** bekümmere man sich am Hofe nicht viel,

Ossakowa. Der Czaar ist kein Betrüger. Mit Güte sah er auf mich herab; Hoffnung stralte mir aus seinen Augen, Hoffnung auf meines Mannes Freyheit. — Ja wahrlich! ich könnte den Czaar lieben, wenn ich ihn nicht hassen müßte!

Soukaninn. O liebt ihn, liebt ihn immer! Euer armer Mann in Sibyrien wirds auch nicht übel nehmen; denn Leben und Freyheit sind ja ein Geschenk — O ein Geschenk!

Ossakowa. — Vielleicht kein Geschenk?

Soukaninn. Ja doch. Darum liebet und preiset den Geber dessen — was nicht sein war.

Ossakowa. Wahr, Soukaninn. Aber es ist eine allgemeine Schwachheit, daß man es mit den Großen der Erde nicht so genau nimmt. — Danket nicht auch der Tapferste für das erhaltene Kommando? Der Weiseste für die erhaltene Ministerstelle — da doch nur der Beherrscher allein zu danken hätte? O wie gern, wie glühend wollt' ich ihm danken, wenn er meinen Mann befreyte!

Soukaninn: Allmächtige Täuschung! ein Blick schafft Menschen um! In der Frühe verwünscht man die Despoten — der Czaar lächelt — und am Mittag —

Ossakowa. Verwünscht man den Despoten noch.

Soukaninn: In Sibyrien wohl.

Ossa-

Ossakowa. Auch hier. Ich kenne dich besser, als du mich. Die Zeit geht um. Du weißt nichts von meinem Sohne?

Soukaninn. Nichts.

Ossakowa. Hast du keine Muthmaßung?

Soukaninn. Die hab ich gesagt. — Ich schärfte ihm, wie Ihr selbst verlangtet, euern Rath ein, daß er von hinnen soll. Vielleicht ließ er sich's merken — man hielt ihn fest — doch, wie gesagt, nur Muthmaßung.

Ossakowa. Und dein Rath?

Soukaninn. Mein Rath —

Ossakowa. Ich sehe Verlegenheit an dir.

Soukaninn. Mein Rath ist — ihn nicht so laut, so ängstlich zu suchen. — Es schlägt zehn! erlaubt mir eine dringende Anordnung —

(er geht haftig ab.)

Ossakowa. — Was ist das? — Der schlaue unternehmende Soukaninn sieht einem Menschen ähnlich, der aus Klugheit einen albernen Streich, oder aus Ehrlichkeit ein Verbrechen begangen hat, oder begehen will! — Sollte es wohl meinen Sohn betreffen? — Wüßte Soukaninn sein Schicksal und verbärg' es mir? — Hätte vielleicht jener Officier ihn schon gefunden, ihn zur Flucht überredet und dann — verrathen? O ich Thörinn! einem Fremdling das Heiligste zu vertrauen! wer sein Leben um Sold erkauft, läßt gewiß auch um seine Ehrlichkeit mit sich handeln! (indem sie fort will, begegnet ihr Soukaninn, der zurück kömmt.)

Sou=

Soukaninn. Ja, so ist's. Mein Rath wäre, ihn nicht so laut, so ängstlich zu suchen.

Ossakowa. Und mich hinzusetzen, bis er selbst kömmt?

Soukaninn. Wäre wohl das beste!

Ossakowa. Soukaninn! Soukaninn! Du hast zwar deine Fassung vor der Thüre wieder gefunden; aber ich habe der Männer schon so viele gesehen, die mit einer Lüge, oder mit einem Betrug nicht zurecht kommen konnten, daß mir diese armselige Mine nimmermehr entgeht. Du betrügst mich gewiß. Das beste also, wenn ich von deinem Rathe das Gegentheil befolge, meinen Sohn recht laut, recht ängstlich suche. Ich sehe dirs an, daß ich dir dein großes Zimmer zu enge mache. Ich kenne meine Leute. Wenn du mich belügen willst, so hilft kein forschen, kein bitten, kein weinen; denn Soukaninn dünkt sich zu sehr Mann, als daß er nur halbwegs gehen sollte, wärs auch auf einem Schelmen streiche! —

(sie geht ab.)

Zweyter Auftritt.

Soukaninn.

Gute, scharfsichtige Ossakowa! der Ausgang muß entscheiden, ob es ein frommer oder böser Betrug ist; ob man das Ding mit dem Namen Schelmstreich oder Heldenthat taufen soll! —

Die-

Dieses Besuchs will ich in meinem Gebete gedenken! Ein Tatar mit Dolch und Wurfspleß in den
Händen wäre mir willkommner gewesen! —
Nichts fehlte, als noch der Sohn dazu! —
Wie leicht wäre des Jünglings Feuer verraucht,
wenn er von dieser neuen Gnade des Czaars gehört hätte! — Der Himmel verhüte ihre Zusammenkunft! ihre Schwachheit könnte meinen
Entwurf vereiteln, den ich mit dem Blute meiner hingerichteten Freunde tief in mein Herz geschrieben habe, um da nie, nie zu verlöschen!
— Wo bleibt Fedor Ossakof? Dieß ist die Zeit
um die er zu kommen versprach. — Haben vielleicht nur Zweifel seinen Eifer abgekühlt? —
O über das weichgeformte Knabenherz! kaum
läßt man ihm Zeit kalt zu werden, so zieht es
sich wieder in seine vorgeschriebene Form zusammen. Welche Mühe ich hatte bey der lezten Unterredung nur einen Funken wieder zu finden?

Dritter Auftritt.

Fedor Ossakof, Soukaninn, hernach
Streligen.

Fedor Ossakof. Da bin ich mit dem Glo-
ckenschlag und mit neuer Qual!
Soukaninn. Wie Freund?
Fedor Ossakof. Meine Mutter —
Soukaninn. (ängstlich einfallend.) Sahst du
sie?

Fe-

Fedor Ossakof. Ist verschwunden.

Soukaninn. (beruhigt.) Maria Paulowna?

Fedor Ossakof. Seit heute früh, da Iwanof uns verließ, sah er sie nicht mehr. Verzweifelnd durchlief er alle Straßen und fand keine Spur von ihr. Er kam zu mir, zerschlug sich wie ein Rasender, Brust und Haupt, weil er sie für gefangen, durch seine Schuld gefangen, glaubte; doch hatte er noch nichts von ihrer Arretirung vernommen. Ich bat ihn noch einmal alle Winkel zu durchsuchen, selbst an die Wache des Pallastes zu bringen, indessen ich auch keine Mühe sparen wollte. Ich entdeckte nichts; und wehe, wehe mir Armen, wenn Iwanof keine bessere Nachricht bringt!

Soukaninn. Ha! Sie entgieng dem Wütrich nicht!

Fedor Ossakof. Ach Gott! Meine Mutter!

Soukaninn. Du findest Sie nicht? Geh nur zum Czaar, der wird schon wissen wo Sie ist. (in demselben Tone wie im erstern Auftritt zu Ossakowa.)

Fedor Ossakof. Soukaninn.

Soukaninn. Auch mir ließ er meine Freunde morden!

Fedor Ossakof. Morden! Aber keine Mutter. Eine Mutter, wie Maria Paulowna.

Soukaninn. Einen Vater aber, wie Ossakof.

Fedor Ossakof. Den Trost findet man auch in der Hölle; denn er schärfet die Quaal. — Wie sie sich sehnen und kümmern wird um mich!

Sou-

Soukaninn. Um deine Hülfe!

Fedor Ossakof. Hülfe?

Soukaninn. Oder Rache!

Fedor Ossakof. Rache? Ha! das war besser! Gott muß dir's vergelten, Soukaninn! Du leitest mich immer auf den Ton, der zu meiner Seelenlage stimmt. Rache!

Soukaninn. Rache der Mutter, dem Vater Hülfe!

Fedor Ossakof. — So wären Sie dann verlohren, meine Mutter! die liebvolle, holde, gütige, verlohren auf ewig? *)

Soukaninn. Fasse dich! Unsere Freunde kommen. — Ossakof! Entsprich der Hoffnung die man auf dich gelegt. Gleich nach dieser Versammlung gehen wir aus der Stadt, um uns dort den wackern Strelitzen zu zeigen.

Fedor Ossakof. Nein, Soukaninn, ich muß Gewißheit haben, ehe verlaß ich Moskau nicht. Ich habe den Iwanof auf jenen Platz bestellt; er wird ihr Schicksal wissen; wie es sey, ich komme gleich zurück, bereit zu allem.

Soukaninn. Dein ungewöhnliches Umherschweifen erregt gewiß Verdacht. Hat Iwanof deine Mutter gefunden, so wird er auch Dich

zu

---

*) Es kommen allmählig mehrere Strelitzen, die nach einem stillen Gruß an Soukaninn den Ossakof aufmerksam betrachten, und sich in der Tiefe gruppenweise unterreden.

E

zu finden wissen. Uberhaupt wäre mein Rath:
„Sie nicht so laut, so ängstlich zu suchen."

(wie oben zur Mutter.)

Fedor Ossakof. O Soukaninn! es gilt um
eine Mutter, die ihr Leben für mich wagte!

Soukaninn. Und du willst für sie jammern,
weinen, **umherlaufen**? Man hilft oder rächet;
so liebt der Russe! — Sieh da unsre Freunde
und Brüder! Tritt in ihre Mitte und zeig' ihnen den Sohn Ossakof!

Vierter Auftritt.

**Fedor Ossakof. Soukaninn. Die Stre-
litzen,** die sich in zwo Reihen auf die Seite
stellen, hernach **der Czaar Peter.**

Fedor Ossakof. (im Anfang der Rede etwas
schüchtern, mit schwankender Stimme, nach und nach
aber entschlossener.) Der schwache, unerfahrne Ossakof wagt es nicht, Euch Brüder zu nennen;
— aber Freunde sind wir durch gleiches Schicksal — gleiche Leiden — gleichen Haß gegen
den Urheber unsrer Widerwärtigkeiten — durch
gleiche Absichten unsrer Zusammenkunft —

Peter. (kommt in einem gemeinen Anzug herein,
und stellt sich, da sie alle Fedor Ossakof aufmerksam zuhören, unbemerkt hinter — oder an die Reihe, die auf
der Seite seines Eintritts steht.)

Fedor Ossakof. Ich schwöre Euch bey dem
gewaltigen Unrecht, das mein Vater duldet, ge-

treu-

treulich mit Euch zu leben und zu sterben. Noch
nie führte meine Hand den Säbel; aber fechten
kann ich, denn ich bin Ossakof, ein Russe; und
wer mich je einen Schritt vor dem Tode zurückweichen sieht, der sage, ich sey der Sohn meiner
Mutter nicht. *) — Muth, Treue, Beharrlich-
keit, das, ihr Männer, ist alles, wofür ich
euch Mann bin, sonst bin ich in allem Jüngling; so
sehr Jüngling, daß ich euch eher hundert grosse Entwürfe auf das schönste vertrauen will, bis ein kluger
Mann uns die Mittel findet, einen davon aus-
zuführen. Könnt ihr einen Anführer brauchen,
der nichts versteht, als an der Spitze zu fechten;
so kann ich keinen bessern in Vorschlag bringen,
als mich selbst; verlangt ihr mehr von ihm —
keinen schlechtern als mich. Sehet! Ich vergel-
te doppelt euer Vertrauen; denn ich weiß von
euren Anstalten nichts. Auf das bloße Wort
des tapfern Soukaninn lege ich das Schicksal
meines Vaters, meine Hofnung, Leben, Ehre,
blindlings in eure Hände. Jezt Freunde, überlaß ich das Uebrige eurer Ueberlegung; mich rufen Pflicht und Liebe von hier. Mein Rath kann
Euch nichts nützen; wenn es aber auf That an-
kommt, so zählt auf mich. — Lebt wohl, auf
wenige Augenblicke!

Soukaninn. Wohin Ossakof?

Fedor Ossakof. Du weißt es.

E 2 Sou-

---

*) Bey den Russen ist diese Redensart: „ich will
nicht der Sohn meiner Mutter heißen, wenn re.
re.‟ von der kräftigsten Bedeutung.

Soukaninn. Bleib!

Fedor Ossakof. Nein, ich gehe. Sag'
du diesen unsern Freunden, **warum, wohin**
ich gehe. Und können sie mich dann tadeln, so
wäre mir's lieber, wenn wir uns nie wiedersähen.

(Er will gehen.)

(Die Strelitzen versammeln sich in der Tiefe des Saales in einem Kreise um den Soukaninn, und folglich steht die vordere Hälfte dieses Kreises — mit
Erlaubniß der bekannten Theater = Etiquette —
mit dem Rücken gegen den Vorgrund, der daher
dem Czaar frey bleibt. Indem Ossakof zur Thüre hinaus will, nimmt ihn der Czaar, der sich
darauf bereit zu halten schien, bey der Hand, und
spricht nur halb laut mit ihm.)

Peter. Wohin?

Fedor Ossakof. Ich sage ja, mich rufen
Pflicht und Liebe.

Peter. So? eben davon hätt' ich auch etwas
mit dir zu sprechen.

Fedor Ossakof. Du?

Peter. Du kennst mich nicht. Ich folge
gleich; wo find' ich dich?

Fedor Ossakof. Zunächst auf jenem stillen
Platze, wo einst eine Kirche stand — später
aber — hier — und noch später — wer weiß
wo! (ab.)

Fünf-

Fünfter Auftritt.

Peter. Soukaninn. Strelizen.

Peter. (steht ihm bedenklich nach.) Noch später — wohl gar am Galgen! — (die Strelizen betrachtend.) Soll ich reden? — Soll ich mit dem Säbel über sie herstürzen? — Was wäre ihre Anzahl gegen mich und meinen Grimm? — Nein, das wäre fürs äusserste gut genug. Ich will suchen, meinen Zorn zu übermannen; dann werde ich ihnen desto leichter Meister. — — (laut und entschlossen.) Soukaninn! Du hast in der That zahlreiche Gesellschaft!

Soukaninn. Wer ist das? (der Kreis öffnet sich und er steht in der Mitte.)

Peter. Nimm mir's nicht übel, daß ich so geradezu hereintrat. Ich fuhr eben an deinem Hause vorüber, und glaubte, es müsse recht lustig bey Dir zugehen.

Soukaninn. (zu den Strelizen.) O Himmel, und Erde! Er selbst!

(Man hört das Wort „Czaar“ in dem Haufen der erstaunten Strelizen nennen.)

Peter. Dem Anschein nach bin ich hier nicht willkommen. Nun, ich kann gehen; vielleicht kömmt besserer Besuch nach mir.

(kehrt sich nach der Thüre.)

Soukaninn. (tritt weiter vor.) Jezt, Brüder! jezt wär's Zeit!

Pe-

Peter. (ergrimmt, wendet sich um, und wirft den Soukaninn mit einem Schlag zu Boden.) Ja, Verruchter! es ist Zeit für dich! Gegen solche Hunde zieh' ich keinen Säbel. —— Empörer! Hier stehe ich, der Czaar Peter, in eurer Mitte. —— Beginnt eure teuflische Laufbahn mit einem Königsmord! Greift mich an! Ich habe hier keine Hülfe, als in diesem Arm; keinen Zeugen als Gott, der auch unser Richter ist; aber **Rächer** fände auch hier das vergoßne Königsblut in Millionen meiner treuen Russen. Zum viertenmale versucht ihr nun euer Heil im Verderben eures Vaterlandes, im Aufruhr. Was vermag eure Raserey gegen mich und mein Recht, gegen den Edelmuth meiner Russen? Ihr seht ja, Verräther, daß ich euch verachte! Ein Henker ist genug, um euer verdammtes Komplott zu zerstäuben! (Einige Strelitzen scheinen sich hier von ihrer Betäubung zu erholen, und machen eine gefährliche Bewegung.) Hier schweben der Vorsicht Blicke über uns; dort oben stehts geschrieben, wie das Loos zwischen uns fallen soll! —— (Es geschehen ein paar Trommelschläge auf der Straße — das Signal der herbeygerückten Garde.) — Ha Verräther! eure Stunde ist gekommen! (er geht mit Würde ab.)

(Auf den Schlag der Trommel bleiben einige der Strelitzen wie versteinert stehen — Andere fahren erschrocken zurück, einige legen Hand an den Säbel rc. Ueberhaupt müßten die Strelitzen während diesem Auftritt, dessen Wirkung lediglich von einer guten Anordnung abhängt, in Handlung begriffen seyn. Worunter aber keineswegs gelernte Ge-

Geſtikulationen verſtanden werden. — Ihre einan=
der fragende Betroffenheit, Schrecken, Unwille
ꝛc. ꝛc. Bey gewiſſen Stellen von der Rede des
Czaars — der ſelbſt auch ſeinen Ton und Affekt
nach der jedesmaligen Stimmung der Strelitzen
eingerichtet — geben Stoff genug, um dieſen Auf=
tritt ſehr zu beleben.)

Soukaninn: (mit halbgezogenem Säbel.) O
verflucht, verflucht ſeyn dieſe welſchen niedrigen
Seelen! Ein Blick des kühnen Despoten lähmte
Arm und Zunge — machte das Blut erſtarren,
und verwehte alle Mannheit aus unſern Herzen!
Ein Wort, ein einzlges Wort, das ihr, wider
meinen Rath, in unſerm Plan ausgelöſcht, das
Wort: **Königsmord**, hat eure Sinne zer=
rüttet und uns ins Verderben geſtürzt. Wir ſind
umringt! Ha! mir waren fromme Memmen ge=
gen den Czaar, ſeyn wir Strelitzen gegen ſeine
Soldaten! Ein jeder thue was er kann! Gehabt
euch wohl Brüder! Entweder nie, oder am Gal=
gen ſehen wir uns wieder!

(Er ſtürzt mit dem Säbel in der Hand zur Thür hin=
aus.)

(Die Strelitzen eben ſo, theils ihm nach, theils durch
die andre Thüre.)

(Man hört ein Waffengeklirre, das aber nicht zu na=
he ſeyn, und nicht länger dauern darf, als dieſer
Saal ſteht.)

(Die Bühne verwandelt ſich in den Platz, wo die er=
ſte Handlung begann.)

Sechster Auftritt.

Fedor Ossakof.

— — Kein Iwanof hier! — Nun so will ich mich zum Warten bequemen. Wer weiß, wie oft wir uns schon durch das wechselseitige Suchen verfehlt haben. — Mag man beym Konstantinn — was ich hier versäume ist Pflicht — — Entsetzlich! hier saß meine gute Mutter erst heute noch, und nun soll ich mir sie todt, erwürgt denken! Von wem? warum? — Von einem Menschen, dem Gott keine Vollmacht, kein Gepräg von höherer Kraft, nichts, nichts vor mir gegeben, der sich alles nimmt, der vielleicht meine Mutter tödten ließ, weil sie gegen seine Laune, gegen sein Wohlgefallen, das er tyrannisch zum Gesetze stempelt, fehlte; weil sie hieher kam, wo sie doch so viel Recht hat zu seyn, als er selbst. — Allgerechter Gott! Wenn ein Mensch so alles an sich reißt, sich alles nimmt, was er will, warum soll der andere sich nicht so viel nehmen, als er **kann**?

Siebenter Auftritt.

Peter. Fedor Ossakof.

Peter. Junger Mensch! Warum hast du unsre Gesellschaft sobald verlassen?

Fe-

Fedor Ossakof. Hat denn Soukaninn euch nicht gesagt, **warum** ich gieng?

Peter. Ich blieb nicht mehr dort — um dich hier zu finden.

Fedor Ossakof. Ich danke dir für diese besondere Theilnahme. Ich muß sie vermuthlich auf die Rechnung meines Vaters schreiben; denn ich kann sie so wenig verdient haben, daß ich dich nicht einmal kenne.

Peter. Vom **Verdienen** ist nicht die Rede: aber **gewonnen** hast du meine Theilnahme. Glaub mir, es wird auf dieser Welt mehr gewonnen und gefunden als verdient. Mit deinem Vater stand ich so, so; dein Feuer aber und deine gute offene Miene und deine einfache Sinneserklärung haben mir gefallen. — Was suchst du hier?

Fedor Ossakof. Ich suche, was ich nie hätte verlieren sollen — meine gute, edle Mutter.

Peter. Wo ist die?

Fedor Ossakof. Ich fürchte in den Händen des Czaars!

Peter. Wärs denn dort so übel?

Fedor Ossakof. Wie soll ich diese Frage verstehen?

Peter. Im Scherze, Freund, im Scherze. Aber dazu ist die Sache zu wichtig. — Sag mir einmal, Federchen! was würdest du gethan, gedacht, gewünscht haben, wenn der Czaar — Peter Alexiowitz — plötzlich und unvorgesehen —

vom Vorhaben der Strelitzen unterrichtet —
mitten in deiner Rede — in unserer Versammlung beim Soukaninn erschienen wäre?

Fedor Ossakof. Wenn er? — O über die
unnützen Spitzfindigkeiten!

Peter. Ich möchte deine Antwort hören.

Fedor Ossakof. Meine offenherzigste Antwort ist — daß ich keine geben kann.

Peter. Die ist wohl gut: aber sie könnte noch
besser seyn.

Fedor Ossakof. Gleichviel. Die beste ist
hier so gut, als gar keine; denn das beste Geschwätz über Undinge ist Unsinn.

Peter. Unmöglich scheint dirs also? — Junger Mensch, hüte dich, etwas so zu nennen.
In der sittlichen Welt giebt es fast gar keine Un-
möglichkeiten. Und warum scheint dir das, was
so natürlich ist, unmöglich? Der Czaar hört von
einem Komplott empörender Strelitzen; er zwei-
felt — und mit besserem Recht — an der Möglichkeit eines solchen moralischen Ungeheuers;
um sich zu überzeugen, geht er hin, stellt sich
in ihre Mitte, und sieht und hört — dich, Jüngling, die Fahne des Aufruhrs schwingen.

Fedor Ossakof. Aufruhr? — Freilich so
nennt es der Czaar.

Peter. Und wenn er denn auf einmal, allein
und ruhig vor dir stünde, was würdest du wünschen, denken, thun?

Fedor Ossakof. Ha! das Bild — ich ge-
steh es — ist überraschend!

Pe-

Peter. Antwort!

Fedor Offakof. — Ich würde meine Eltern, mein Gut, meinen Staub von ihm fordern.

Peter. Hat er die?

Fedor Offakof. Ja, ja er hat sie.

Peter. Wie hat er sie bekommen?

Fedor Offakof. Wie alles — Durch Gewalt.

Peter. Und diese Gewalt — woher?

Fedor Offakof. (spöttisch) Von Gott etwa?
Wo ist die Urkunde?

Peter. In der Einstimmung des Volks.

Fedor Offakof. Ha! gut; wer also seine
Stimme zurück nimmt, ist frei.

Peter. Nicht doch, junger Mensch! Darüber muß man erst den andern Theil vernehmen,
ob auch dieser ihn loßsagt; ob keine Schulden
abzurechnen sind. — Aufrührer und andere Verbrecher nehmen auch ihre Stimme zurück, indem
sie die Bedingungen übertreten. Sind sie frei?

Fedor Offakof. Wer ist aber jener andere
Theil, der so genaue Rechnung zu führen hat?

Peter. Die Nation und in ihrem Namen, der
Czaar.

Fedor Offakof. Und dieser Czaar darf alles? Seine Macht hat keine Gränzen, keine
Richtschnur?

Peter. Er darf mehr als du und ich; er dürfte aber nicht mehr, als wir beide und er mit

einander, wenn er unser Czaar allein und wie sein ganzes Volk wären.

Fedor Ossakof. So wäre ja doch unsere Wohlfahrt die Richtschnur, die Gränze und einzige Absicht seiner Gewalt?

Peter. Nicht anders.

Fedor Ossakof. So reime mir denn die Verbannung meines Vaters, meiner Mutter, die Vernichtung unsers Standes und Glückes mit der Wohlfahrt von Rußland, diesem einzigen höchsten Gesetz der Czaarischen Allgewalt, zusammen.

Peter. Das wird der Czaar wohl können.

Fedor Ossakof. Er sollte es können; wenn aber nicht?

Peter. Du bist darüber nicht Richter.

Fedor Ossakof. Wer denn?

Peter. Gott!

Fedor Ossakof. Ha! **Dahin** also, nur dahin bleibt uns der Weg offen, wenn Unrecht, Unterdrückung, Verfolgung, Eigensinn, Vorurtheil uns das Leben zur Hölle machen! Unsre zermalmten Herzen dürfen nur in halblautem Gebete ihren Jammer verwinseln! Wir müssen unsere Hände in den Schooß legen, und blindlings glauben, daß der einzige Czaar, der die gesammte Macht, Rechte und Kräfte des Volks besitzt, auch die alleinige Einsicht, das Wohlwollen, die allumfassende Bruderliebe, den festen beharrlichen Sinn, diese Gewalt nie zu mißbrauchen, im höchsten Grade eigen habe?

Dieß

Dieß müssen wir **glauben**, nicht wissen, nicht einmal fragen, ob es so ist! Ich müßte meinen Vater im Elend, meine Mutter in des Henkers Händen sehen, ohne zu klagen, ohne an Rettung und Rache denken zu dürfen! Und wenn es dem Ezaar einfiele, mich hier vor deinen Augen würgen zu lassen, so müßtest du glauben, es wäre um Rußlands Wohlfahrt geschehen!

Peter. Und wär es denn anders, Unbesonnener? Deine Schuld heißt: Empörung; die wird nur mit Blut bezahlt.

Fedor Ossakof. (äusserst betroffen) Ha! Wer spricht?

Peter. Ein Mann, schwärmerischer Knabe! Mit dir wäre der Ezaar also fertig, und mit deinen Eltern eben so. — Wie? wenn er sagte: die Vertilgung der unbändigen Strelitzenschaar war ein unvermeidliches Opfer für Rußlands Wohlfahrt. Ossakof aber, anstatt seinem Ezaar die Hand zu bieten, zeigte sich widerspenstig und nährte den Empörungssinn der ihm anhängenden Strelitzen. Ruhe, Ordnung, Sicherheit und Gerechtigkeit heischten seine Entfernung und Strafe. — Eben so fehlte Ossakowa. Sie erlaubte sich die schmählichsten Ausdrücke wider den Ezaar selbst. Es giebt Zeiten und Umstände, in welchen auch Weibergeschwäz mehr, als die gewöhnliche Verachtung verdient. Peter hätte ihr leicht verziehen, aber der Ezaar mußte sie strafen. — Doch, du zweifelst, ob die Zertrennung der Strelitzen wirklich heilsam und ob

Da-

daher gezogenen Folgerungen wahr sind? Du fragst, ob der Czaar darüber entscheiden könne? Ja, er kann, und nur Er allein. Nicht weil er, wie du verlangst, der Weiseste und Einsichts= vollste des Volks seyn soll, sondern weil ihm al= lein der ganze Bau des zusammengesetzten Staats= körpers, und alle, auch die geheimsten Verhält= nisse bekannt und alle Kräfte und Triebfedern in ihm vereiniget sind. Ohne eben der Weiseste zu seyn, kann nur er das Ganze übersehen, und kein Mensch kann ohne Frevel seine einzelnen Hand= lungen beurtheilen. — Zweifelst du an seinem Wohlwollen? — O lerne ihn erst kennen jun= ger Thor! Glaubst du, daß der Czaar sich selbst hasse? und wie könnte er sein Freund, der Sei= nigen, seiner Ruhe, seines Glückes Freund seyn, ohne sein Volk zu lieben? Nein er fühlt kein wahres Vergnügen, als in dem Glücke, in dem Ruhme seiner Russen; und was ihre Wohlfahrt trübt, ist seines Herzens einziger höchster Kum= mer; den du, undankbarer Ossakof, durch Em= pörung nun vermehren willst!

Fedor Ossakof. — — O! wie sind mei= ne Sinne verwirrt! wer bist du? warst du nicht beim Soukaninn? Du des Czaars Vertheidiger!

Peter. Vertheidiger? gieb acht, Junge, daß der Czaar nichts davon erfährt, daß ich ihn ge= gen dich vertrete. Er würde es uns beiden nicht leicht vergeben. Aber meine Theilnahme. —

Fedor Offakof. Deine Theilnahme ift ja Verdammung über mich, meinen Vater und meine Mutter!

Peter. Hüte dich, daß fie es nicht werde! — Sieh, wer da kommt!

(Er ftellt fich auf die Seite.)

Achter Auftritt.

Offakowa. Die Vorigen.

Fedor Offakof. (eilt ihr entgegen) Meine Mutter!

Offakowa. (ihn umarmend) Dank dir, mein Gott! — Dank! Dank!

Fedor Offakof. O gute Mutter, wie fehnlich fucht ich euch! Wo waret ihr?

Offakowa. Denk, Fedor, beim Czaar. Ja bei ihm felbft. Er fchenkt mir Freiheit, Leben.

Fedor Offakof. Er?

Offakowa. Er felbft: Und denk, Fedor! er will dich fehen, dich. Ich foll dich zu ihm bringen.

Fedor Offakof. Mich? — O ich Unglücklicher!

Offakowa. Komm, komm, fürchte nichts!

Fedor Offakof. Mutter! ich kann nicht, darf nicht!

Offakowa. Er wills ja, hörft du? Er felbft wills. O Sohn! ich habe Hoffnung — der Czaar ift kein Tyrann, wie der falfche Soufa-

ninn

ninn und das erlittene Ungemach uns vormahl=
ten. Doch, ich will alles dieß unterwegs er=
zählen. Komm! (Sie will ihn bei der Hand fort=
ziehen, und nimmt den abseits stehenden Czaar wahr)
Wer ist das?

Peter. Ich. (indem er vortritt)

Offakowa. (auf die Knie fallend) Gott! der
Czaar! o Sohn! Sohn! knie neben mir und
fleh um deinen Vater!

Fedor Offakof. Der Czaar!

Offakowa. Er, Er selbst! Nie werd ich
diese Gestalt verkennen. Er ists!

Fedor Offakof. O so laßt uns fliehen, uns
die Freunde retten! fort! fort! fort Mutter,
euer Sohn ist hin! (Er will seine Mutter mit sich
fortreißen.)

Peter. (zieht erzürnt seinen Säbel.)

Offakowa. (wirft sich zwischen drein, ihren Sohn
haltend.)

Peter. Halt! Verblendeter Knabe! — Offa=
kowa! weißt du, wo ich deinen Sohn kennen
lernte? beim Soukaninn, mitten in einer Rotte
verschworner Strelitzen, wo Er sich zur Verhee=
rung seines Vaterlandes, zum Hochverrath wi=
der mich verpflichtete, wo er den Rebellen das
Wort führte.

Offakowa. Oh!

Peter. (zu Fedor) Ist's anders?

Fedor Offakof. (fällt schweigend auf die Knie)

Offakowa. Ich arme Mutter!

Pe=

Peter. Sprich du selbst, Mutter, wem soll er folgen? soll er fliehen, sich, seine Freunde retten?

Ossakowa. Ich armes Weib — nicht Mutter!

Peter. (bereit fortzugehen) Dort steht die Mutter, hier sein Czaar, wem soll er folgen?

Ossakowa. (wendet weinend ihr Gesicht von ihnen) Nicht mir Verlaßnen — Seinem Czaar!

Peter. (ab.)

Fedor Ossakof. (indem er aufspringt und dem Czaar nacheilet) Gehabt euch wohl, Maria Paulowna!

Ossakowa. (ihm nachrufend) O Unglücklicher! — Ich bin doch noch deine Mutter!

　　(sie geht in dieselbe Strasse ab.)

Ende des dritten Aufzugs.

F　　　Vier=

Vierter Aufzug.

Die Schaubühne ist eine Art von Burgplatz, welcher bis auf einige Eingänge in die Strassen, ganz von aneinander hängenden Gefängnißthürmen und Mauern umschlossen ist.

Erster Auftritt.

Ossakof Vater.

Uiberall schallt mir das Wort: Empörung, Empörung der Strelitzen entgegen, und niemand weiß mir mehr zu sagen. Die Rasenden! Wie können sie hoffen durch Verbrechen und Vorrath das wieder zu erlangen, was sie durch Treue und Tapferkeit nicht behaupten konnten! — Hier hoffe ich am besten zu erfahren, wie die Sache beschaffen ist. Der Czaar mag mir verzeihen, daß meine Danksagung nachsteht; hab ich doch mein gutes Weib und meinen Sohn über diese Nachricht fast vergessen. — Sonderbar! daß dieser Jammerort das erste ist, was mich an sich zieht; er war der letzte, den ich in Moskau verließ — Könnten diese Mauern reden und

wie-

wieder sagen, was in ihrer Hülle geschieht, gedacht und geklagt wird! O diese Erinnerung könnte mich zu dem Frevel verleiten, zu glauben, daß Gott selbst nichts davon hört, sonst müßte er alle seine Donner und Erdbeben hieher versammeln, um diese freche Nachahmung seiner Hölle zu vernichten!

Zweyter Auftritt.

Ossakof Vater. **Ein Kommando,** von dem in der ersten Handlung vorkommenden **Offizier** geführt, bringt den **Soukaninn** und drei **Strelitzen** geschlossen.

Ossakof Vater. Ha! ich irrte nicht. Hier erfährt man mehr als anderwärts. — — Das ist ja Soukaninn. Soukaninn!

Soukaninn. Wer ruft mir?

Ossakof Vater. (zu dem Offizier) Mein Herr! ich bitte mit diesem Gefangenen ein paar Worte reden zu dürfen.

Offizier. So viel ihr wollt. Ich muß ohnehin erst nachsehen, ob alles zu ihrem Empfange bereit ist. (er richtet seine Mannschaft, und scheint ihnen genaue Obacht anzubefehlen. Dann läutet er an einer der eisernen Thurmpforten, die sich gleich darauf öffnet und ihn einläßt. Dieß alles geschieht, ohne daß das folgende Gespräch dadurch aufgehalten wird.)

Ossakof Vater. Soukaninn! tritt doch hervor!

F 2   Sou-

Soukaninn. Iſt's möglich? — Ihr hier
und frei?

Oſſakof Vater. Und du hier in Feſſeln?
Warum?

Soukaninn. Plagt mich mit keinem Warum? ſo lange die Welt ſteht, hat noch kein
Menſch zuverläßig darauf antworten können.
Hier in Moskau können Euch meine Feſſeln nicht
ſo ſehr befremden, als mich eure Freiheit. Wem
habt ihr ſie zu danken? —

Oſſakof Vater. Dem Czaar, ohne Bitte,
ohne Vorwort, ihm allein.

Soukaninn. Ab! ſo könnte dann dieſer
Czaar alles, was ich unmöglich von ihm glaubte! — Ich habe ihn entweder nie, oder nie
beſſer, als heute gekannt. Nehmt euch in Acht!

Oſſakof Vater. Was hätt' ich zu fürchten?

Soukaninn. Ein lächelnder Feind iſt der
gefährlichſte. Vor einem ſolchen hütet euch!

Oſſakof Vater. Ich kenne keinen.

Soukaninn. O ihr werdet ihn ſchon kennen
lernen. Denkt an Soukaninn. Von den plötzlichen Veränderungen halt ich nichts.

Oſſakof Vater. Das glaub ich gerne. Mit
dir hat ſichs ſchlimm geändert. Soukaninn! Ich
habe von Empörung gehört.

Soukaninn. Habt ihr? — Es galt um
eure Freiheit, um der Strelitzen Ruhm, um
Rach und Rettung! Aber ein verrätheriſcher Teufel kam dazwiſchen, und ſehet, man thut mir
mit dieſen drei braven Brüdern die Ehre an, uns
                                                von

F

von den übrigen zu sondern. Dort hat der Czaar vermuthlich für unsere Wohnung gesorgt.

Ossakof Vater. So gebe ich dir meinen Fluch zur Aussteuer. Ich hasse Empörung.

Soukaninn. Spricht der Strelitzen Oberst?

Ossakof Vater. Schimpf mich nicht so. Durch eure Schuld ist dieser einst so ehrenvolle Name zum Schandfleck nun geworden. Fort! ich bin keiner von euch! ich kenn euch nicht!

Soukaninn. O was vermag nicht ein Czaar! Ich glaube, er könnte den Teufel selbst zu seinem gehorsamen Diener machen!

Ossakof Vater. So geh und lerne bei diesem deine Pflicht. Verflucht sey Aufruhr! durch ihn fallen tausend unschuldige Opfer bis er dem Tyrannen nur ein Haar krümmt! Empörung giebt dem blutdürstigen Fürsten nur ein Jubelfest, dem gerechten ein bluttriefendes Ehrenmal, dem gütigen die Martyrerkrone, dem Volke allezeit Verderben, und dem Empörer Fluch!

Soukaninn. — Mann! Pflanze mir keine Stacheln ins Herz, laß mein Bewußtseyn unerschüttert, oder ich will mich mit einer Nachricht, einem einzigen Wort gräulich — nein, ich will mich nicht an euch rächen. Ihr habt mir Stoff zum Nachdenken gegeben, aber schwerlich wirds mich so lammfromm und höfisch machen, wie euch in Sibyrien. Gebt mir eure Hand und verzeiht mir nur, was ich gegen Euch begieng: das übrige will ich schon verrechnen.

Ossakof Vater. Gegen mich?

Sou-

Soukaninn. Eure Hand zur Versöhnung und Vergebung!

Der Offizier. (kömmt aus dem Thurme und bleibt am Eingange stehen) Voran! Voran ihr Leute!

Offakof Vater. (reicht Soukaninn und den andern Strelitzen die Hand)

Soukaninn. Gott erhalte euch bei euerm guten Glauben, und laß euch keinen übeln Geruch vom Hofe entgegen wehen! Lebt wohl, mein Obust Offakof!

(Das Kommando rückt mit den Gefangenen nach dem Thurme.)

Offizier. (vor sich) Offakof? (er tritt hervor) Sind Sie Offakof?

Offakof Vater. Ja.

Offizier. Verziehen Sie hier.   Ich habe ein Geschäft von Belang an Sie.

Offakof Vater. An mich?

Offizier. Wenn Sie Offakof sind, ja.

Offakof Vater. Ich erwarte Sie.

Offizier. (geht dem Kommando nach in den Thurm, worauf das Thor geschlossen wird.)

Offakof Vater. — Ein Geschäft an mich? Wie komme ich, der ich seit 8 Jahren nun zum erstenmal eine Viertelstunde in Moskau bin, zu Geschäften mit diesem Menschen? Brächte mir der etwan den übeln Geruch vom Hofe, von dem lächelnden Feinde entgegen? — — Ja, ja, Soukaninn! Ich denk an dich!

Drite

Dritter Auftritt.

Jwanof. Offakof Vater.

Jwanof. (läuft faſt außer Odem daher) He! Kannſt du mir nicht ſagen — ob Soukaninn — ob Strelitzen — (er betrachtet den Offakof) ob — ob — (weicht zurück, und wiſcht ſich die Augen) ob ich bei Sinnen bin, oder —

Offakof Vater. Ja, ja, Soukaninn iſt hier eingekerkert, und Jwanof iſt bei Sinnen!

Jwanof. Seyd — seyd ihrs?

Offakof Vater. Ich selbſt.

Jwanof. Nun. (Pauſe)

Offakof Vater. Nun, Alter, wie iſt's?

Jwanof. (winkt mit der Hand, daß Offakof ſchweigen soll, und starrt ihn lächelnd, doch mit ſichtbarer Bewegung an.)

Offakof Vater. (reicht ihm die Hand)

Jwanof. (ergreift ſie mit beiden Händen und drückt ſie ans Herz; nachdem er ſich erholet) So, nun iſt's vorbei!

Offakof Vater. Was mein Freund?

Jwanof. Hm! wenn mich etwas — so gewaltig zusammen rüttelt — wie eure Freiheit und Gegenwart — o Herr! dann möchte ich lieber brüllen als reden; und weil ſich das Brüllen nicht ſchickt, so ſchweig ich lieber ſtille — Ihr hier und frei!

Offakof Vater. Darf ich mich freuen hier zu ſeyn? darf ich?

Jwa-

Jwanof. O Ja doch, freut euch! Ich meine, es ist alles gut. Nur der arme Soukaninn. —

Ossakof Vater. Bedaure den Empörer nicht. Was suchte er im Aufruhr, der Unsinnige? Konnte ihn das Andenken seines hingerichteten Vaters nicht klüger machen? Was wollte er mit einer Hand voll Strelitzen gegen Millionen, die für den Czaar stehn? Ich selbst, ich der hart gekränkte Ossakof, hätte zuerst meinen Säbel gegen den Empörer gezogen!

Jwanof. Ich glaube einen Engel reden zu hören! — Und nicht wahr, Herr! wenn ein ehrlicher alter Mann hingegangen wäre zum Czaar und hätte den Soukaninn ver — rathen. Versteht mich recht, nicht um ihn zu verrathen, nein, in guter Absicht, um etwan einen andern ehrlichen Mann von einem grossen Unglück zu befreien; nicht wahr, ihr würdet den alten ehrlichen Verräther nicht von euch stossen?

Ossakof Vater. Ich würde treulich die Hand ihm reichen. — Doch Jwanof, mein Weib, mein Sohn, wo sind sie?

Jwanof. Ach! wie leicht ist mir!

Ossakof Vater. Wo sind sie, Alter?

Jwanof. Sie sind jezt vermuthlich wohl beysammen. Ich muß euch nur gestehen, seit drey Stunden sah ich sie nicht. Denn ich war — war bey einem guten Freunde, und da ließ man mich jezt erst fort. Mein erster Gang war hierher um zu sehen, ob Soukaninn und seine

Se

Gefährten — doch kommt, wir wollen eure Geliebten suchen; kommt!

Vierter Auftritt.

Der Offizier *) Die Vorigen.

Offizier. Ein Wort (vortretend.) Die Aehnlichkeit mit diesem Bilde ist nicht überzeugend genug. — Sind Sie wirklich Ossakof?

Ossakof V. Wie können Sie zweifeln? Ich erwarte nichts Gutes, und dennoch bin ich's. Niemand, glaub ich, wird sich den Namen eines Unglücklichen erlügen wollen.

Offizier. Ich sah die Dame zwar nicht ganz im Hellen, aber doch schien sie mir zu jung zu so einem Sohne. Sie müssen mir meine Bedenklichkeiten schon verzeihen!

Ossakof V. Um so lieber, da ich Sie gar nicht verstehe.

Offizier. Verstehen Sie dieß? (zeigt ihm das Bild.) Dieses Portrait?

Ossakof. V. Maria Paulowna! woher haben Sie's? Mein, mein ist's!

Offizier. Maria Paulowna Ossakowa. Richtig, Sie sind's. Nur Geduld. Niemand kann

F 5   fro-

---

*) Der Offizier ist schon unter Iwanofs lezter Rede aus dem Thurme gekommen — und hielt das von Ossakowa empfangene Gemählde in der Hand, welches er mit den Zügen des Ossakofs zu vergleichen sucht.

froher seyn, als ich, daß ich diesen Auftrag erfüllen kann. Die Dame ist heute fort — fort
von hier. Sie gab mir, da ich der einzige Zeuge ihrer Abreise war, dieß Wahrzeichen um Ihnen sagen zu können, daß Sie ihr nacheilen sollen, gleich geschwind ohne Verzug. Das ist
mein Auftrag.

(Er reicht das Portrait hin und will fort.)

Ossakof. V. Aber wohin denn? Wohin?

Offizier. Wohin? — Ach! (verlegen) —
Wenn mir recht ist nach Pohlen; ja nach der
pohlnischen Gränze. (eilend) Hier haben Sie das
Bild. Ich versprach heilig es zu überliefern,
und Ihnen zu sagen, daß Sie fort sollen von
hier, ihr nach, gleich, geschwinde, ohne Verzug. Ich halte Wort und weiß sonst nichts.
Glückliche Reise.

(ab.)

Fünfter Auftritt.

Ossakof. V. Jwanof.

Ossakof. V. — — Auch ich weiß nichts
— nichts, als daß ich hier das Einzige, was
meine Maria von leblosen Dingen je hochschätzte,
in der Hand halte! Sie trugs wie ein Heilig-
thum an ihrem Busen und nur der Tod, oder
etwas, das nicht weniger ist, als der Tod,
konnte es ihr entreissen! — Soufaninn! Soufaninn' ich denke an dich! — Hier sind Dinge
vor-

vorgegangen, die schon, ehe ich sie noch weiß,
meine Besinnungskraft erschöpfen; was kanns
erst werden? — Nun, Jwanof! ist alles gut?
— Seit den drey Stunden, die du bey deinen
guten Freunden zubrachtest, muß sich bey den
Meinigen viel geändert haben!

Jwanof. (tiefsinnig.) So hör' ich.

Ossakof V. Dir vertrau' ich meine Gat=
tinn an!

Jwanof Weiß es wohl.

Ossakof V. Wo ist sie hingekommen?

Jwanof. (wie zuvor.) Wenn mir recht ist,
nach der pohlnischen Gränze.

Ossakof V. Alter Thor! Scherz' nicht mit
Ossakof!

Jwanof. (wird bey diesem Namen plötzlich auf=
merksam und lebhaft.) Was befiehlt mein Herr?

Ossakof V. Schaffe mir meine Maria wie=
der!

Jwanof. — — So hört nur, wies heute
gieng — Ich muß nun alles sagen, sonst könn=
tet ihr mich —

Ossakof V. Für einen Schwätzer halten!
— Zur Sache!

Jwanof. Maria Paulowna trennte sich heu=
te frühe, da sie mit eurem Sohne sprach, nach
ihrem Willen von Jwanof. Im Heimgehen
wurde sie aufgehoben, zum Czaar gebracht.

Ossakof V. Hingebracht!

Jwanof. Der alte Jwanof erfuhr's, ging
zum Czaar, und — verhandelte ihm das Ge=
heim=

heimniß der Strelitzen, das Soukaninn ihm —
anvertraut hatte, gegen die Freyheit, das Leben
eurer Gattinn.

Ossakof V. Du?

Jwanof. Aber der Handel war verdorben;
denn ehe der alte Jwanof kam, hatte der Czaar
Maria Paulowna schon frey und lebendig fort-
gelassen.

Ossakof V. Frey!

Jwanof. Jwanof mußte indessen im Kre-
melin festsitzen bis vor wenig Augenblicken, da
man ihn entließ, er hieher kam und euch fand.

Ossakof V. Und was indessen geschah, weißt
du nicht?

Jwanof. Ich hörte von der Gefangenneh-
mung und tapfern Gegenwehr der Strelitzen,
daß Soukaninn einige von seinen eigenen, und
von des Czaars Leuten niedergesäbelt, daß er in
diese Kerker sollte.   Von euch, eurer Frau von
eurem Sohne kein Wort.

Ossakof V. Entweder sie entfloh aus guten
Ursachen, oder der Czaar befahl ihr aus dem
Lande zu wandern; denn von Todesstrafe auf
unbedingte Freyheit — Soukaninn hat recht,
die plötzlichen Veränderungen sind verdächtig. —
Ich muß fort Alter.

Jwanof. Freylich, einer von uns muß ihr
nach.

Ossakof V. Ich. — Die arme Dulderinn!
flüchtig irrt sie nun umher ohne Schutz und Hülfe! — Welch ein Augenblick der äussersten Ver-

lassenheit, Angst und liebevoller Sorgfalt muß
es gewesen seyn, da sie das lezte, einzige, kost
barste einem Fremdling, dem ersten besten an=
vertraute. Nichts geringes konnte sie dahin ver=
mögen. — O Czaar! Czaar! Ich kann eher
Grausamkeit vertragen als Tücke.

Iwanof. Warum hat er euch denn frey ge=
lassen?

Ossakof V. Warum? — Auch bey diesem
Worte denk' ich wieder an Soukaninn. Der will
von keinem: „Warum" wissen. Ist es ein Wun=
der, wenn ich mißtrauisch bin gegen den, der
mir alles nahm? Der mich acht Jahre länger —
Ach! ich will nicht daran denken! vielleicht ist
alles anders, als wir wähnen; aber ich muß
fort! Mit jedem Augenblicke, den wir hier ver=
plaudern, fliehet mein armes Weib um einen
Schritt weiter. Gehab dich wohl!

Iwanof. Herr!

Ossakof V. Was noch?

Iwanof. (traurig) Was soll der alte Iwa=
nof machen?

Ossakof V. Vergieb Freund! Hab' ich ja
auch meinen Sohn vergessen. Such ihn auf;
ist er nicht mit der Mutter fort! so bring' ihn
nach. Sobald ich meine Maria eingeholt, und
weit kann sie nicht seyn — so warten wir auf
euch.

Iwanof. Und wenn euer Sohn schon dort
ist?

Ossa=

Offakof V. So warten wir auf unfern alten treuen Jwanof!

(er drückt ihm die Hand und eilt fort.)

Jwanof. (munter.) Nur zu! nur zu! Ich find euch doch und wärt ihr, Gott weiß, wo? — — Nun zu Rathe! wo soll ich mich hinwenden um Gewißheit zu erhalten? Ist der Sohn wohl mit der Mutter fort, oder blieb er hier? Wo find ich ihn? Wo soll ich ihn suchen? Wie veranstalte ichs, daß wir unter diesen Umständen entkommen? — Das erfordert etwas, wozu ich all mein Lebenlang nicht viel taugte — reife Ueberlegung.

(Er bleibt eine Weile nachdenkend stehen, und läuft dann, indem er plötzlich forteilt, der kommenden Offakowa in die Hände. Erstaunt sieht er sie an und will dem Offakof nach.)

Sechster Auftritt.

Offakowa. Jwanof.

Offakowa. (hält ihn fest.) Gottlob! daß ich dich finde! — Halt, halt! Warum willst du mit entfliehen?

Jwanof. Laßt, laßt mich um Gotteswillen! Dort, dort!

(er winkt in die Straße, in die Offakof ging.)

Offakowa. Bleib, Alter! Du fürchtest mir zu sagen, was ich schon weiß. Ich weiß alles.

Jwanof. Alles? Auch daß er hier ist? Saht ihr ihn? —

Offa-

Ossakowa. Ach ja!

Jwanof. (beruhiget.) Nun, ists gut.

Ossakowa. Ist er dort? Sahst du ihn in diese Kerker führen?

Jwanof. Wen?

Ossakowa. Ihn, meinen Fedor!

Jwanof. Was soll er dort? Was soll euer Sohn beym Soukaninn!

Ossakowa. Ja, was soll unter Empörern, der arme verblendete Jüngling? Soukaninn, der Betrüger hat ihn verführt.

Jwanof. Verführt? Euren Sohn?

Ossakowa. Zur Verschwörung. Der Czaar selbst fand ihn mitten unter der rebellischen Rotte; nahm ihn selbst gefangen.

Jwanof. Euren Sohn?

Ossakowa. Weißt du das nicht Alter? Weißt du nicht, daß er wird sterben müssen?

Jwanof. Euer Sohn?

Ossakowa. Er, er! O wiederhol den Namen nicht!

Jwanof. War euer Sohn mit Soukaninn verschworen?

Ossakowa. Er war, und — der Ersten einer!

Jwanof. (sinkt wie sinnlos zu ihren Füßen nieder.)

Ossakowa. Jwanof! — Gott! was soll die Mutter, wenn der Freund diesen Jammer nicht ertragen kann? Jwanof!

Jwanof. Fluch! Fluch! Fluch!

Ossakowa. Jwanof!

Jwa-

Jwanof. Jeden Tropfen meines Blutes! jedem Haare meines grauen Kopfes!

Ossakowa. O er ist von Sinnen! Armer, alte Mann!

Jwanof. Zertretet seinen Verräther — Mö er!

Ossakowa. Rasender! was?

Jwanof. Ich — ich hab sie dem Czaar verrathen!

Ossakowa. Verrathen? Teufel! wie konntest du so lange mit deiner ehrlichen Larve täuschen?

Jwanof. Nicht wahr? O ich möchte bleß alte Herz den Hunden vorwerfen.

Ossakowa. Doch — du wußtest nicht, daß der Sohn deines Freundes — der Sohn Ossakof —

Jwanof. Nein, o nein!

Ossakowa. — Und wenn auch. Man nennt es Pflicht; es ist Pflicht, was du gethan. Dich hassen, dir fluchen darf ich nicht; aber dich lieben kann ich auch nicht mehr. — Geh wohin du willst, wir sind geschieden.

Jwanof. Rechnet nicht so allein mit mir ab. Der Vatter gehört auch dazu!

Ossakowa. So geh nach Sibyrien und hol' seinen Dank.

Jwanaf. Nach Sibyrien? Warum dort? — Habt ihr ihn denn nicht hier gesehen?

Ossakowa. Wen?

Jwa-

Iwanof. Euern Herrn und Gatten. Ihn selbst hier und frey!

Ossakowa. Hier? Du bist von Sinnen!

Iwanof. Ihr saht nicht? Wißt nicht? Ho! darum eilt er seiner Maria Paulowna nach? Halt! halt! lernt den Mörder eures Sohnes kennen? (er eilt fort durch die Straße, in die Ossakof abgieng.)

Ossakowa. Er ist wahnsinnig! — Immer hin. Es ist ein großes Glück den Verstand zu verlieren; aber es ist nur eines und das letzte. — Er hier und frei! Großer Gott! ich fürchte der wahnsinnige Iwanof hat mich angesteckt! Ich schwebe zwischen Hoffnung und Todesangst. — Wo soll ich hin, um Gewißheit zu erhalten? Mein Mann in Freiheit — mein Sohn auf dem Blutgerüste! — Allgütige Vorsicht! Verdamme mich nur zu keiner Wahl! Denn da, wohin meine Schwachheit auch den Vorzug legen würde, fänd ich nichts, als unversiegbare Thränen über das Aufgeopferte: (ab.)

(Ein Vorsaal im Pallaste mit mehreren Eingängen.)

Siebenter Auftritt.

Der General. Der Minister.

General. (im Hereintreten) Mit unbegreiflicher Geschwindigkeit verbreitete sich das Gerücht in der Gegend von Moskau, und die Streltzen, welche auf das Signal zum Aufruhr warteten,

G   brach-

drängen sich nun haufenweise, in die Städt,
und nehmen Dienst bei den Regimentern. Laut
rufen sie: „der Czaar Peter ist uns wirklich zu
stark und groß; wir wollen ihm dienen und gehorchen!"

Minister. Gewiß mehr Freude für ihn, als
über eine eroberte Provinz. Wie viele Mühe
gab er sich schon die rauherzigen Pursche unter
gute Mannszucht zu bringen. Man versprach,
man drohete — umsonst!

General. So wahr ist's, daß ein großes
Beispiel, eine einzige edle That mehr nützt, als
hundert schriftliche Verordnungen.

Minister. Aber diese That — wie gewagt,
wie gefährlich? —

General. Nur ein Peter Alexiowitz konnte
sie unternehmen. Seine hohe Bestimmung ist
einmal nicht nach einer alt väterlichen Form
durch Worte und Unterschriften — sondern durch
sich selbst, durch Thaten zu herrschen. Und
wer weiß, ob die Gefahr so groß dabei war?

Minister. Meinen sie nicht?

General. Ein Fürst, der es wahrhaft gut
meint, der mit seinem Gewissen auf einen freund-
schaftlichen Fuß lebt, hat selbst ihm ärgsten Auf-
ruhre nichts für sein Leben zu fürchten. Seine
Person umgiebt ein Kreis von schauerlicher Ehrfurcht, und nur da kann ihm Meuchelmord dro-
hen, wo eine gewisse Menschenklasse die Hand
im Spiele hat, die ohne Waffen, ohne —

Mi-

Minister. Ich verstehe sie. Genug, der Erfolg war glücklich ; und wenn das (er deutet auf die in der Hand habenden Papiere) noch hinzu kömmt, so wird es mit den Streltzen wohl Ru he werden.

General. Wohl gar das Urthell? — Wa rum so eilig?

Minister. (mit Achselzucken) Höchster Befehl. Ich machte auch meine Bemerkung über Herkom men, Formalitäten ; aber da hieß es: „auf solche erwiesene Verbrechen, muß die Strafe un gesäumt folgen ; denn das lange Zögern schwächt in dem Verbrechen das Bewußtseyn der Schuld, und bei dem Volke die Erinnerung des Verbre chens." Sie verstehen schon , wer das gesagt hat.

General. Ha! dagegen hält freilich die alte Observanz nicht Stich. Darf man wissen, wohin der Rath gestimmt hat?

Minister. Auf Tod, versteht sich ; aber über die Art des Todes, besonders für die Rädelsfüh rer , konnte man noch nicht einig werden.

General. Possen ! das Sterben ist immer die Hauptsache. Aber der junge Ossakof? Soll ten den die Zeugnisse seiner Lehrer , die wieder holten Aussagen des Soukanuns nicht retten?

Minister. Nein!

General. Und daß Seine Majestät ihn per sönlich gefangen nahm?

Minister. Was soll das?

General. In Ihren Rechten steht vielleicht
nichts davon; aber wenn ein Herrscher selbst einen Verbrecher entdeckt, ihn selbst gefangen
nimmt, und dann, als Richter ihn verdammt
— Ich weiß nicht, ist's die Seltenheit des
Falles, oder sonst etwas, das mir hierinn nicht
behagt. Erklären kann ichs nicht.

Minister. Weils nichts ist. — Glauben
Sie, daß ich jetzt recht komme? Womit sind
Seine Majestät beschäftiget?

General. Mit Papieren, die, wie ich glaube, die Strelitzen betreffen. Wenigstens las ich
flüchtig und ferne den Namen Ossakof.

Minister. Hm! Mit diesen Ossakofs!

General. Haben Sie nicht bemerkt, daß
Seine Majestät sich seit einiger Zeit mit besonderer Theilnahme um die Gesinnungen und Handlungen des verbannten Vaters und auch des
Sohnes erkundigten?

Minister. Ja freilich. — Auch auf Sibyrien kann man sich nicht mehr verlassen!

General, Unter uns! Es geschah ihnen wohl
zu hart; und der Czaar scheint das zu wissen.

Minister. (etwas betreten) So? nun das
wollen wir — unter uns — dahin gestellt seyn
lassen! (er geht in des Czaars Zimmer)

General. (ihm nachsehend) Hab ich dem Herrn
zu nahe gefühlt? — Je nun, wer kann denn
jeden empfindlichen Fleck dieser Leute auswendig
wissen?

Ach-

Achter Auftritt.

Der Offizier. Der General.

Offizier. Da bin ich nach Dero Befehl zurück. Mein Irrthum hatte richtig die besorgte Folge. Ossakof wollte seiner Gemahlinn nach und wurde am Thore festgehalten.

General. Und wußten Sie dann nichts von dem heutigen höchsten Befehl, daß man keinen Strelißen und namentlich keinen Ossakof aus der Stadt lassen sollte?

Offizier. Ich war außer Dienst und wußte nichts.

General. Ich wiederhol' es Ihnen, daß Sie sich mit diesem sonderbaren Auftrag nicht hätten befassen sollen. Aber ihre Gefälligkeit gegen schöne Frauen.

Offizier. Ach! mein Irrthum, daß ich den Mann für den Sohn nahm, macht ihrer Schönheit eben kein Kompliment. Ich sah sie nur in der Morgendämmerung, und würde auch jedem andern, unter solchen Umständen, eine so unverfängliche Bitte gewährt haben. War ich unbesonnen, so sey der Schade mein. Ich erwarte Verweis und Strafe; aber dieß soll mich nicht abhalten, Seiner Majestät alles zu entdecken. Der Auftritt den ich so eben sah —

General. Was wars?

Offizier. Maria Ossakowa kam eben die Straße herauf, als man ihren Gemahl mit noch

ei-

einem alten Strelitzen daher führte. Das häu=
fig versammelte Volk kannte den Offakof nicht,
und hielt ihn für einen Mitverschworenen Sou=
kaninns. Es tobte und brüllte laut Flüche über
ihn; aber diese Wuth verwandelte sich in stum=
mes Mitleid, als Offakowa ihren Mann erkann=
te, an seinem Halse hieng und ihrer selbst unbe=
wußt sich von der Wache mit fortschleppen ließ.
Viele Strelitzen folgen nach und wollen den gros=
sen Czaar sehen, darum, wie sie sagen — hö=
ren Sie? Man bringt sie. O ich bitte ——

General. So kommen Sie. Ihr Anbrin=
gen wird Ihnen den Augenblick Gehör verschaffen.
(Sie gehen in die Zimmer des Czaars.)

Neunter Auftritt.

Offakof Vater. Offakowa. Jwanof.

(Die Wache bleibt ganz in der Ferne, kaum sichtbar,
am Eingange stehen.)

Offakof V. Genug, meine Liebe. Wir
träumten einen Sohn zu haben. Ich bin er=
wacht. Erwach' auch du, Maria! Sieh, wir
sind allein; uns bleibt nichts, als wir selbst.

Offakowa. Ja wohl; und mit uns viel
des Elendes!

Offakof V. Je nun. Das war ja acht
Jahre lang bei uns zu Hause; dulden wirs fer=
ner!

Offa=

Offakowa. Aber so, nein Mann, so kannt' ichs nie. Wir verlohren Freiheit, Stand und Eigenthum — keinen Sohn!

Offakof V. Was beweinst du? Den Sohn, oder das Verbrechen?

Offakowa. Den Sohn bewein ich: dem Verbrechen fluch ich, und noch mehr der Verführung. Verführung ist stärker, als Gewalt und Leidenschaft. O laß mir meine Hoffnung, der Czaar ist gnädig!

Offakof V. Desto strafbarer die Empörer.

Offakowa. Sein Herz ist dem Mitleid offen!

Offakof V. Dann auch dem Abscheu.

Offakowa. Er kennt die Schwachheit, Unbesonnenheit der Jugend!

Offakof V. Auch ihre Pflichten.

Offakowa. Und weiß, wie schön und groß Verzeihung ist!

Offakof V. Und wie gerecht die Strafe.

Offakowa. Mann! — wer ists, den du so streng verdammst?

Offakof V. Ein Verbrecher.

Offakowa. Dein Sohn! Für dich vielleicht, aus Liebe zu dir, um dich zu retten ward er —

Offakof V. (heftig) Ein Verbrecher? Für mich? Nun so möge der Czaar mein Urtheil ihm bestätigen: — Er sterbe!

Offakowa. Er ist dein Sohn!

Offakof V. Er ster —

Offakowa. (verhindert ihn durch eine Umarmung das Wort auszusprechen.) O Vaterherz! — Ich

G 4   füh-

fühle deine Sprache hier. Sie sagt mir laut:
— „Er sterbe nicht!"

Zehnter Auftritt.

Die Vorigen. Der General. Hernach
die Strelitzen. Dann der Offizier. Zu-
letzt der Minister.

General. (zu Ossakof.) Mein Herr, ich bin
wahrhaft erfreut, Sie wieder in Moskau zu sehen. — Man hat Seiner Majestät gemeldet,
daß viele Strelitzen Ihnen auf der Strasse ge-
folgt sind.

Ossakof. V. Vielleicht wohl gar als verdächtig? sie folgten mir, weil man mich hieher
schleppte, wo sie ihren Czaar zu sehen hofften.
Dort am Eingang hielt man sie zurück.

General. Sie sollen kommen. Seine Majestät zeigt sich ihren Freunden und Feinden gern
in der Nähe.

(Er geht zum Haupteingange des Saals, läßt die
Wache ganz abtreten, und ruft die Strelitzen herein, welche sich alle auf einer Seite in der Tiefe
des Saales stellen.)

Iwanof. (Gesellt sich zu Ihnen und belebt diese
Gruppe auf eine zweckmäßige Art.)

Der Offizier. (Kömmt fröhlich aus den Zimmern
des Czaars.) Madame! Ich habe Seine Majestät
von Ihrem Auftrag, von meinem Jrrthum, von
allem unterrichtet: Anstatt der besorgten Strafe

erhielt ich Dank, und den angenehmen Auftrag, Ihnen (zu Ossakof.) Ihre Freylassung zu verkündigen.

Zugleich (Ossakof V. Dank, mein Herr!
{ (Ossakowa. Dank für diese edle Theilnahme, oder mein Sohn? —

Offizier. Ich weiß nichts. Dieser Herr da könnte vielleicht —

(Indem er auf den General deutet, der aus der Tiefe des Saales wieder hervorkömmt.)

Ossakowa. (zum General.) Ich bitte Sie: schonen Sie nicht des Weibes, nicht der Mutter. Ich bin keine der Stärksten in Ohnmachten und Thränen, und mit euch Männern hab' ich das gemein, daß meine Augen oft trocken sind, wenn mein Herz blutet. Ich beschwöre Sie, mir das Schicksal meines Sohnes zu sagen.

General. Bestimmt weiß ich nichts. Allein es ist gut in Zeiten Muth und Rath zu fassen — das Urtheil des niedergesetzten Gerichts gieng einstimmig auf — Tod für Alle!

Ossakowa. O mein Gott!

General. Und nur die Gnade —

Der Minister. (kömmt in Eile vom Czaar und übergiebt dem General ein versiegeltes Papier.) Die hierinn benannten sterben noch heute öffentlich vor den Augen des Volks ohne Verzug und Gnade. Sie sollen die nöthigen Befehle wegen des Executionskommando ertheilen, und unverweilt die übrigen Mitverschwornen hieher bringen lassen,

G 5 Ossa-

Ossakof V. (zum Minister.) Ich bitte. Wen betrifft dieß Urtheil.

Minister. Die Rädelsführer der Empörer.

(Er geht mit dem General ab.)

Ossakof V. Komm, meine Maria! Hier haben wir nichts mehr zu suchen.

Ossakowa. Ich alles, alles! Gnade für meinen Sohn; oder für mich Tod!

(Sie zieht ihn bey der Hand mit sich.)

Ossakof V. Wohin?

Ossakowa. Zum Czaar.

Ossakof V. Und wenn Er uns von sich stößt?

(weigert sich ihr zu folgen.)

Ossakowa. Wenn er! So stoßen wir das, was er uns beyden gab, von uns zurück. Wenn wir strafbar waren, so werde uns Recht, wie unserm Sohne; und waren wirs nicht, durch ihn Ersatz!

(indem sie fort will, kömmt der Czaar mit einigem Gefolge. Ossakowa fährt bestürzt zurück. Ossakof V. kniet nieder.)

Eilfter Auftritt.

Die Vorigen. Peter. Gefolge. Hernach der General mit Fedor Ossakof und den Mitverschwornen.

Ossakof V. —— Czaar unsrer Hoffnung Herr! Ossakof kniet vor Eurer Majestät, und bringt seinen Dank zu ihren Füßen, daß seine Verbannung ——

Pe*

Peter. Gut, Offakof. Mir ist nur leid, daß du bey deiner Ankunft in Moskau gleich wieder Unangenehmes erfahren mußtest. Dieser brave Mann da (auf den Offizier deutend.) hat uns beyden gedient, indem er Umstände aufklärte, die an sich sehr zweydeutig waren. — Und dein Sohn Offakof? weißt du die abscheuliche Geschichte? — sage mir selbst, was hätt' er wohl verdient?

Offakof V. Den Tod.

Peter. (stuzt.) Und du, Offakowa! was hätt' er wohl verdient?

Offakowa. Verdient? — Den Tod.

(Alle sind bestürzt.)

Peter. Wie! — Wird's euch so leicht euern Sohn zu verdammen? Was soll dann ich?

Offakowa. Verzeihen. — Eure Majestät haben uns jezt zu Richtern über den Jüngling Fedor Offakof bestellt und wir haben ihn streng — nach Verdienst gerichtet: Wer giebt ihm nun seinen Vater, seine Mutter wieder? Wer einen Freund der ihn vertritt, für ihn bittet, ihn bedauert?

Peter. Ah! Paulowna, du meinst wohl, Ich hätte diese Stelle übernommen, da ich euch die Meinige übertrug! — Offakof, steh' auf. Ich gebe dir Stand und Güter wieder. Aber dein Sohn, den ich so nahe kennen lernte, von dem man mir — *) Seht da kömmt er! — — Streligen! dieß sind die Vertrauten eures Soulaninns.

---

*) Der General kömmt, und gleich nach ihm Fedor Offakof mit den Verschwornen, welche in der Tiefe den andern Streligen gegen über, stehen bleiben.

ninns, der euch wider mich, euern Czaar, ins
Feld führen wollte. Sein Weg hat sich geändert. Er wandert in diesem Augenblicke mit drey
Busenfreunden zum Richtplatz als Empörer und
Mörder. — So werde ich, wenn ich muß, immer strafen; schnell und gewiß! Aber, wo ich
kann, auch eben so verzeihen. — Euch (zu den
Verschwornen.) unbesonnene Verführten, sey Leben und Freyheit geschenkt!

Alle. O Czaar, unsrer Hoffnung Herr!

Peter. (zu Ossakof und seiner Gattin.) Nehmt
diesen Jüngling hin, er ist mein. Nach einem Jahre
bringt mir ihn wieder, und dann bin ich, wenn
ers verdient, ihm, wie euch allen, Vater! (ab.)

Alle. O Vater!

Ossakof V. (zu seinem Sohne, der seine Knie umfaßt.) Vermessener! mein Urtheil über dich war Tot!

Fedor Ossakof. O meine Mutter!

(sich zu ihr wendend.)

Iwanof. (eilt hervor.) Lernt hier verzeihen;
verzeiht auch mir!

(**Ossakof V.** Freund Iwanof!

(**Ossakowa.** O mein Fedor!

Iwanof. Nun zum Seukaninn! (abeilend.)

Ossakowa. Ja komm (zu ihrem Sohn.) zum
Richtplatz hin und sieh dort des Aufruhrs Lohn
im Blute Seukaninns. (zu ihrem Manne.) Und
du fühl dort den Werth des uns geschenkten Sohnes! — Und ihr kommt alle, helft mir danken, helft
mir dem Volke rufen: Es lebe unser Czaar und Vater!

Alle. Er lebe!

Ende des letzten Aufzugs.

Gott segne euch Kinder!

J. Albrecht sc.

Die Indianer in England   lezter Aufz:

Die
Indianer in England.

Ein

Lustspiel in drey Aufzügen

von

August von Kotzebue.

Sir John Smith, ein Podagrist, vormals
ein reicher Kaufmann.

Mistris Smith, seine Frau, ein deutsches
Fräulein von Geburt.

Samuel, Zollinspector,)
Robert, Schiffkapitain,) seine Söhne.

Liddy, seine Tochter.

Kaberdar, vertriebener Nabob von Mysore.

Gurli, seine Tochter.

Musaffery, sein alter Gefährte.

Fazir, ein junger Indianer.

Ein Zollvisitator.

Ein Bootsknecht.

Zween Notarien.

Ein Knabe.

Die Scene ist in einer englischen Seestadt in Sir Johns
Hause.

Erſter Aufzug.

Ein Saal mit einer Mittel = und zwey Seiten = Thüren.

Erſter Auftritt.

(Der podagriſche Sir John auf einem Stuhle mit Rä=
dern, ſein krankes bewickeltes Bein vor ſich aus=
geſtreckt. Liddy ſitzt neben ihm und lieſt ihm die
Zeitungen vor.)

S. John.

Au weh!

Liddy. Schon wieder Schmerzen?

S. John. Nicht anders als ob ein Pulk
Paſchkieren in jedem Fußzeh wirthſchaftete.

Liddy. Armer Vater!

S. John. Gute Liddy!

Liddy. Wer doch helfen könnte!

S. John.

S. John. Auch dieser Wunsch ist schon Arzeney. Du bist ja das einzige Geschöpf hier im Hause, das meinen kranken Körper pflegt, und meine kranke Seele mit einem guten Wunsche erquickt.

Liddy. Nicht doch!

S. John. Ja doch! ja doch! Sieh; ich gebe dir das Zeugniß vor Gott, du bist der einzige Trost meines kränklichen Alters.

Liddy. Sie vergessen, daß Sie Söhne haben.

S. John. Söhne? Nun ja. Ich Thor murrte mit der Vorsicht, als mir vor achtzehn Jahren eine Tochter gebohren wurde. Söhne wollt ich haben, Söhne! rasche flinke Bursche! die dacht' ich, sind leichter versorgt, helfen sich besser durch die Welt — ja, ja, sie helfen sich durch, und lassen den armen kranken Vater im Stiche. Da ist der Samuel.

Liddy. Seine viele Geschäfte —

S. John. Pfui! Dankbarkeit gegen Vater und Mutter soll das erste Geschäft eines Kindes seyn. Samuel ist ein Schleicher; und der Robert —

Liddy. (mit vieler Theilnahme) Nun der Robert, lieber Vater?

S. John. Dein Auge glüht, wenn ich ihn nenne. Nun ja der Robert ist besser als sein Bruder, aber er ist ein Wildfang.

Liddy. Er liebt sie so zärtlich.

S. John.

S. John. In einer Entfernung von tauſend Meilen hab ich den Henker von ſeiner Liebe. Da kreuzt er auf unbekannten Meeren, von einem Welttheil zum andern, indeſſen mir das Podagra durch alle Glieder kreuzt.

Liddy. Wahrlich nur um Ihrentwillen läßt er ſichs ſauer werden. Vieleicht kommt er nun bald zurück. Ich ſehe jeden Morgen nach der Windfahne, und wenn er nun mit einer reichen Ladung zurückkehrt, wenn er unſere Armuth in Wohlſtand verwandelt — — ſehn Sie lieber Vater, das vermag ein Sohn, die Tochter muß zu Hauſe ſitzen, kann nichts thun, als ihren kranken Vater pflegen.

S. John. O das iſt mehr, als wenn mir Robert die Leckerbiſſen beyder Indien zuführte. Gute Liddy, wenn dein ſanftes Auge ſo theilnehmend mit mir ſpricht; ich kann dir nicht beſchreiben wie wohl das thut. — Du denkſt wohl manchmal, der Vater ſchlummert, wenn ich ſo mit geſchloſſenen Augen auf meinem Seſſel ſitze? — Nein Liddy, der Vater betet für dich!

Liddy. Wie ſüß belohnend iſt dieſer Augenblick! (ſie küßt ſeine Hand.) Ihren Segen mein Vater! — (ſie kniet nieder an ſeinem Stuhl.)

S. John. (legt die Hand auf ſie.) Gott ſegne dich! und möchte die Natur mir noch ſo lange das Leben friſten, um dieſen meinen herzlichen Vaterſegen in Erfüllung gehen zu ſehen. Gott ſegne dich!

H   Lid⸗

Liddy. Und meinen Bruder Robert —

S. John. Auch ihn! —

Liddy. Und meinen Bruder Samuel —

S. John. Ich fluch ihm nicht.

Liddy. Aber ihren Segen —

S. John. Er hat den Segen der Mutter.

Liddy. Lieber Vater!

S. John. Nun wohl denn! ich segne ihn! aber nicht als Vater, sondern als Christ. Steh auf.

Liddy. Unseliger Partheigeist in so einer kleinen Familie.

S. John. Wer trägt die Schuld? deine Mutter! Wer quält mich armen Mann vom Frühstück bis zum Abendbrod? Wer wirft mir meinen unverschuldeten Bankerot bey jedem kargen Bissen vor? Wer verachtet meine gute bürgerliche Herkunft und brüstet sich mit deutschen Ahnen? Wer läßt mich darben? Wer schwazt unsern Miethsleuten das Geld ab, und verpraßt die schmalen Einkünfte, welche der Besitz dieser Häuser mir noch übrig ließ? Hast du es gehört, wie ich gestern Abend um eine Pfeife Knaster, und eine Kanne Porter bath? — Samuel fuhr mit deiner Mutter in die Komödie, und ich mußte meinen Appetit verschlummern.

Liddy. Bester Vater! es soll Ihnen heute an nichts mangeln.

S. John. Gute Liddy! Möchte doch irgend ein braver wohlhabender Mann dich kennen, wie ich dich kenne! möcht er dir seine Hand biethen!

Dann

Dann zög ich mit zu dir, und ließe mich von dir
zu Tode füttern (etwas leise auf die Thür gegen über
deutend.) der fremde Mann scheinet Wohlgefallen
an dir zu finden.

Liddy. (betroffen.) An mir?

S. John. So scheint es. Nun er ist nicht
jung mehr; aber bieder, und dein Herz ist ja
frey?

Liddy. (verlegen.) Mein Herz ist frey.

S. John. Sieh, das wäre eine Versorgung
für deinen alten Vater. Nun wir wollens der Zeit,
und dem Schicksal anheim stellen. — Au weh! da
zieht mirs schon wieder von der Fußsohle bis in
den Schenkel.

Liddy. Das viele Reden greift Sie an. (das
Zeitungsblatt ergreifend.) Soll ich fortfahren?

S. John. Thue das. Vielleicht gelingt es
mir ein wenig zu schlummern.

Liddy. Aber thäten Sie denn nicht besser,
wenn Sie sich nach Ihrem Zimmer fahren ließen?
Hier ist ja ein ewiges Laufen, ein ewiges Thüren=
schlagen, bald hier bey uns, bald dort auf der
Seite der Fremden.

S. John. Nein Liddy, ich bleibe hier im
Vorsaale; denn dort keift mir deine Mutter den
Schlaf von den Augen. Was ists denn nun mehr?
Laß sie laufen und Thüren schlagen, so viel sie
wollen; man kann sich an alles gewöhnen, nur
nicht an die Stimme eines zänkischen Weibes.

Liddy. (liest.) Paris den 16. Januar.

S. John. Oder noch beſſer liebe Liddy! ſetze dich an dein Klavier, ſpiele oder ſing mir was vor, dabey entſchlummert man ſo ſüß.

Liddy. Recht gern. (ſie ſezt ſich ans Klavier und ſpielt oder ſingt ſo lang, bis ſie ſieht, daß der Alte eingeſchlafen iſt, dann ſteht ſie auf.) Er ſchläft! ſanft ſey deine Ruhe, und heiter dein Erwachen! Nun geſchwind! — Tom wird ſchon lange auf der Lauer ſtehen. (ſie ſchleicht an ein Fenſter und winkt und pſtet.) Er verſteht mich ſchon. (ſie kommt zurück und ſucht aus ihrem Nähbeutel ein paar fertige Manſchetten vor.) Wenn nur die Mutter mich nicht überraſcht oder Samuel, der mißtrauiſche Frager (nach dem Vater hinſchielend.) oder wenn gar der Vater erwachte — o weh! — da wär ich in ſchöner Verlegenheit.

Zweyter Auftritt.

Ein Knabe.   Die Vorigen.

Liddy. (ihm auf den Zehen entgegen ſchleichend.) St! ſachte! der alte Herr ſchläft.

Der Knabe. Habt mich verzweifelt lange warten laſſen, ſchöne Miß.

Liddy. Nun, nun, ſollſt einen Halfpence mehr dafür haben. Da nimm ein paar Manſchetten.

Der Knabe. Wieder verkaufen?

Liddy. Freylich.

Der Knabe. Wie theuer?

Lid

Liddy. Drey Kronen iſt der genauſte Preis. Ich habe fünf Nächte daran gearbeitet.

Der Knabe. Darnach fragt der Käufer nicht. Wenns nur fein ins Auge fällt; ob fünf Nächte oder fünf Minuten daran gearbeitet wurde, das iſt ihm gleichviel.

Liddy. Plaudere nicht ſo viel, der alte Herr möchte erwachen.

Der Knabe. Nun ich gehe ſchon.

Liddy. Warte! ich habe dir noch mehr zu ſagen: Wenn du nun die Manſchetten verkauft haſt, ſo gehſt du mit dem Gelde zu unſerm Nachbar dem Gewürzkrämer Williams und kaufſt ein Pfund vom beſten Knaſter,

Der Knabe. Wohl!

Liddy. Dann holſt du auch aus der Taverne unten an der Ecke ein Maaß guten Porter; und wenn du alles beiſammen haſt, ſo ſtellſt du dich wieder auf die Lauer, bis ich dir winke.

Der Knabe. Ich verſtehe.

Liddy. Nun lauf.

Der Knabe. Gott behüt euch ſchöne Miß.
(ab.)

Liddy. Guter Vater! deine Wünſche ſind ſo beſcheiden, ſo eingeſchränkt — Geſchwind wieder an die Arbeit! (ſie zieht ein Nähzeug hervor.) Es iſt ſo ſüß, für einen Vater zu arbeiten, und es geht ſo flink von der Hand.

H 3

Drit=

Dritter Auftritt.

Samuel, mit Hut und Stock. Vorige.

Liddy. Guten Morgen Bruder!

Samuel. Guten Morgen. (für sich.) Hm! Hm! Ich habe doch noch wohl alles verschlossen? Ich muß nur nachsehen. — Da ist der Schlüssel und Schatulle, da der zum Coffre, der zum Klavier, der zum Schrank — alles richtig!

Liddy. Das Wichtigste, fürcht ich, hast du vergessen.

Samuel. Das wichtigste? ich? — — Was kann das seyn? Antwort!

Liddy. Dein Herz mein Lieber. Es kommt mir vor, als wenn die junge Indianerinn hier im Hause dir den Schlüssel dazu gestohlen hätte.

Samuel. Mach dir keine Sorgen! — Es ist schon wahr, ich empfinde so was; aber ich steh auf meiner Hut. Ich habe auf jeden Fall die gehörigen Vorkehrungen getroffen.

Liddy. Vorkehrungen gegen die Liebe? — Ey laß doch hören!

Samuel. (bedeutend.) Findest du etwan für nöthig Gebrauch davon zu machen?

Liddy. (verlegen.) Ich? —

Samuel. Ja, du. Meynst du, ich erriethe dich nicht? Der junge Narr von Indianer, den unser Bruder Robert auf der See mit herumschleppt, und dessen Schicksal er so geheimnißvoll verschweigt — im Vertrauen, der junge

Laffe

Laffe hat das Herz meiner Schwester Liddy mit auf Reisen genommen.

Liddy. Du nennst ihn einen Narren, einen Laffen? und Liddy soll sich in ihn verliebt haben?

Samuel. Doch, doch! Sie hat sich vom Teufel blenden lassen, — Sieh nur Schwester! wenn man des Tages wohl zwanzigmal ans Fenster läuft, um zu sehen, ob der arme Bursche auch guten Wind hat. —

Liddy. Nun das thu ich um Bruder Roberts willen.

Samuel. Bruder Robert hat vorher auch schon manche Reise gemacht, und Schwester Liddy hat sich nie so jämmerlich gebärdet, als das leztemal. Aber unterbrich mich nicht. Wenn man ferner roth wird, so oft dieser oder jener einen gewissen Namen ausspricht; wenn man eine gewisse Silhouette in seinem Taschenbuch mit sich herum trägt; so frag ich: ist das Liebe? Antwort: ja!

Liddy. Und ich frage: Wenn man seiner Schwester Taschenbuch ohne Erlaubniß nachsucht; ist man dann ein Spitzbube? Antwort: ja!

Samuel. Wer kann dafür, wenn andere Leute mit ihren Taschenbüchern nicht so vorsichtig umgehen, als ich mit dem meinigen?

Vierter Auftritt.

Mistriß Smith.   Die Vorigen.

M. Smith. Sehr nobel wahrhaftig, wenn des Mittags die Tafel servirt ist, dann schwärmen Sie alle herbei, wie die Wespen; aber wenn ich des Morgens ein Gebetbuch in die Hand nehme, um mich mit meinem Schöpfer zu entreteniren, dann läuft der eine hier, der andere dort hin.

Samuel. Amtsgeschäfte, gnädige Mama.

M. Smith. (zu Liddy.) Und du?

Liddy. Ich habe dem Vater die Zeitungen vorgelesen.

M. Smith. Doch hab ich euch schon lange mit einander schwatzen hören.   Was betraf denn der Discours?

Liddy. Ich scherzte mit meinem Bruder.

Samuel. Und ich sprach sehr ernsthaft mit meiner Schwester.

M. Smith. Wovon aber?

Liddy. Von dem wilden jungen Mädchen, das seit 4 Monaten in unserm Hause wohnt.

Samuel. Von dem wilden jungen Burschen, der seit Jahr und Tag mit Bruder Robert in der Welt herum schwärmt.

Liddy. Sie hat ihn trotz seiner Vorsicht überrumpelt.

Samuel. Er hat sie trotz ihres Leichtsinnes gefesselt.

Mistriß

M. Smith. Ihr scheint beide Recht zu haben, denn ihr habt beide den Verstand verlohren.

Samuel. Ich? ich bin mit dem meinigen sehr zufrieden.

M. Smith. Das beweist eben, daß du nicht viel hast. Der Mensch ist mit nichts in der Welt zufrieden, ausgenommen mit seinem Verstande, je weniger er hat, desto zufriedener. Sans badinage, ich will nicht hoffen, daß eins von euch capabel sey, im Ernst an dergleichen zu denken: denn wenn ihr gleich von väterlicher Seite nur bürgerlicher Herkunft seyd, so wallt doch ein altes adliches Blut in den Adern eurer Mutter. (Sie sieht Samuel und Liddy wechselweise an, als ob sie eine Antwort erwartete. Beide schweigen, Liddy näht und Samuel spielt mit seinem Stockbande. Mißtriß Smith ihre Stimm erhebend, und die Arme in die Seite stemmend.) Wie? Was? point de reponse? ich sollte die Schande erleben, meinen ältesten Sohn Samuel mit der Tochter eines Landstreichers verheirathet zu sehen?

Samuel. Vorsichtig, gnädige Mama! vorsichtig! unser fremder Miethsmann kann jedes Wort hören.

M. Smith. (zu Liddy.) Und du könntest so Gottes und Standes vergessen seyn, dein Herz an einen Heiden zu hängen, der noch dazu ein bürgerlicher ist?

Liddy. (bittend.) Sachte liebste Mutter, der Vater schläft!

M. Smith. Seht doch! ich glaube sie un=
tersteht sich mir Stillschweigen zu gebiethen. (sich
nach dem Alten wendend und noch stärker schreiend.)
Er soll nicht schlafen! er soll wachen! Er soll die
Thorheiten seiner Kinder verhindern helfen. He da!
Sir John!

S. John. (aus dem Schlaf auffahrend,) Au
weh!

M. Smith. Nun was giebts?

S. John. Mein Bein.

M. Smith. Vergessen Sie ihr Bein: Hier
ist von ganz andern Dingen die Rede, die Sie weit
näher angehn.

S. John. Weit näher? Ich möchte doch
wissen, was mich näher angienge, als mein eignes
Bein!

M. Smith. Nun wahrhaftig! Ich dächte
doch, es gebe der Dinge mancherlei in der Welt,
die weit mehr Interesse für Sie haben müssen, als
ihr bewickelter Fuß?

S. John. (ihr recht gebend.) So? das ist
wohl möglich!

M. Smith. Ein Bein ist doch immer nur
ein Bein; und ein podagrisches Bein ist gar nichts
werth.

S. John. Sehr wahr.

M. Smith. Man sollte ganz vergessen, daß
man eins hat.

S. John. Wirklich, das sollte man. — Au
weh! — Au weh!

Mistriß

M. Smith. Hätten Sie ein wenig Lektüre, so würden Sie wissen, daß die alten Stoiker den Schmerz für kein Uibel hielten.

S. John. Den Teufel! die haben denn nicht das Podagra gehabt!

M. Smith. Mein guter Sir John! Sie können es gar nicht verantworten, daß sie so wenig Lebensart haben. Sie hatten eine Gemahlinn von Stande, es fehlte ihnen nicht an Gelegenheit zu lernen. Wie oft hab ich Ihnen nicht schon vorgepredigt, und wie oft soll ichs Ihnen nicht noch vorpredigen, daß einem Gesunden nichts mehr ennuyirt, als wenn ein Kranker ewig von seiner Maladie schwazt.

S. John. Nun so sprechen Sie immer von etwas andern! In Gottes Namen! —

M. Smith. Das wollt ich schon lange, aber Sie lassen mich ja nicht zum Worte kommen. Hier steht ihr Sohn, Sir Samuel Smith, und hier Ihre Tochter, Miß Liddy Smith.

S. John. Gottlob! das seh ich.

M. Smith. Sie sind beide toll geworden.

S. John. Beide?

M. Smith. Der allerliebste Herr Sohn, den ich doch mit so vieler Mühe in adelichen Grundsätzen erzogen, hat Lust, eine verlaufne indianische Dirne zu heyrathen.

Samuel. Wer sagt das? Ist denn schon vom Heyrathen die Rede? Zwar wenn man mich fragt: ob das Mädchen mir gefällt? dann ist die Antwort: ja; aber ehe ich wirklich zu einer

Ver=

Verbindung schreite, sind noch hundert.tausend Um=
stände zu überlegen, Millionen Hindernisse aus
dem Weg zu räumen, unendlich viel Kleinigkeiten
zu berichtigen.

S. John. Ja mein Schatz, dafür steh ich
dir: Samuel wird sich nicht übereilen.

Samuel. Nein wahrhaftig nicht!

S. John. Thut er es aber, so macht er den
ersten gescheuten Streich in seinem Leben. Das
Mädchen ist allerliebst, ihr Stumpfnäschen ist ent=
zückend, ihre naive Laune hinreißend.

M. Smith. Wiedrum sehr nobel! Wer Sie
so reden hört, sollte denken, Ihr ganzer Verstand
sey in Ihren geschwollenen Fuß gesunken. Die
ganze Litaney, welche Sie mir da vorgebetet haben,
reicht kaum hin, einen Narren glücklich zu machen.
Die wichtigsten Punkte, die Achsen, um welche sich
die ganze moralische Welt dreht, haben der Herr
Gemahl vergessen.

S. John. Und die sind?

M. Smith. Geburt und Geld,

Samuel. Sehr wahr!

S. John. Was das Geld anlangt, hat Sie
leider Recht.

Samuel. Ganz Recht.

S. John. Indeß hoffe ich, die junge In=
dianerinn werde über diesen Punkt Ihre For=
derungen befriedigen können. Der Vater hält
hinter dem Berge, aber es scheint, er habe sein
Schäfchen im Trockenen. Er lebt gut, er ist nie=
manden

manden ſchuldig, er bezahlt uns ſeine wöchentliche Miethe auf die Stunde. —

Liddy. Er thut auch den Armen viel Gutes.

M. Smith. Mon Dieu! Bleiben Sie mir mit ihren eckelhaften Rechnungen vom Leibe! Immer hört mans Ihnen doch an, daß Sie einſt Kaufmann waren. Wer hat es denn je zu den Zeichen des Wohlſtandes gerechnet, wenn einer ordentlich bezahlt? die reichſten Leute, mein Herr, ſind der ganzen Welt ſchuldig. Doch paſſe pour cela! wir wollen es gelten laſſen, aber der wichtigſte Punkt bleibt doch unentſchieden. — Oder vielleicht laſſen Sie die Ordnung im Bezahlen auch wohl gar für einen Beweis vornehmer Herkunft gelten?

S. John. Nein wahrhaftig nicht! aber ich halte dieſen Punkt für überflüſſig. Das Mädchen iſt gebohren, und zwar **Hochwohlgebohren;** darunter verſteh ich: **Geſund** mit graden Gliedmaaßen. Ein bucklichtes Fräulein, und wenn ſie 16 Ahnen hätte, iſt in meinen Augen immer **tief übel** gebohren.

M. Smith. Mon Fils! Haſt du kein Riechfläſchchen bey dir?

Samuel. O ja, gnädige Mama!

(Er reicht es ihr hin.)

M. Smith. Liddy halt mich! ich werde in Ohnmacht fallen.

S. John. Bemühen ſie ſich nicht! wir verſtehen dergleichen nicht zu ſchätzen.

M.

M. Smith. Kein Wunder wär es, wenn die Geister aller meiner erhabenen Voreltern sich mit Höhngelächter um mich her versammelten. Es geschieht ihm schon recht dem deutschen Fräulein, das sich zur englischen Kaufmannsfrau herabwürdigte, um deſſen Hand Grafen buhlten, und das ihnen allen einen Menschen vorzog, ohne Education, ohne Savoir vivre, ohne nobles principes, einen Bänkeruttierer, einen Krüppel, einen Bettler —

S. John. Liddy, fahr mich in mein Zimmer!

M. Smith. Glauben Sie, ich könnte Ihnen nicht dahin folgen? Nur Geduld! ich werde gleich nachkommen.

S. John. Nun Liddy, so fahr mich ins Grab.

M. Smith. Nur noch erst ein paar Wörte mit dir mein Sohn!

(Liddy fährt den Alten ab.)

Fünfter Auftritt.

Samuel. Miſtris Smith.

M. Smith. Wahr iſt es, du biſt in dem Alter, in welchem man an das Heyrathen denken muß.

Samuel. Ich denk auch dran.

M. Smith. Recht gut mein Sohn! recht löblich! aber du denkſt schon seit fünf Jahren dran, und es bleibt immer beim Denken.

Sa

Samuel. Vorſicht iſt die Mutter der Weis=
heit.

M. Smith. Deine Vorſicht iſt ein Irrwiſch,
der dich in den Sumpf führen wird.

Samuel. Welch eine Parabel, gnädige Ma=
ma! iſt die Vorſicht jemals ein Irrwiſch? Ant=
wort: nein! Iſt Gurli ein Sumpf? Antwort:
nein! Sie iſt vielmehr ein Blumengarten, oder
eine beblümte Wieſe, oder eine blumenreiche
Aue.

M. Smith. Ja, ja, es giebt auch Blumen,
die hinter dem Zaune wachſen.

Samuel. Sie riechen darum nicht minder
ſchön.

M. Smith. Fy mon fils! deshonorire mein
Blut nicht. Ein Mätchen ohne Geburt; eine
Indianerinn und folglich eine Heidinn; ein naſe=
weiſes, wetterwendiſches Ding, deſſen Vater ein
trockener ehrbarer Affe iſt, den niemand kennt,
und der vermuthlich nicht einen Schilling im Ver=
mögen hat.

Samuel. Was die Geburt betrifft, gnädige
Mama, ſo wiſſen Sie wohl, daß man bey uns
in England nicht darauf zu ſehen pflegt.

M. Smith. Leider nein. Der Karrenſchieber
und der Lord genießen hier einerley Rechte.

Samuel. Daß Sie eine Heidinn iſt —

M. Smith. Nun das hätte eben ſo viel nicht
zu ſagen.

Samuel. Leichtſinnig und wetterwendiſch —
Sie iſt noch jung. Ein vernünftiger Mann
wird

wird ganz gewiß eine vernünftige Frau aus ihr
bilden — Ihr Vater ein Affe — da frag ich:
wird Sir Samuel den Vater oder die Tochter
heurathen? Antwort: die Tochter.   Also geht
mich das nichts an.   Aber der wichtigste Punkt,
welchen die gnädige Mama berührt haben, ist
das Geld.   Da gebiethet die Vorsicht behutsam
zu Werke zu gehen.   Auch hab ich meine Spio-
ne, Auflaurer und Spürhunde auf ihre Posten
vertheilt.

M. Smith. Und wenn du nun erführest,
daß er wirklich Geld hat, könntest du so wenig
nobel seyn, einen Entschluß zu fassen? —

Samuel. Entschluß? gnädige Mama, da
erschrecken Sie mich.   Ich glaube, wenn man
in diesem Augenblick mich überzeugte, das Mädchen sey eine Prinzessinn, der Vater ein Fürst mit
Tonnen Goldes im Schatze; ich würde dennoch
vor dem Gedanken zittern, **einen Entschluß**
zu fassen.

M. Smith. Du bist ein Narr!

(geht ab.)

Samuel. (allein.) Ein Narr? Ein Narr?
(tritt vor einen Spiegel und bläst sich auf.) Seh ich
wohl aus wie ein Narr? Antwort: Nein!

Sechster Auftritt.

Gurli. Samuel.

Gurli. (ist in ein Negligee, nach englischem Ge-
schmack, gekleidet. Ihre Haare, ohne irgend ein Zier-

rath

rath hängen ihr ein wenig wild um den Kopf, und überhaupt ist ihr ganzer Anzug zwar sehr reinlich, aber hin
und wieder nachläßig verschoben. Im Heraustreten noch
hinter sich redend.) Nein ich will nicht! Ha! ha!
ha! das ist doch sonderbar! Da haben die Menschen ohne mich zu fragen eine Glocke auf einen
hohen Thurm gehängt, und wenn das Ding so
und so viel mal brummt, so soll Gurli frühstücken. Gurli will aber nicht frühstücken. Gurli
ist nicht hungrig.

Samuel. (im Umwenden zu sich.) Ganz allein?
vortreflich! die beste Gelegenheit so recht mit
Vorsicht zu sondiren (laut.) Schöne Gurli, ich
wünsche Ihnen einen guten Morgen.

Gurli. Guter Morgen, du närrischer Mensch.

Samuel. (frappirt.) Närrischer Mensch? —
wie soll ich das verstehen? — Sie werden be-
leidigend Miß.

Gurli. Sey nicht wunderlich! Gurli meynt
es nicht böse, Gurli muß aber immer lachen,
wenn sie dich sieht!

Samuel. Lachen? über mich? — da muß
ich fragen: Warum? — Antwort? —

Gurli. Das weiß ich selbst nicht. Ich denke weil du immer aussiehst, als ob das Wohl
von ganz Bengalen auf deinen Schultern ruhte,
und weil du so viele Anstalten machst, über eine Pfütze zu schreiten, als ob du den Ganges
vor dir hättest.

Samuel. Ich merke daß die Erziehung in
Bengalen noch gar sehr vernachläßiget wird.

J   Kna

Kinder reden von Dingen die Sie nicht verstehen.

Gurli. Mein feiner Herr, Gurli ist kein Kind mehr, Gurli wird bald heurathen.

Samuel. (erschrocken.) Heurathen? wirklich?

Gurli. Ja! Ja! der Vater sagts.

Samuel. Wen dann?

Gurli. Das weiß ich nicht.

Samuel. Also hat der Vater einen Mann für Sie ausgesucht!

Gurli. Warum nicht gar! Gurli sucht selbst aus.

Samuel. Würklich? die Wahl ist Ihnen ganz allein überlassen? — Fast möcht ich fragen, schöne Miß: haben Sie schon Ihr Auge auf irgend jemand geworfen? Antwort? —

Gurli. Mein Auge werf ich wohl hin und her, aber mein Herz rührt sich so wenig als eine Wachtel im Nest.

Samuel. Schön! vortrefflich! fast möcht' ich fragen allerliebste Gurli, wie gefall ich Ihnen? Antwort? —

Gurli. Du! nicht sonderlich.

Samuel. Immer fallen Sie doch auch mit der Thür ins Haus. Muß man es denn einem Manne gerade ins Gesicht sagen, daß man keinen Wohlgefallen an ihm findet?

Gurli. Du fragst mich ja darum.

Sa-

Samuel. Wenn auch. Und dann das bäueriſche Du! Ich rathe es Ihnen als Ihr Freund, Miß, gewöhnen Sie ſich das ab.

Gurli. Der Vater hats mir auch ſchon oft verboten; aber Gurli muß immer lachen, wenn Gurli mit einem einzigen Menſchen ſprechen ſoll, als wären ihrer ein halbes Dutzend.

Samuel. Einmal aber iſts doch bei uns ſo die Sitte.

Gurli. Nun ja doch. Ich kann Sie auch wohl Sie nennen, wenn du es durchaus haben willſt.

Samuel. Sollten einſt vielleicht ſüſſere Bande uns vereinigen, ſo iſt es ja noch immer Zeit —

Gurli. Ha, damit hats Zeit.

Samuel. Ich muß nur näher rücken

(zu ſich)

Gurli. (gähnend) Ich habe nicht ausgeſchlafen!

Samuel. (zu ſich) Aber mit Vorſicht! mit Vorſicht!

Gurli. O der Menſch macht mir lange Weile.

Samuel. (laut) Selig! dreimal ſelig wird ſeyn der Glückliche, dem es einſt gelingt die ſchönſte Blume zu pflücken, welche der Hauch des lieblichen Zephyrs aus ihrer Knoſpe hervorlockte.

Gurli. (lachend) Guter Freund! dieſe Sprache iſt Sanscritta für mich; und die verſtehn nur unſere Bräminen.

Samuel. (ärgerlich) Ich redete im orientaliſchen Style; aber ich ſehe wohl, man muß

J 2 ſo

so deutlich mit Ihnen sprechen, daß sichs mit
Händen greifen läßt.

Gurli. Ha, so hört es Gurli am liebsten.

Samuel. Nur schade, das die Klugheit ei=
ne solche Sprache durchaus verbiethet.

Gurli. Aber die Klugheit verbiethet Gurli
nicht, davon zu laufen, und dich hier stehen zu
lassen, denn du machst ihr herzliche Langweile.

(sie will fort)

Samuel. Nur noch einen Augenblick, schö=
ne Gurli! — Ich würde gern deutlich mit Ih=
nen reden — mich deutlicher erklären — mich
auf das deutlichste ausdrucken — wenn — wenn
ich nur wüste — ob vielleicht ihr Herr Vater
einer Unterstützung bedürftig wäre. —

Gurli. Wunderlicher Mensch! mein Vater
ist nicht alt, mein Vater geht flink und rasch
ohne Stock; ja du kannst ihm den schönsten Pa=
lankin vor die Thüre tragen lassen, er geht doch
lieber zu Fuße.

Samuel. Nicht doch! so versteh ich es nicht.
Ich wollte damit sagen — daß ich ihm zu hel=
fen wünschte — wenn er etwa unglücklich wä=
re —

Gurli. (plötzlich ernst) Unglücklich.

Samuel. (sehr neugierig) Ja, ja unglück=
lich. Fast möcht' ich tragen: wie ist es damit?
Antwort? —

Gurli. (weinend) Ach ja, mein armer Va=
ter is unglücklich.

Samuel. (zu sich) Nun da haben wirs!

Gur=

Gurli. Und du wollteſt ihm helfen? Dafür muß ich dich küßen (ſie küſt ihn)

Samuel. (ſehr verlegen) Ja ich meinte nur ſo, wenn es meine Kräfte nicht überſtiege. Helfen iſt wohl ganz gut; aber man kann nicht wiſſen, wo man es ſelber braucht.

Gurli. Ach! du kannſt ihm nicht helfen; und die arme Gurli kann ihm auch nicht helfen.

Samuel. (zu ſich) Dem Himmel ſey Dank! da hätt ich mich bald mit einer Bettlerinn verplempert (laut) Ich will indeſſen hoffen, es werde noch nicht ſo weit mit ihm gekommen ſeyn, daß er die Hausmiethe für den verfloſſenen Monat nicht bezahlen könnte — nicht um meinetwillen — ſondern mein Vater — er iſt ein wenig ſtreng —

Gurli. Die Hausmiethe?

Samuel. Ja, ja, die Hausmiethe.

Gurli. Träumſt du?

Samuel. Ich ſollte nicht denken.

Gurli. Weiſt du was guter Freund? Wenn du meinem Vater ein gutes Wort giebſt, ſo bezahlt er dir nicht allein die Miethe, ſondern auch das ganze Haus, und noch ein Dutzend ſolcher Narren, als du biſt, oben drein —

(ſie hüpft lachend ab)

Samuel. Das iſt heute ſchon zum zweitenmale, daß man mich einen Narren ſchilt. Doch beidemal warens nur Weiberzungen, und da ziemts einem vernünftigen Manne nicht ſich darüber zu ärgern.

Sie-

Siebenter Auftritt.

Der Visitator. Samuel.

Visitator. Gut, gut, daß ich Sie treffe! Bin ich doch gelaufen, daß ich kaum Luft schöpfen kann! — Uph!

Samuel. Nun mein lieber Visitator? Hat er sich meines Auftrages erinnert? Hat er mit der nöthigen Vorsicht und Behutsamkeit son-dirt?

Visitator. Zu dienen! wie ein Schleich-händler bin ich umhergekrochen, hab ihn vom Kaffeehause in die Oper, von Quay auf die Bör-se verfolgt, und da hab ich in aller Eile man-ches erschnappt.

Samuel. Pro primo also : In Ansehung seines Standes?

Visitator. Ja, da weiß ich so viel, wie nichts. Niemand kennt ihn, niemand will von ihm wissen. Ein Ostindianer, darüber sind die Stimmen einig, weil man es aus seinem eige-nen Munde weiß. Aber ob von der Küste von Malabar, oder der Küste von Koromandel, oder der Küste von Onixa, das hab ich in aller Eil nicht erfahren können! So viel ist gewiß, kein hiesiges Schiff hat ihn herüber geführt. Er muß dem Vermuthen nach von Portsmuth zu Lande hieher gereist seyn.

Samuel. Pro secundo sein Vermögen be-greifend —

Visi-

Viſitator. Da kann ich die Ehre haben, ſo geſchwind als möglich mit vollſtändigern Nachrichten zu dienen. Trotz der einfachen Kleidung dieſes Mannes, und aller ſeiner Hausgenoſſen, trotz der einzigen Schüſſel, welche täglich auf ſeiner Tafel ſteht; trotz des klaren Brunnenwaſſers, welches er trinkt: halte ich ihn, mit Ihrer Erlaubniß, doch für einen der reichſten in dieſer anſehnlichen Handelsſtadt.

Samuel. Frage: warum? Antwort? —

Viſitator. Antwort: darum, weil er das Geld in aller Eile mit vollen Händen zum Fenſter hinaus wirft.

Samuel. Wie ſo?

Viſitator. Laſſen Sie ſich ohne Zeitverluſt erzählen, mein werther Herr Inſpektor. Vorige Woche war das Handlungshaus, Braun & Belton, auf dem Punkte zu falliren, man ſprach auf der Börſe ſchon ganz laut davon, und wie es denn zu gehen pflegt, der Eine bedauerte, der Andere zuckte die Achſeln, der Dritte ſprach von Sonnenſchein und Regen. Kaberdar, dem ich in aller Eil nachſchlich, gieng von einem Kaufmann zum andern, und erkundigte ſich nach der Beſchaffenheit der Umſtände. Da hörte er denn überall, daß Braun & Belton brave ehrliche Leute wären, welche, durch unverſchuldete Unglücksfälle, in dieſen Wirwar gerathen. Was thut er? In' der größten Geſchwindigkeit ſetzt er ſich nieder, ſchreibt ein Billet an Braun & Belton folgendes Inhalts „wenn zehntauſend

J 4 „Pfund

„Pfund Sterling Ew. Edlen retten können, so
„leihe ich Ihnen diese Summe ohne Intressen
„auf 6 Monate" Braun & Belton, welche den
Mann in ihrem Leben nicht gesehen haben, sind
von Erstaunen und Entzücken ausser sich, ho-
noriren ihre Wechsel, treiben ihre Geschäfte eilig und schleunig wie zuvor, und verehren den
Ostindianer wie einen Heiligen.

Samuel. Mein Gott! welche Unvorsicht!
— Der Mann muß sich je eher je lieber einen
Eidam suchen, der ihm statt Vormunds diene;
einen vernünftigen, vorsichtigen, wohl bedächti-
gen Mann. — Doch weiter, mein lieber Visitator!
— Er hat mir nun zwar bewiesen, daß dieser
Kaberdar einst zehntausend Pfund Sterling im
Vermögen hatte; er hat mir aber zu gleicher
Zeit dargethan, daß der Narr sie aus dem Fen-
ster geworfen. Es fragt sich also —

Visitator. Ob er noch so viel übrig behalte,
um die Aufmerksamkeit eines gescheuten Mannes
zu reizen? Auch da werd ich in aller Eil die Ehre haben Sie zufrieden zu stellen. Sie kennen
doch das schöne Landgut Roggershall, so reich
an Fisch und Wildpret, an Feld = und Garten-
früchten, und welches überdieß den herrlichen
Vorzug genießt, daß man sich in der größten
Geschwindigkeit dahin begeben kann, weil es
nur zwo Meilen von der Stadt entfernt ist?
Dieses schöne Stück Landes hat der junge Erbe
liederlich verpraßt und unser Ostindianer in aller
Eil an sich gekauft.

Sa-

Samuel. Wie? ist das gewiß?

Visitator. Sage, schleunig gekauft und eilig bezahlt.

Samuel. Hm! Ey! — Aber ich muß mich doch noch ein wenig genauer und umständlicher unterrichten. Bestättigt sich die angenehme Bothschaft, so hat Gurli einen Brautschatz aufzuweisen, der einen Schleyer über ihre vielfältigen Unarten deckt — Ich will mich nur gleich auf die Börse begeben. Hat er mir noch etwas über diesen Punkt mitzutheilen?

Visitator. Nichts von Belang. Er spricht sehr wenig — er kauet Betel — er hat eine grosse Ehrfurcht vor Kühen; und so oft unsere Stadtheerde ausgetrieben wird, empfängt er sie mit tiefen Reverenzen — er badet sich täglich — so oft Neumond oder Vollmond eintritt, theilt er Allmosen aus.

Samuel. Bin ich nur erst sein Eidam, so soll der Nebel dieser Narrenpossen vor der Sonne der Vernunft bald zurückweichen. Ich will ihm beweisen, daß eine Kuh nicht mehr Anspruch auf seine Ehrerbietung machen darf, als ein Esel. Ich will ihm beweisen, daß weder im Neumond noch im Vollmond, weder im ersten noch im letzten Viertel, die Vorsicht erlaubt Allmosen zu geben. Kurz! ist der Ankauf von Roggershall richtig, so ist die Heurath mit Gurli auch richtig. Unterdessen mein lieber Visitator, leb er wohl! Sey er unermüdet, fleißig, thätig, und vor allen Dingen vorsichtig. Stell

J 5

er seine fünf Sinne allenthalben auf die Lauer.
Mein dankbares Gemüth ist ihm bekannt, und
wenn jemals die Frage entsteht: ob ich ihm mit
Vergnügen wieder dienen werde? So ist die
Antwort jederzeit: ja.

(Er macht dem Visitator eine gnädige Verbeugung
und geht ab.)

Achter Auftritt.

Der Visitator (allein.)

Wenn die Frage entsteht: ob ich Lust habe,
dir in der größten Geschwindigkeit den Hals zu
brechen? So ist die Antwort jederzeit: ja —
Für so viel Bemühungen mit ein paar leeren
Worten mich abzuspeisen! Aber so gehts in der
Welt. Es giebt nicht leicht einen ehrlichen
Mann im Dienst, der nicht einen schlechtern, als
er selbst ist, über sich hätte. Will man eilig und
schleunig seinen Bissen Brod in Ruhe verzehren, so muß man sich eben so vor leeren Kö-
pfen und vollen Wänsten bücken, wie der alte
Kaberdar vor Kühen und Ochsen. (mit Achselzucken)
Er ist mein Vorgesetzter — Er macht die Au-
gen oft zu, wenn ich die Taschen aufmache;
also nur frisch wieder dran, ihm zu dienen!
(Er schleicht an Sir Johns Thür und legt das Ohr ans
Schlüsselloch) Ich höre in der Ferne ein Geräusch
als ob der Hagel ein morsches Dach zerschlüge
(Pause) Nein, nein, es ist die Stimme der Mi-
ß

ſtriß (Pauſe.) die verdammten Kanarienvögel ſchrei-
en ſo laut, daß man keine Sylbe deutlich unter-
ſcheiden kann.   Geſchwinde! geſchwinde! (Er
läuft hinüber an Kaberdars Thür.) Da iſts ſtill wie
im Grabe (Pauſe.) doch nein, Gurli trillert ein
Liedchen (Pauſe.) Das Singen mag wohl recht gut
ſeyn, aber meine Wißbegierde wird nicht ſatt davon (Er läuft wieder an die andere Thür.) Hier iſts
mäuschen ſtill geworden. (Pauſe.) Jetzt fängt Miß
Libby an zu ſprechen. (Pauſe.) Gleich hat der
Henker die verdammten Kanarienvögel wieder
bey der Hand.   Ich kann das Geſchmeiß nicht
leiden; ſo bald ſie ein lautes Wort ſpricht, ſchrei-
en ſie alle mit. (Er läuft wieder auf die andere Seite, kaum aber hat er das Ohr ans Schlüſſelloch gelegt,
als Muſaffery die Thür öffnet, und ihn beynahe übern
Haufen rennt.)

Neunter Auftritt.

Muſaffery.   Der Viſitator.

Muſaffery. (immer ſehr ehrbar und trocken.)
Was willſt du, guter Freund? Wem gilt dein
Beſuch? mir?

Viſitator. Nicht ſo ganz eigentlich:

Muſaffery. Oder meinem Herrn!

Viſitator. Das wollt' ich eben nicht behaupten.

Muſaffery. Oder der Tochter meines Herrn?

Vi-

Visitator. Wenn ich das sagte, würde ich lügen.

Musaffery. Also der hölzernen Thür? Denn in diesem Zimmer wohnen nur drey Menschen: mein Herr, die Tochter meines Herrn, und ich.

Visitator. (der sich nach und nach von seinem Schrecken erholt.) Meine eigentliche Absicht war, ihm in aller Eil einen guten Morgen zu wünschen.

Musaffery. Guten Morgen.

Visitator. Und mich in der Geschwindigkeit nach seinem Wohlbefinden zu erkundigen.

Musaffery. Danke.

Visitator. Doch sein gesund?

Musaffery. Gesund.

Visitator. An Leib und Seele?

Musaffery. An Leib und Seele.

Visitator. Versteh er mich recht, hochgeschätzter Freund! man kann vollkommen gesund seyn, vollkommen; aber was hilft zum Beyspiel die Lust zu schlafen, wenn Nahrungssorgen das Herz gleich einem Mühlstein drücken? Was hilft der vortreflichste Hunger dem armen Teufel, der keinen Bissen Brod aufzutreiben vermag? Doch beydes ist wohl nicht sein Fall?

Musaffery. Nein!

Visitator. Er hat mehr als er braucht.

Musaffery. O ja.

Visitator. Sein Herr ist sehr reich?

Musaffery. Brama hat ihm viel geschenkt.

Vi-

Vifitator. (sehr neugierig.) Brama? Wer ist dieser Herr? Ich hab ihn nie nennen hören. Verschenkt er so gern?

Mufaffery. Brama schenkt allen guten Menschen.

Vifitator. Wirklich? Wo wohnt denn der Herr Brama? Damit ich in aller Geschwindigkeit zu ihm eile ——

Mufaffery. Er wohnt an den Ufern des Ganges.

Vifitator. Das ist mir zu weit. Sein Herr ist vermuthlich mit ihm verwandt?

Mufaffery. Mein Herr ist entsprossen aus seiner Schulter.

Vifitator. Eine kuriose Verwandtschaft.

Zehnter Auftritt.

Raberdar. Die Vorigen.

Raberdar. (etwas rauh zum Vifitator.) Was ist euer Begehren?

Vifitator. Nichts auf der Welt, mein hochzuverehrender Herr. Ich eilte hier vorbey, und kam in der Geschwindigkeit vorbey, um mich nach dem Befinden des werthgeschätzten Herrn Mufaffery zu erkundigen.

Mufaffery. (sehr trocken.) Er hatte sein Ohr an die Thüre gelegt um zu hören, wie ich mich befände.

Ra:

Kaberdar. Haltet ihr vielleicht mich, oder meine Tochter, oder meinen alten Freund Mussaffery für Contrebande?

Visitator. Je nun; mein hochzuverehrender Herr, wenn Sie mirs in aller Eile nicht übel nehmen wollen, beynahe! Denn wir wissen nicht recht, wer Sie sind? Was Sie sind? Woher Sie sind? Warum Sie hier sind? Kurz! Sie besitzen so ziemlich alle Eigenschaften einer conterbanden Waare.

Kaberdar. Wär ich nach Spanien gegangen, so würde ich diese Sprache, für die Sprache eines Dieners der Inquisition halten: aber in Engelland kenne ich meine Rechte. Pack er sich zur Thür hinaus!

Visitator. Ey, ey, mein werthgeschätzer Herr, mit welchem Recht —

Kaberdar. Diese Zimmer habe ich für mein Geld gemiethet.

Visitator. Aber dieser Saal ist gemeinschaftlich, ich kann so oft, so eilig, und so schleunig als mirs beliebt, hieher kommen; um mit meinem hochzuverehrenden Herrn Principal, dem Herrn Zollinspector Smith, zu reden, zu sprechen, zu überlegen, zu erzählen, zu hören, zu fragen, zu antworten, zu berichten, und kein Mensch auf der Welt soll mich daran hindern; und wär' er auch noch zehnmal näher als Sie mit dem Herrn Brama verwandt.

Kaberdar. Geht! wenn Ihr nicht wollt, daß man euch werfe.

Vi=

Viſitator. (ſich allgemach nach der Thür zurück
ziehend.) Wie? was? Mich werfen? Mich den
geſchwindeſten, geſchäftigſten und thätigſten Mann
in der ganzen Stadt? Einen Mann, der ſein
raſtloſes Leben im Dienſt von Alt England eilig
und ſchleunig geopfert hat? Einen ſolchen Mann
will man werfen? Was verſtehen Sie unter werfen? Wo wollen Sie mich hinwerfen, mein
Herr?

Kaberdar. Zur Thür, oder zum Fenſter hinaus (er zieht die Uhr aus der Taſche.) und zwar
ehe drey Minuten vergehen.

Viſitator. Hm! in der größten Geſchwindigkeit? Schade, daß Berufsgeſchäfte, Amt und
Pflicht in aller Eile meine Gegenwart erfodern
und ich daher nicht von ihrer gütigen Offerte pro-
fitiren kann; ſonſt wollten wir ſehn, mein Herr
Verwandter des Brama, wir wollten ſehen ——
(Kaberdar geht auf ihn zu — der Viſitator läuft davon.)

Eilfter Auftritt.

Kaberdar. Muſaffery.

Muſaffery. Du, einſt Herrſcher über Tau-
ſende! fruchttragender Baum, unter deſſen Schat-
ten die Stämme Indiens ſich lagerten! was iſt
aus dir geworden? Ein elender Wicht aus dem
Stamme der Schutres wagt es, dich zu beleidigen — o Jammer!

Ka-

Kaberdar. Mich beleidigen? Du trreſt guter Muſaffery. Erblickſt du Unmuth oder Zorn
auf meiner Stirne?

Muſafferey. Weil ohnmächtiger Zorn dir
nicht ziemt. Du biſt nicht mehr Nabob von My-
fore. Ach! —

Kaberdar. Immer wieder das alte Lied!
nein, ich bin nicht mehr Nabob von My-
fore, und möcht' es auch nicht wieder werden.

Muſaffery. (erſtaunt.) Du möchteſt nicht?

Kaberdar. Sprich, alter treuer Diener!
hielteſt du mich damals für glücklich, als Franzoſen und Engländer, meine Freundſchaft, mein
Bündniß ſuchten? Als ich wider Willen in ihre
unſinnige Fehde verwickelt wurde? Als ich bald
dieſem aus Neigung, bald jenem aus Zwang
diente? Als es mir alle Augenblicke an Geld
mangelte, meine murrende Soldaten zu befriedigen? Als der Hof zu Delhi Kabalen gegen
mich ſpann, und ich zu niedrigen Kunſtgriffen
mich herablaſſen mußte, um mein Anſehen zu
behaupten? Als Europäer und Indier meine
blühende Provinz verwüſteten und heilige Pagoden entweihten? Als endlich der Aufruhr meiner Brüder gegen mich ausbrach, und ich ſo
manche Nacht, mit ſchwerem Kummer belaſtet,
auf meinem Lager mich wälzte? Sprich! war
ich damals glücklich?

Muſaffery. Nein. Aber dir duftete noch
die ſüſſe Blume der Hoffnung; was verlohren
war, konnteſt du wieder gewinnen.

Ka-

Kaberdar. Und das kann ich nicht mehr?

Musaffery. Nein. Wenn Brama kein Wunder thut, so kannst du nie wieder Nabob von Mysore werden.

Kaberdar. Und glaubt denn Musaffery es sey kein Glück für mich auf dieser großen schönen Erde, ohne den Scepter von Mysore? —

Musaffery. Und welches? Vermagst du mit dem Hauch des Lebens die Körper deiner ermordeten Weiber und Kinder zu beseelen?

Kaberdar. Leider nein!

Musaffery. Vermagst du auch nur ihre Leichname zu finden, um eine bekränzte Kuh an ihrem Grabe zu opfern?

Kaberdar. Ach nein! Wehe! Wehe über meinen Bruder! nicht einmal einen Sohn hat er mir gelassen! Vielleicht unter namenlosen Martern alle die Zweige meines Stammes vernichtet! oder, grausamer als der Tod, meine wackere Söhne des Lichts ihrer Augen beraubt — ach! — weg! weg! — einen Vorhang über dieß schauerliche Gemälde! — Hinunter gieng die Sonne jener Tage; ich stehe hier, und harre ihres Aufgangs.

Musaffery. Für uns wird sie nimmer wieder aufgehen.

Kaberdar. Warum nicht? wenn nicht an den Ufern des Ganges, doch an den Ufern der Themse. Viel hab ich verlohren, doch viel bleibt mir zu gewinnen übrig. Zufriedenheit und Ruhe

K   schmei-

schmückten nicht die Fürstenbunde von Mysore,
sie sind ein Kleinod, welches die Götter nicht
dem Stamme der Rajas vorbehielten. Eurem
Winke folg ich, ihr süßen Freuden des unbenei-
deten Mittelstandes! Gern steig ich zu euch hin-
ab — oder hinauf! — bin ich alt und kraftlos? vermag ich nicht noch Söhne zu zeugen?
die Freude meiner kommenden Tage? — Treuer Musaffery! ich will mir ein Weib nehmen,
von meinen geretteten Schätzen noch mehr der
Sister mir ankaufen; und gern den Thron, um
dessen Stufen zehen tausend aufrührische Scla-
ven krochen, gegen die friedliche Herrschaft über
hundert ruhige Europäer vertauschen.

Musaffery. Ein Weib nehmen? wo findest
du in England ein Weib aus deinem Stamm entsprossen?

Kaberdar. Elendes Vorurtheil! mein Vaterland hat mich ausgespieen, ich bin von seinen Gebräuchen entbunden. Meine Augen haben gewählt; mein Herz ist einverstanden, und
wartet nur noch auf Zustimmung meiner Vernunft. — Miß Libby — (begeistert.) ihr Blick
ist ein Sonnenstrahl, auf welchem die Seelen in
Wischenus Parabies eingehen! sanfte Weisheit
der Göttinn Sawasuabi wohnt auf ihren Lippen,
und Tugend, geschaffen aus der rechten Brust
des Gottes der Götter, thront in ihrem Herzen!
— o Mamnobin! Gott der Liebe! schleich auch
du dich hinein!

Mus

Muſaffery. Du biſt entzückt! Hüte dich! dein Herz iſt zum Knaben geworden, und wird muthwillig deiner Vernunft entſchlüpfen, die in Geſtalt eines Greiſes ihm nachſchleicht.

Kaberdar. Recht Alter, nichts übereilt! Mit deinen leidenſchaftloſen Blicken will ich ſpähen, mit deiner kalten Vorſicht will ich prüfen. Aber wie? wenn der Erfolg den Wünſchen meines Herzens entſpricht, wirſt du mich dann wieder für glücklich halten?

Muſaffery. (nach einer Pauſe) Nein! Ach, dort wo der Ganges durch blühende Reisfelder ſich ſchlängelt, dort allein wohnt das Glück. Hier, in einem fremden Lande, wo ich nie einem Menſchen begegne, zu dem ich ſagen könnte: „erinnerſt du dich noch des frohen Tages „vor 20 Jahren, als wir da und da zuſammen „luſtig waren?“ — Hier wo niemand meine Sprache redet, niemand meinen Göttern dienet. — O Jammer!

Kaberdar. Weißt du auch, Muſaffery, daß du mir durch deine Klagen wehe thuſt, deren nie verſiegende Quelle immer ſo heiß überſprudelt? Gereut es dich, ſo viele Liebe und Treue an mir bewieſen zu haben? Gereut es dich der einzige geweſen zu ſeyn, der ſeinen Herrn nicht verließ, als unglückſchwangere Blitze um ihn ziſchten? (er ergreift ihn bei der Hand) Ich kann dirs freilich nicht vergelten. Nur Liebe bezahlt Liebe! nur in meinem Herzen mußt du deinen Lohn ſuchen.

Mu.

Musaffery. Und hab ihn reichlich gefunden! Vergieb mir die unbescheidne Klage! Nein ich weiche nicht von dir, bis der Tod —— —

Kaberdar. Stille davon! ich höre Gurli kommen.

Zwölfter Auftritt.

Gurli. Die Vorigen. Mistriß Smith,
(inwendig.)

Gurli. (gähnend) Vater: Gurli wird die Zeit lang.

Kaberdar. Hab ich dir nicht Wege genug angedeutet, der langen Weile zu entfliehen? Nähen — Stricken — Lesen —

Gurli. Ja Vater das thut Gurli auch; aber Gurli ist so ungeschickt, sie verderbt alles. Wenn ich nähe, so reißt mir bald der Zwirn, bald zerbricht mir die Nähnadel; wenn ich stricke, so laß ich die Maschen fallen, und wenn ich lese, so schlaf ich ein.

Kaberdar. Nun so tödte deine Zeit mit Plaudern.

Gurli. Plaudern? mit wem soll Gurli plaudern? der Vater ist selten zu Hause; Musaffery ist stumm; die alte garstige Mutter dort zankt immer; Samuel ist ein Narr; und Libby? —

Kaberdar. (hastig einfallend) Nun Libby? —

Gurli. Ach ich liebe Libby wie meine Schwester. Sie ist so gut, so herzensgut — Sie ist

iſt viel beſſer als Gurli. Aber Sie darf nicht viel mit Gurli reden.

Kaberdar. Warum nicht?

Gurli. Die garſtige Mutter hat es ihr verboten. Aber wenn auch Gurli den ganzen Tag bei Liddy ſeyn könnte — es fehlt Gurli doch noch etwas.

Kaberdar. Was denn?

Gurli. Das weiß Gurli ſelbſt nicht.

Kaberdar. So beſchreib es zum wenigſten.

Gurli. Vater, das läßt ſich nicht beſchreiben. Zuweilen hab ich gedacht, es fehle mir ein Papagoy oder eine Katze.

Kaberdar. Du haſt ja beides.

Gurli. Freilich hat Gurli beides; aber da wandelt mich oft eine ſolche Sehnſucht an, da nehm ich bald die Katze und bald den Papagoy, und küſſe ſie und drücke ſie an meine Bruſt, und habe ſie ſo lieb — Doch iſt mirs immer als fehle noch etwas. Der Vater wird wohl noch eine Katze für Gurli kaufen müſſen.

Kaberdar. (lächelnd) Freilich.

Gurli. Dann gieng ich geſtern ſpazieren in dem kleinen Walde den die Leute hier Park nennen, da ſang ein Vogel ſo ſchön, ſo rührend — Kannſt du dir einbilden Vater! Gurli mußte weinen. Es war mir ſo ängſtlich, ſo beklommen; es ſtieg mir ſo hier, hier, herauf; es war mir ſo warm, ich ſah mich immer nach etwas um, und endlich — endlich mußt ich eine Roſe abbrechen, und küſſen, und tauſendmal

K 3 küſ-

küssen, und mit meinen Thränen benetzen. Das
war doch drollig! nicht wahr Vater?

Kaberdar. Ja wohl!

Gurli. Der Vater wird wohl einen solchen
Vogel für Gurli kaufen müssen.

Kaberdar. Ei freilich.

Gurli. Ach Gurli weiß selbst nicht recht was
ihr fehlt.

Kaberdar. Sey ruhig! der Vater hat mehr
Erfahrung! der merkt schon, wo das hinaus
will. Jetzt von etwas anderm! hast du dem
Vorschlage nachgedacht, welchen ich dir neulich
that?

Gurli. Du weißt ja wohl, Vater, Gurli
denkt nicht viel nach. Aber wenn der Vater
meint, daß es gut sey, so will Gurli wohl heurathen.

Kaberdar. Ja der Vater meint, es sey
nothwendig, daß Gurli sich je eher je lieber einen Mann aussuche. Ist dir noch keiner aufgestoßen, der dir besonders gefiele?

Gurli. Nein. Da ist der Samuel; der
schwatzt und plappert von seiner Liebe; doch
seine Liebe gefällt mir nicht. Aber warum muß
es denn eben eine Mannsperson seyn? Ich will
seine Schwester Libby heurathen.

Kaberdar. (erstaunt) Wen? Seine Schwester?

Gurli. Ja.

Kaberdar. Libby?

Gurli. Ja, ja,

Ka-

Kaberdar. Die ift ja ein Frauenzimmer.

Gurli. Nun was fchadet das?

Kaberdar. (lächelnd) Nein Gurli das geht nicht an, das erlaubt Brama nicht. Du bift ein Mädchen, und mußt einen Mann nehmen. Libby ift auch ein Mädchen und muß auch einen Mann nehmen.

Gurli. Nun fo will ich Mufaffery heurathen.

Mufaffery. (welcher bisher in tiefen Betrachtungen verfenkt geftanden, welche fich auf fein voriges Gespräch bezogen, kömmt zu fich felbft, und antwortet etwas verlegen, aber mit feiner gewöhnlichen Trockenheit) Mich? — Schöne Gurli! das geht nicht an! —

Gurli. (komifch zürnend) Wieder nicht? warum denn nicht? du bift ja ein Mann?

Mufaffery. Das wohl.

Gurli. Nun?

Mufaffery. Ich bin ein alter Mann.

Gurli. Was thut das?

Mufaffery. Schöne Gurli, ein alter Mann muß kein junges Mädchen heurathen.

Gurli. Warum nicht?

Mufaffery. Weil das unbarmherziger Weife eine Rofenknofpe in Schnee vergraben heißt.

M. Smith. (inwendig) Du denkft nicht ein bißchen nobel. Weil du felbft Häringskrämer gewefen bift, fo möchteft du auch gerne deine Kinder dazu machen.

Raberdar. Gott bewahre! der Drache kommt näher. Ich bin so gern in diesem Saale (aufs Fenster zeigend) ich liebe die Aussicht ins offne Meer, und immer jagt mich der böse Geist in mein einsames Zimmer zurück. Kommt!

Gurli. Vater, Gurli bleibt noch hier, Gurli will über die Alte lachen.

Raberdar. Meinetwegen! aber sie ist neugierig. Daß du ihr nur das Geheimniß unsers Standes nicht verräthst! ich mag weder ein Gegenstand der Neubegier, noch des Mitleidens werden. (er geht mit Musaffery in sein Zimmer)

Gurli. Ach nein! Gurli hört die Alte nur gern reden: Sie spricht so viel dummes Zeug.

Dreyzehnter Auftritt.

Mistriß Smith, die Saloppe übergeworfen. **Gurli.**

M. Smith. (im heraustreten noch zurückbelfernd) Was Podagra! ein nobles Gemüth verachtet das Podagra und verspottet die Gicht. Alle meine Ahnen haben schon in ihrem fünf und zwanzigsten Jahr das Podagra gehabt, keiner hat sich so dabei geberdet (Gurli erblickend) Ah Miß Gurli! (sie macht ihr eine tiefe Verbeugung)

Gurli. (lacht ihr ins Gesicht)

M. Smith. Nun, sur mon honneur! dergleichen Impertinence ist mir noch nicht vorgekommen.

Gur-

Gurli. Sey nicht böse altes Mütterchen!

M. Smith. Altes Mütterchen? immer besser!

Gurli. Gurli lacht gerne; du mußt das Gurli nicht übel nehmen.

M. Smith. Immer du um das dritte Wort. Mein Gott! wie und wo mag diese pauvre Creature ihre erste Education erhalten haben?

Gurli. Kann Sie auch das Du nicht leiden? nun ich will dich Sie nennen.

M. Smith. Nennen Sie mich, wie Sie wollen! Eine Frau aus einem Stamm, wie der meinige, ist über jede Beleidigung erhaben.

Gurli. Aus welchem Stamme bist Sie denn?

M. Smith. Aus dem Stamme der von Quirliquitsch.

Gurli. Ei den hat Gurli noch nie nennen hören; das muß ein ganz neuer Stamm seyn.

M. Smith. (verächtlich) Neu? Meine gute Miß Gurli! durchlaufen Sie Jahrhunderte mit Ihren Gedanken, und Sie sind noch nicht an seiner Wurzel. Ich wüßte auch nicht, wo sie Gelegenheit gehabt hätten, alte Familien kennen zu lernen.

Gurli. Ich? ich bin selbst aus einem der ältesten Stämme in der ganzen Welt entsprossen.

M. Smith. (verächtlich) Sie? Ha! ha! ha!

Gurli. Ja, ja, ich. Gurli ist aus dem Stamme der Rajas.

M.

M. Smith. (mit hoch aufgeworfener Nase) Raja? Raja? ich will doch zum Scherz, so bald ich nach Hause komme, in Rüpners Turnierbuche nachschlagen, ob die Herren von Raja jemals existirt haben? die Familie ist mir ganz unbekannt.

Gurli. Der Stamm der Rajas ist viele tausend Jahre alt.

M. Smith. Viele tausend Jahr? Ha! ha! ha! mein gutes Kind! Sie haben vergessen daß die Welt erst 1789 Jahre alt ist. Ha! ha! ha! Ich habe Sie immer für ein wenig albern gehalten, aber nun finde ich, daß sie völlig verrückt sind. (Sie macht ihr abermals eine tiefe aber höhnische Verbeugung und geht durch die Mittelthüre ab.)

Vierzehnter Auftritt.

Gurli (allein.)

Ha! ha! ha! Das alte närrische Mütterchen! Wie sie sich geberdet und ihren Leib verdreht, und so frech dabei aussieht, wie eine Bayadere. Halt! das muß Gurli zum Spaß ihr einmal nachmachen. (Sie tritt vor den Spiegel und übt sich in Verbeugungen) O das ist zum Todtlachen! das muß Garli den Vater sehen lassen. (sie läuft hinein)

Ende des ersten Aufzugs.

Zwey=

Zweyter Aufzug.

Erster Auftritt.

Kaberdar allein.

Immer tragen meine Füße mich unwillkührlich in diesen Saal; und bin ich in diesem Saale, so heftet mein Auge sich unwillkührlich auf jene Thür. — Es muß herunter vom Herzen! mich drückt die Last. Aber wehe! wehe! wenn das Wagstück mißlingt. — Besinne dich, Kaberdar! du bist nicht in Indien, wo du dein Weib einsperren darfst, wenn sie dir das Leben vergällt; wo sie, ohne deine Erlaubniß, nicht einmal das Mittagsbrod an deiner Seite verzehren darf. Du bist in Europa, wo man die Weiber nicht zu Puppen herabwürdigt; wo sie selbst einen Willen haben, und sogar selbst denken dürfen — wenn sie können. — Aber diesem Mädchen gaben die Götter einen Körper, und die Tugend eine Seele! — Doch halt! schon wieder in Entzücken!

cken! — Kenne ich sie denn? Habe ich sie schon lange genug beobachtet? Ist ihre Mutter nicht ein Weib, gezeugt von Nirubi, dem Könige der Teufel? Und wachsen je Rosen auf einer Nessel? — Musaffery hat Recht. Ihr sanftes Auge kann trügen, ich muß ihr Herz belauschen.

Zweyter Auftritt.

Raberdar. Der Knabe, mit den Manschetten in der Hand.

Knabe. Ey ich will mir nicht länger die Sohlen von den Schuhen laufen! Heute ist ein unglücklicher Tag, heute werde ich die Teufelsdinger nicht los, (er erblickt Raberdar.) noch einen Versuch. Schöner Herr, wollt ihr Manschetten kaufen?

Raberdar. Nein.

Knabe. Von schönen Händen gemacht.

Raberdar. Ich mag nicht.

Knabe. Wohlfeil, drey Kronen das Paar.

Raberdar. Laß mich zufrieden! ich trage keine Manschetten.

Knabe. (die Manschetten unwillig auf den Tisch werfend.) Nun so trag sie wer da Lust hat. (indem er gehen will.) Ihr wohnt ja hier im Hause; wenn Miß Liddy kömmt, so gebt sie ihr zurück.

Raberdar. Miß Liddy? Halt! was hat Miß Liddy mit denen Manschetten zu schaffen?

Knae

Knabe. Sie gehören ihr ja.

Kaberdar. (erstaunt.) Ihr?

Knabe. (zurückkommend.) Ja, Sie, es ist ihre Arbeit. Beseht sie nur, sind sie nicht schön? Kauft! kauft sie! wohlfeil, sehr wohlfeil, drey Kronen; und wenn Ihr mich nicht verrathen wollt, so sollt Ihr wissen, daß die schöne Miß fünf Nächte daran gearbeitet hat.

Kaberdar. Warum verkauft sie sie denn?

Knabe. Je nun, schöner Herr, Ihr fragt auch gar wunderlich: sie hat kein Geld.

Kaberdar. (greift schnell in die Tasche.) Wie theuer sagst du?

Knabe. Drey Kronen schöner Herr. Dafür bekommt Ihr ein paar Manschetten, wie sie der Prinz von Wall's nur tragen kann, und einen Gottes Lohn erhaltet Ihr oben ein in den Kauf.

Kaberdar. Hier sind drey Guineen.

Knabe. Drey Kronen schöner Herr.

Kaberdar. Drey Guineen, sage ich dir, die bringst du an Miß Liddy. Und hier ist eine Krone für dich unter der Bedingung, daß du den Käufer der Manschetten nicht ausplauderst. Wenn sie fragt, so sag' ihr, du habest sie an der Börse verkauft; ein fremder Herr, den du zum erstenmal in deinem Leben gesehen. ——

Knabe. (das Geld mit Wohlbehagen auf allen Seiten besehend.) Ich verstehe, schöner Herr; ich verstehe, und danke.

Ka.

Kaberdar. (für sich.) Das ist brav von dem Mädchen, daß sie sich nicht der Arbeit um das tägliche Brod schämt; das ist brav ——

Knabe. So viel Geld hab' ich in meinem Leben noch nicht beysammen gesehen. Lebt wohl schöner Herr! Gott vergelt' es euch!

Kaberdar. Wo willst du hin?

Knabe. Fort!

Kaberdar. Aber das Geld? ——

Knabe. Das hab' ich in der Tasche.

Kaberdar. Und trägst es nicht zu Miß Libby?

Knabe. Nein schöner Herr. Miß Libby hat mir befohlen vom Nachbar Williams ein Pfund Knaster, und aus der nächsten Taverne ein Maaß Porter zu hohlen.

Kaberdar. Was? Raucht Miß Libby?

Knabe. Possen Herr! ich denke, es ist für ihren Vater. Der arme alte Mann will sich zuweilen eine Güte thun, aber Frau und Sohn geben ihm nichts.

Kaberdar. (für sich.) Brav! Mädchen brav! (zum Knaben.) Geh nur, geh! (der Knabe ab.) —— das entscheidet. Ein solches Herz beglückt! wäre sie auch nicht schön, die kindliche Liebe leiht ihr himmlische Reize! Ist sie gleich arm, so vermag sie doch fünf Nächte hindurch für ihren Vater zu arbeiten. —— Es ist entschieden.

Drit=

Dritter Auftritt.

Liddy. Kaberdar.

Kaberdar. (als er Liddy erblickt.) Ha! Sie selbst! Guten Morgen Miß.

Liddy. (im Vorbeigehen mit einer Verbeugung.) Guten Morgen Sir (sie geht an die Thür, sieht hinaus, kömmt zurück; tritt ans Fenster, und scheint sich auf allen Seiten nach etwas umzusehen.)

Kaberdar. Miß Liddy erwartet vermuthlich jemand?

Liddy. (sich umkehrend.) Ja Sir, einen Knaben, dem ich einen kleinen Auftrag gab. Es war mir vor einigen Minuten, als säh ich ihn hier ins Haus gehen; ich muß mich aber doch geirret haben. (Sie erblickt plötzlich ihre Manschetten in Kaberdars Händen, und fährt ein wenig zurück.)

Kaberdar. (stellt sich als merke er es nicht.) Ein Knabe war hier, doch vermuthlich nicht der, welchen Miß Liddy erwartete. — Sehn Sie Miß, ich habe eben ein paar Manschetten gekauft. Wir Männer werden mit dergleichen Waar gewöhnlich betrogen. Was halten Sie davon?

Liddy. (verlegen.) Sie sind recht artig.

Kaberdar. Wie hoch schätzen Sie sie.

Liddy. Ein paar Kronen mögen sie immer werth seyn.

Kaberdar. Ja, Miß, Kronen sind sie werth! Wer nur Kronen hätte, um sie auf das Haupt jenes vortrefflichen Mädchens zu setzen. Diese Man-

Manschetten, Miß, hat, nach der Erzählung des
Knaben, eine Tochter mit Aufopferung ihrer
nächtlichen Ruhe verfertigt, um ihrem kranken
Vater ein Labsal zu verschaffen.

Liddy. (sehr verlegen.) So?

Kaberdar. Wieviel meynen Sie nun wohl,
daß diese Manschetten werth sind?

Liddy. So viel, als die erfüllte Pflicht ei=
nes Kindes.

Kaberdar. Miß Liddy — (sie bey der Hand
angreifend.) — Ich bin ein ehrlicher Mann —
wollen Sie mich heurathen? —

Liddy. (ausserordentlich überrascht.) Sie —
mein Gott! —

Kaberdar. (ihre Hand loslassend, im gutmü=
thigen Tone.) Fassen Sie sich! Warum erschrecken
Sie? Ich wollte Sie nicht erschrecken. Es kann
seyn, daß ihr Herz schon versagt ist. Reden
Sie frey! Es wird mir leid thun; aber ich blei=
be Ihr Freund! Wahrlich, ich bleibe Ihr Freund!

Liddy. (die nicht weiß was sie sagen soll.) Sie
— ich habe Vater und Mutter.

Kaberdar. Erst mit Ihnen, dann mit Ih=
rem Vater. Liebe Liddy, Sie sind verlegen, das
wünscht ich nicht. Denken Sie, ein Paar Freun=
de wollten eine Reise mit einander verabreden;
der Eine fragt, der Andere antwortet: Hast du
auch Platz für mich? Bist du nicht launisch,
oder mürrisch? Verlierst du nicht gleich den Muth,
wenn es einmal stürmt oder donnert? Wirst du
dir bis ans Ziel keinen andern Gefährten wün=
schen?

ſchen? — Sie kennen mich Miß. Sie haben
mein Thun und Laſſen beobachtet. Wie ich heute bin,
war ich geſtern, und wie ich geſtern war, werd'
ich morgen ſeyn.

Liddy. Aber nicht ich, Sir. Die wenigen
Reize, welche vielleicht heute Ihr Wohlgefallen
erregten, werden morgen verblüht ſeyn.

Raberdar. Miß, die Hand, welche dieſe
Manſchetten nähte, wird auch dann noch küſſens-
werth ſeyn, wenn ſie, entfleiſcht und runzlicht,
kaum noch eine Krücke zu halten vermag.

Liddy. Sie kennen mich noch nicht lange
genug, und — erlauben Sie mir, mich Ihrer
offenen, biedern Sprache zu bedienen. — Ich
kenne auch Sie nicht lange genug.

Raberdar. Wohlan! prüfen Sie mich, be-
obachten Sie mich, ſo oft Sie wollen, ſo lange Sie wollen; ich ſcheue nicht den Blick der
Tugend.

Liddy. Fürs erſte weiß ich ja noch nicht einmal wer Sie ſind?

Raberdar. O ich danke Ihnen, Miß, daß
Sie ſich herablaſſen darnach zu forſchen. Das
beweiſt mindeſtens, daß die Antwort auf meine
Erklärung noch zweifelhaft iſt. Sie ſollen erfahren wer ich bin. Noch hat kein Herz in England das Geheimniß meines Standes und meiner
Selben mit mir getheilet. Ich ward am Ufer des
Ganges, im Schooße des Glücks gebohren, erzogen
bey meinem Oheim, dem Beherrſcher von Myſore, einem Biedermanne, deſſen Thron und deſſen

L   Fein-

Feinde ich erbte. Damals war ich kaum sechs
zehen Jahre alt. Man gab mir Weiber, weil
es die Sitte erheischte, und einige zwanzig Jahr
alt, sah ich mich schon Vater von fünf Söhnen
und einer Tochter. Ich war glücklich: denn mich
liebten die Meinigen, mich schätzten Franzosen
und Engländer; mich fürchteten meine Feinde
und Nachbarn; der Friede herrschte in meinem
Lande und in meinem Pallaste. Ich war glücklich, denn — Dank sey es der Vorsehung! —
der Mensch ist blind für die Zukunft. Daß ich
Schlangen in meinem Busen nährte; daß meine
eignen Brüder mir nach Krone und Leben trach-
teten, den Samen des Aufruhrs unter meine
Unterthanen streuten, das ahndete mein argloses
Herz nicht. Die Verschwörung brach aus; der
Scepter von Mysore ward in einer unglücklichen
Nacht meinen Händen entrissen, und ach! meine
Weiber, meine Söhne wurden ein Raub der blutdürstigen Sieger. Nur ich, meine Tochter, und
ein alter treuer Diener, waren so glücklich unter tausend Gefahren den Strand des Meeres zu
erreichen. Dort lagen eben zwey englische Schiffe segelfertig, deren eines uns aufnahm, die Anker lichtete, und in Liddy's Vaterland brachte.
Will Liddy mir ersetzen was ich verlohr, so war
dieser Seufzer um mein entflohenes Glück der
letzte.

    Liddy. (schlägt die Augen nieder, nach einer
Pause.) Sie sind also kein Christ?

Ka-

Raberdar. (ſtuzt, nach einer Pauſe.) Es iſt nur ein Weg zum Himmel, der Weg der Tugend.

Liddy. Dieſer Weg führt durch die chriſtliche Kirche.

Raberdar. Unſere Braminen ſagen: durch die Pagoden, doch dem ſey wie ihm wolle, an Ihrer Hand werde ich mich nie davon entfernen. — Nun Miß, noch mehr Einwürfe; ich höre ſie gern; und beantworte ſie gern.

Liddy. (immer mit jungfräulicher Verſchämtheit.) Ihre Weiber, ſagten Sie, wurden ein Raub des Siegers? Sind alſo todt?

Raberdar Vermuthlich.

Liddy. Sie haben keine gewiße Nachricht davon?

Raberdar. Nein.

Liddy. Aber wenn ſie noch lebten?

Raberdar. Wenn auch, für mich ſind ſie todt.

Liddy. Wie, Sie könnten? —

Raberdar. Liebe Liddy! Meſſen Sie mich doch nicht mit dem Maaßſtabe der Europäer. Meine Weiber waren meine Sclavinnen, die ich verſtoſſen konnte, wenn mir die Luſt dazu ankam. Aber geſetzt auch, ich hätte ſie geliebt, wie — wie ich Sie liebe; was würde ihnen meine Liebe und Treue in einer Entfernung von einigen tauſend Meilen frommen? — Für mich iſt mein Vaterland auf ewig verlohren; ich werde nie wieder in Indiens glücklichen Gefilden wandeln,

L 2

Lid

Liddy. Wissen Sie auch Sir, welche Schluß-
folge ich aus dieser Behauptung ziehen könnte?

Kaberdar. Nun?

Liddy. Wenn Sie einst England verlassen
sollten, so werden Sie wieder ein anderes Mädchen heurathen, unter dem Vorwande, daß Ihre Liebe und Treue mir doch nichts mehr nützen
würden.

Kaberdar. Sie haben Recht Miß; aber
einen Umstand haben Sie vergessen: Ihnen werde ich Treue schwören, und England werde ich
nie wieder verlassen.

Liddy. Wer wird Sie halten?

Kaberdar. Die Liebe.

Liddy. O das arme, schwache Kind!

Kaberdar. In unserer Religion ist dieß Kind
ein Gott.

Liddy. Sie sprechen gut, aber Sie überzeugen mich nicht.

Kaberdar. Ich wünschte, Sie schöpften
diese Ueberzeugung nur aus meinem Herzen.

Liddy. Dringt mein Auge bis dahin?

Kaberdar. Es schwimmt in meinen Blicken.
Doch wohlan! vielleicht daß Nebendinge Ihnen
kräftiger beweisen, daß der Entschluß in England zu bleiben, mir wahrhaftig Ernst ist. —
Alles was ich in jenem unglücklichen Zeitpunkt
von meinen Schätzen zu retten vermochte, waren
meine Diamanten: Spielwerk für einen Fürsten;
ein ansehnlicher Schatz für einen Privatmann.
Ich habe sie hier zu Gelde gemacht, und Lände-

reyen

reyen dafür gekauft. Kennen Sie Roggershall?

Liddy. Roggershall war eine meiner Lieblings=
Spazierfahrten (mit einem halben Seufzer.) als wir
noch Kutsch und Pferde hatten.

Kaberdar. Es wird nur bey Ihnen stehen,
sich in Zukunft so oft und so lange Sie wollen,
daselbst aufzuhalten. Sie sind unumschränkte
Gebieterinn auf Roggershall, ich verschreib es Ihnen zum Wittwensitz.

Liddy. Nein Sir, so war es nicht gemeint.
Gesetzt auch, es käme mit uns beyden dahin —
wo es noch nicht ist; so würden Sie mich doch
nie überreden, Ihre Tochter zu bevortheilen.

Kaberdar. Seyn Sie unbesorgt! Meine
Tochter behält noch einen ansehnlichen Brautschatz übrig. Ich kenne meine Vaterpflichten;
ich kenne aber auch die Pflichten gegen mich
selbst — Nun, Miß, hab' ich alle ihre Einwürfe gehoben? darf ich Ihnen ein Bild des
glücklichen einsamen Lebens vor die Augen stellen — des vollen Genusses aller häuslichen
Freuden? an einem reizenden Ort wie Roggershall,
an der Seite Ihres Gatten, der gewiß einst, wo
nicht auf Ihre Liebe, doch auf Ihre Freundschaft
und Zuneigung rechnen darf; an der Seite meiner
guten, muntern Gurli; (mit niedergeschlagenen Augen.)
im Kreise Ihrer Kinder, und was Ihnen vielleicht mehr gilt als alles, in den Armen ihres
alten Vaters, den ich zu mir nehmen will,

Sie seine lezten Tage versüßen werden, der im
Anblick unserer Zufriedenheit wieder aufleben
wird. —

(Er bricht kurz ab, schweigt, und sieht Sie starr an.)

Liddy. (ist bewegt, Thränen stehen ihr in den
Augen, Sie wendet sich ab von Kaberdar, faltet die
Hände, blickt gen Himmel und bleibt einige Augenblicke in dieser Stellung. Darauf kehrt Sie sich zu ihm,
reicht ihm die Hand und sagt.) Nun wohl!

Kaberdar. (ergreift ihre Hand mit Entzücken,
schlägt seinen Arm um ihren Nacken und küßt sie.)
Beste der Töchter! der Himmel segne unsern Bund!
Er ward aus treuem, redlichem Herzen geschlossen!

Liddy. Ja, wahrlich ward er!

Kaberdar. (seinen Ring an ihre Hand steckend.)
Leben Sie wohl liebe Liddy! — Bald, recht
bald meine theure Gattinn! Mein Herz strömt
von Freude über. Ich muß meinen alten Kameraden Musaffery aufsuchen; er hat die Last des
Kummers mit mir getheilt, er soll sich heute im
Becher der Freuden mit mir berauschen. Leben
Sie wohl! Diese Manschetten trag ich an meinem Hochzeitstage. (ab.)

Vierter Auftritt.

Liddy, allein.

So hab' ich der kindlichen Liebe ein Opfer
dargebracht, und könnte den armen Fazir so bald
ver-

vergeſſen? (Sie wiſcht ſich die Augen.) Ja, dieſe
Thräne darf Liddy um Fazir weinen, aber das
ſey auch die letzte. — Pfuy! keine romantiſche
Thorheiten! Kaberdar iſt ein braver Mann. Ihn
um eines Jünglings willen verſchmähen, deſſen
Herz ich bloß aus ſeinen Augen kenne; das hie-
ße, auf der Lebensreiſe den Kompaß gegen einen
Schmetterling vertauſchen. Ach unter allen
Thorheiten, die ein Mädchen begeht, iſt im-
mer ihre erſte Liebe eine der größten.

Fünfter Auftritt.

Liddy. Samuel, nach Hauſe kommend.

Liddy. Herr Bruder, du darfſt mir Glück
wünſchen.

Samuel. Frage: Wozu?

Liddy. Antwort: Ich bin Braut.

Samuel. Du?

Liddy. Ja, ja, ich. Wenn du meinen Worten nicht glauben willſt, ſo glaube deinen Augen.
(Sie hält ihm den Ring unter die Naſe.)

Samuel. (ergreift ſehr begierig ihre Hand.) Laß
ſehen zum Henker! dem Ring nach zu urtheilen
muß dein Bräutigam erſter Lord der Schatzkam-
mer ſeyn. Zum Teufel! Schweſter, der Ring
iſt ſchön, ich muß dir wahrhaftig die Hand
küſſen.

Liddy. Nun, das iſt zum erſtenmal in deinem Leben. Was ein ſchöner Ring nicht thut.

Samuel. Aber — bist du auch überzeugt, daß dein Bräutigam — daß er diesen Ring —

Liddy. Doch wohl nicht gar gestohlen hat? Der Ring scheint dir mehr am Herzen zu liegen als der Bräutigam selbst. Du fragst nicht einmal nach seinem Namen.

Samuel. Sein Name kann unmöglich so viel werth seyn als dieser Ring. Doch nun frag ich billig: wie heißt dein Bräutigam? Antwort? —

Liddy. Kaberdar.

Samuel. (heftig) Gurlis Vater?

Liddy. Antwort: Ja!

Samuel. Der Narr, dessen einziges Bestreben dahin zielen sollte, seiner muthwilligen Tochter einen braven, vernünftigen Mann zu verschaffen. —

Liddy. Fürs erste verbitte ich mir im Namen meines künftigen Gemahls alle Ehrentitel. Und was fürs zweite deine gütige Sorgfalt für Gurli betrifft, so darfst du ja nur ihrer Stiefmutter ein gutes Wort geben, wenn du etwan wünschen solltest —

Samuel. Ach! da ist nichts zu wünschen, bis ich es ist untersucht habe.

Liddy. Mein Gott! mit deiner ewigen Bedächtlichkeit! das Mädchen ist gut, schön, reich, was willst du mehr? — wenn du ihrer nur werth wärst.

Samuel. Gut? — Diese Frage mag fürs erste noch unbeantwortet bleiben. Schön? Antwort

wort: ja. Reich? da muß ich billig fragen:
woher weißt du das? Antwort? —

Liddy. Wunderlicher Mensch! ich weiß es
aus seinem eignen Munde, aus seiner Großmuth
gegen mich. A propos! Du bist ein Liebhaber
von der Jagd; künftigen Herbst kannst du bei
mir auf Roggershall Hasen hetzen.

Samuel. Bei dir auf Roggershall?

Liddy. Aufzuwarten, Herr Bruder. Das
sey dir Beweis von Kaberdars Reichthum. Wer
seiner künftigen Frau ein solches Landgut zum
Wittwensitz verschreibt, der wird doch wahrlich
seine Tochter nicht ohne Brautschatz lassen.

Samuel. Nun da haben wirs! Ich gehe
und schleiche mit der größten Vorsicht umher,
ziehe allenthalben belehrende Nachrichten ein, stehe auf meiner Hut, suche mich auf allen Seiten sicher zu stellen, decke mich hier und decke
mich da — komme nach Hause und finde meine
unvorsichtige Schwester, die wie ein Gänschen
in den Tag hinein lebt, als Erblehn = und Ge-
richtsfrau von Roggershall. Da möcht ich billig fragen: Schicksal bist du gerecht?

Liddy. Wunderlicher Mensch! Kaberdar hat
einen solchen Schatz von Diamanten mitgebracht,
daß Roggershall dagegen ein Kieselstein ist.

Samuel. Diese Versicherung, wenn sie bei
näherer Beleuchtung bestätigt würde, könnte
Gurli neue Reize leihen.

Liddy. Gewiß, gewiß, Bruder! wir werden so glücklich seyn, den Wohlstand in das

Haus

Haus unserer armen Eltern zurück zu führen! wie wird sich Bruder Robert freuen , wenn er heut oder Morgen aus Westindien zurück kehrt.

Samuel. Nicht so schnell Schwester, noch sind wir nicht so weit.

Liddy. Freilich du — wenn dich Gurli nicht haben wollte — —

Samuel. (spöttisch) Nicht haben wollte? Hm! fast möcht ich fragen: ist Liddy bei Verstande? Antwort: Schwerlich!

Liddy. St! Sie kömmt. Nun kannst du gleich einen Sturm auf ihr Herz wagen. Soll ich dir beistehen?

Samuel. Ich brauche dazu keine Hülfstruppen.

Sechster Auftritt.

Gurli. Die Vorigen.

Gurli. Der Vater sagt ; meine liebe Liddy wolle mit Gurli reden. Guten Morgen, liebe Liddy. (sie küßt sie.)

Liddy. Hat der Vater sonst nichts gesagt?

Gurli. Nein sonst gar nichts.

Liddy. Nichts von meinem Bruder?

Gurli. Von dem närrischen Menschen da? Nicht ein Wörtchen ! Hätt er mir gesagt, dein Bruder sey auch hier, so wäre Gurli gar nicht herausgekommen.

Sa-

Samuel. Ey! Ey! Frage: Warum? Antwort?

Gurli. Laß mich zufrieden! Gurli will mit Liddy schwatzen.

Liddy. (zu Samuel) Sollen die Hilfstruppen anrücken?

Samuel. Nur mit Vorsicht.

Liddy. (zu Gurli) Dein Vater sagt: Du wollest h urathen.

Samuel. Mein Gott, du fällst ja mit der Thür ins Haus.

Gurli. (gähnend) Ja ich will heurathen.

Liddy. Wen denn?

Samuel. Ja! ja! Wen denn? Antwort? —

Gurli. Ach liebe Liddy! das weiß Gurli noch nicht. Glaube mir, es ist recht eine dumme Geschichte. Der Vater meinet ja, und Gurli meinet auch ja; aber das kommt mir eben so vor, als wolle Gurli eine Pisangfrucht pflücken, und in ganz England wächst kein Pisang. Was hilft da Gurlis Verlangen, und des Vaters Wunsch und Wille? Gurli wollte Liddy heurathen; der Vater sagt, das geht nicht. Gurli wollte Musaffery heurathen; Musaffery sagt, das geht nicht.

Liddy. Musaffery ist zu alt für dich.

Gurli. Ja, ja, das sagt er auch.

Liddy. Aber es giebt junge flinke Bürsche genug in der Welt.

Samuel. (sucht sich bestens zu präsentiren)

Gur-

Gurli. Ja liebe Liddy, da ist aber noch ein dummer Umstand. Der Vater sagt: wenn man heurathet, so muß man bei dem Manne wohnen, wenn nun, zum Exempel, mein Mann in Bengalen wohnt, und mein Vater im Lande der Maratten, so muß Gurli in Bengalen bei ihrem Manne wohnen.

Liddy. Freilich.

Gurli. Nein, das geht wahrlich nicht! Gurli liebt ihren Vater so sehr (weint) Nein, Gurli kann ihren Vater nicht verlassen. Gurli will lieber gar nicht heurathen.

Liddy. Gutes Mädchen.

Samuel. Es entsteht aber billig die Frage: Wenn ein gesetzter, vernünftiger Mann sich fände, welcher mit ihrem Vater in einer Stadt, ja sogar in einem Lande wohnte? —

Gurli. Ha! ha! ha! Ja das wäre allerliebst.

Samuel. Was meinen Sie denn Miß, könnten Sie zum Beispiel mich wohl lieben und heurathen?

Gurli. Lieben? nein. Aber heurathen wohl, wenn Liddy ein Gefallen dadurch geschieht.

Liddy. Sonderbares Geschöpf! du willst heurathen ohne zu lieben?

Gurli. Warum denn nicht? muß man denn lieben um zu heurathen?

Liddy. Ich denke wenigstens hochachten.

Gur=

Gurli. Ich muß dir sagen, liebe Liddy: Gurli weiß eigentlich gar nicht recht, was heurathen für ein Ding ist.

Samuel. Das findet sich wohl. Ich werde in Zukunft Gelegenheit haben, Ihnen einigen Unterricht darin zu ertheilen. Vor der Hand hängt alles von einer deutlichen und vernehmlichen Beantwortung der Frage ab: wollen Sie mich heurathen, Miß?

Gurli. (zu Liddy) Siehst du es gerne?

Liddy. Je nun — es ist mein Bruder.

Gurli. Topp! ich will dich närrischen Menschen heurathen; unter der Bedingung, daß du immer wohnst, wo mein Vater wohnt.

Samuel. (vor sich) Versprech ich denn das? Warum nicht? — Vor der Hand darf ich kühn jede Bedingung bewilligen (laut) Die Liebe welche Dich reizendes Geschöpf bald an den Mister Samuel Smith fesseln wird, ist mächtiger als kindliche Zärtlichkeit. Es entsteht nur noch die Frage zu beantworten: wann soll denn unsere Hochzeit seyn? Schöne Gurli.

Gurli. Wann du willst (zu Liddy) Wirst du froh seyn, wenn es bald geschieht?

Liddy. Mir kanns recht seyn.

Gurli. Nun so will ich dich gleich jetzt heurathen.

Samuel. (erstaunt) Gleich jetzt? Nein, dazu bin ich auf keine Weise vorbereitet. (zu Liddy) Das gute Mädchen hat Feuer gefangen, aber man muß doch behutsam zu Werke gehen.

Lid=

Liddy. Ich dächte Herr Bruder, du bliebſt mit deiner Behutſamkeit für dießmal zu Hauſe, und hielteſt Sie beim Worte, ehe Sie ſich anders beſinnt.

Samuel. Alles was mir zu thun möglich, wäre folgendes: ich gehe zu einem Notarius, und dann zu noch einem und beſtelle ſie beide auf dieſen Nachmittag hieher.

Liddy. Beide? Warum denn zwei?

Samuel. Einer könnte krank werden, ein Bein brechen, ſich des Mittags bei Tiſche betrinken, oder ſonſt ein Hinderniß eintreten. (Liddy lacht) Lache wie du willſt! Ich habe dagegen nur eine Frage aufzuwerfen: Können dergleichen Geſchäffte zu vorſichtig behandelt werden? Antwort: Nein. Ich gehe, beſtelle ſie beide, laſſe von beiden einen Kontrakt entwerfen, vergleiche ſie beide, verbeſſere ſie beide, und wähle mit gehöriger Vorſicht einen von beiden. Unterdeſſen ſchöne Braut, bitte ich um einen Kuß.

Gurli. Pfui!

Samuel. (betreten) Wie?

Gurli. (zu Liddy) Soll ich ihn küſſen?

Liddy. Thu es immer.

Gurli. Nun da (Sie küßt ihn, wiſcht ſich den Mund und ruft Samuel nach) Das ſag ich dir: wenn die Notarien hübſcher ſind als du, ſo heurath' ich die, und dich nicht.

(Samuel ab.)

Sie=

Siebenter Auftritt.

Gurli. Liddy.

Liddy. Nun liebe Gurli, was möchtest du lieber seyn, meine Schwester oder meine Tochter?

Gurli. Gurli versteht dich nicht.

Liddy. Wenn du meinen Bruder heurathest, so sind wir Schwestern.

Gurli Recht! Gurli freut sich darüber.

Liddy. Gesetzt aber Liddy heurathet deinen Vater; so wird Gurli Liddys Tochter.

Gurli (sieht ihr einige Augenblicke zweifelhaft ins Gesicht) Liddy spaßt.

Liddy. Wer weiß! ich werde wohl Ernst machen, wenn ich nur dahinter kommen könnte, wer dein Vater eigentlich ist? Was meinst du? könntest du mir wohl aus dem Traume helfen?

Gurli. Pst! das darf Gurli nicht ausplaudern.

Liddy. Warum nicht? mir wohl.

Gurli. Nicht meinem Papagey, nicht meiner Katze, nicht dem Rosenstock in meinem Zimmer.

Liddy. Aber die Ursache?

Gurli. Der Vater hats verboten.

Liddy. Ist deines Vaters Verbot dir so heilig?

Gur-

Gurli. Er hat mir in seinem Leben nichts verboten, dieses ist das erstemal.

Liddy. (umarmt sie, gerührt) Braves Mädchen!

Gurli. Närrische Liddy!

Liddy. Da du so geheimnißvoll bist, so muß ich wohl meinen Schutzgeist zu Hilfe rufen.

Gurli. (ängstlich) Deinen Schutzgeist? hast du Einen? ach Liddy mir ist so bange.

Liddy. Sey ruhig, er ist ein Freund von guten Menschen.

Gurli. Ist er das? aber ist Gurli auch gewiß gut?

Liddy. Ja, ja, Gurli ist gewiß gut!

Gurli. Nun, was sagt dein Schutzgeist?

Liddy. (thut als ob sie auf etwas horche) Er sagt, dein Vater sey einst Nabob von Mysore gewesen.

Gurli. (schmiegt sich ängstlich an Liddy) Ach Liddy! Er hat wahrhaftig recht.

Liddy. (wie oben) Er sagt: Gurli werde mir das übrige erzählen.

Gurli. Sagt er das? Ja dann muß Gurli wohl erzählen.

Liddy. Aber ohne Furcht liebes Mädchen.

Gurli. So schick' ihn fort.

Liddy. (macht eine Bewegung mit der Hand.) Er gieng schon.

Gurli. Gewiß?

Liddy. Ganz gewiß.

Gur.

Gurli. Aber Gurli verſteht ſich ſchlecht aufs
erzählen, weiß nicht anzufangen, und nicht auf-
zuhören — Mein Vater war Nabob von Myſore, war gerecht und gut; ſie nannten ihn die
Quelle des Rechts, denn er beſtrafte den Der-
dar wie den Waſſerträger, bey ihm galt nicht
Anſehen der Kaſten (weinend.) und doch haben ſie
ihn aus ſeinem Vaterlande verjagt, und ſeine
Weiber und Kinder haben ſie todtgeſchlagen, und
mich haben ſie leben laſſen.

Liddy. Wer hat ihn verjagt und warum? |

Gurli. Sieh nur, mein Vater hat zween
Brüder, ein Paar häßliche garſtige Menſchen.
Ha! ha! ha! der Eine ſchielt und hat eine Naſe ſo lang, und der Andere einen Kopf, wie
ein ausgehöhlter Kürbis, worin die Gaukler
bey uns Schlangen ſtecken, ha! ha! ha! nun,
ſein Kopf war auch voller Schlangen. Der böſe Menſch! Liddy, es giebt recht böſe Menſchen
auf der Welt (mit der Fauſt drohend und mit dem
Fuße ſtampfend.) Wenn ich ihn hier hätte, ich
wollte mit meinen Nägeln mich in ſeine borſtige
Haare hängen! — Er wäre auch gerne Nabob
von Myſore geweſen, und der andere mit der
langen Naſe auch. Nun da ſchmiedeten ſie ein
garſtiges Bubenſtück zuſammen, nnd brachten
die Narls auf ihre Seite, und in einer Nacht
überfielen ſie unſer Haus — ach das war ein
Schrecken liebe Liddy! und ein Schreien, Win-
ſeln, Lermen — hu! mir ſchaudert noch, wenn
ich an jene Nacht denke! ich ſprang aus dem

M   Bett

Bette, war ganz von Sinnen — Ha! ha! ha!
meine goldene Halskette schlang ich um den Arm,
und meine Schürze wickelte ich um den Kopf
(weinend) mein armer Vater mußte fliehen, über
Stock und Stein in finsterer Nacht, und Gur=
li floh mit ihm. Gurli saß in einem Palankin,
der alte Musaffery half den Palankin tragen
(lachend) und weil das ungewohnte Arbeit war,
so fiel er alle Augenblicke in den Koth. End=
lich kamen wir an das Seeufer. Mein Vater
war still und finster, sprach kein Wort; (weinend)
Gurli mußte viel weinen um ihre arme Mutter
und Geschwister. — Wir stiegen auf ein eng=
lisches Schiff, der Schiffer war ein närrischer
lustiger Mensch. (lachend) Der machte Gurli viel
zu lachen. Wir fuhren viele Tage, viele Wo=
chen hinter einander, endlich wurde Gurli die
Zeit lang, und endlich und endlich kamen wir
hierher. Nun hab ich dir alles erzählet.

Liddy. Ich danke dir und will dein Ver=
trauen erwiedern: aber noch hast du mir nicht
meine erste Frage beantwortet: ob du lieber
meine Schwester, oder meine Tochter seyn
möchtest.

Gurli. Nun Gurli möchte lieber deine Schwe=
ster seyn.

Liddy. Warum?

Gurli. Weil Gurli schon eine Mutter hatte,
eine gute, gute Mutter! Gurli kann sich keine
bessere wünschen. Aber eine Schwester hat Gur=
li noch nicht gehabt,

Lid=

Liddy. Nun ſo wollen wir als Schweſtern zuſammen leben, Gurli ich heurathe deinen Vater.

Gurli. Nein Liddy, ſpaß nicht mit Gurli.

Liddy. Ich ſpaſſe nicht. Eben gieng er von mir, und Gott war der Zeuge unſers wechſelſeitigen Bundes.

Gurli. Wirklich! ha! ha! ha! (ſie hüpft herum, ſchlägt Schnipgen mit beiden Händen und ſingt dazu, nach einer ſelbſt beliebigen Melodie) Das iſt mir lieb! das iſt mir lieb! ich freue mich! —— Liddy, ich muß dich küſſen! (ſie nimmt ſie mit beiden Händen beim Kopf und giebt ihr einen derben Schmatz.)

Liddy. Glückliches Mädchen! lehre mich ein Kind zu bleiben, wie du.

Gurli. Alſo weiß mein Vater ſchon, daß du ihn heurathen willſt?

Liddy. (lachend) Freilich weiß er es.

Gurli. Schade! ich wollte er wüßte es noch nicht. Gurli hätte es ihm ſo gerne zuerſt geſagt.

Liddy. Aber daß du meinen Bruder heurathen willſt, das weiß er noch nicht.

Gurli Nun das wird er zeitig genug erfahren.

Achter Auftritt.
Jack. Die Vorigen.

Liddy. (als ſie ihn erblickt, mit einem Schrei des Erſtaunens und der Freude) Ach! Jack! wo haſt du deinen Herrn?

Jack. (immer sehr ehrbar und trocken) So eben hat man uns in den Hafen gelootset.

Liddy. (ausser sich) Gurli! Gurli! Freue dich mit mir! Bruder Robert ist gekommen! — Vater! Mutter! Bruder Robert ist gekommen.
(sie läuft hinein)

Gurli. (herumhüpfend) Allerliebst! allerliebst! Bruder Robert ist gekommen! — Hör' doch, wer ist Bruder Robert? —

Jack. Sir Robert und Miß Liddy sind mit einander von einem Stapel gelaufen, er ist ihr Bruder.

Gurli. Er ist ihr Bruder? Allerliebst! und Liddy freut sich so sehr! und Gurli freut sich auch mit, wenn Liddy sich freut. Komm her du garstiger Mensch! für die gute Nachricht muß ich dich küssen (sie küßt den verwunderten Bootsknecht, dreht sich um, und indem sie in ihr Zimmer hüpft) Bruder Robert ist gekommen. Bruder Robert ist gekommen. (ab)

Jack. Ich will verdammt seyn, wenns bei der nicht nicht im Oberlose spukt. An Verstand scheint sie nicht schwer geladen zu haben. Aus all den glatten Weibergesichtern mach ich mir so viel, als aus einem aufgetriefelten Taue. Ich wollte: wir stächen wieder in die See. Was wollen wir auch hier bei den verzweifelten Landratzen! Der Alte ist gut genug; aber seine Stepen sind ein bissel hinfällig. Gott weiß wie lange er noch vor dem Winde herumtreibt. Und die Mutter ist wie ein Orcan; stürmt nie aus
el-

einer Gegend, läuft um alle Punkte des Kompaſſes herum.

Neunter Auftritt.

Sir John, welchen Liddy auf ſeinem Stuhl
herausrollt, und Jack.

S. John. Willkommen im Hafen! alter
treuer Jack!

Jack. Gott grüß euch Sir, wie ſtehts?

S. John. Nicht zum beſten lieber Jack.

Jack. Ja, ja, der alte Rumpf fängt an
zu knacken, ihr müßt euch, wie ich ſehe, ſchon
hoogſteren laſſen.

S. John. Aber dießmal iſt die Freude Herr
über den Schmerz. Was macht mein Sohn?

Jack. Er ſegelt hinter mir drein. Ich denke, er muß hier ſeyn, ehe einer noch die Quer-
reifen in der Beeſamsmaſtwand zählen kann.

S. John. Nun, ehrliches Blut, erzähl
mir unterdeſſen etwas von deiner Reiſe. Hernach ſoll man dir und deinen Kammeraden ein
Faß ſtark Bier heraus hiſſen.

Jack. Obligirt. Wir lichteten die Anker be
ſchmuckem Wetter und günſtigem Südſüdoſt
Der Wind ſprang ein paarmal um, aber wir
ſind Gott ſey Dank! nie aus dem Fahrwaſſer
gekommen.

S. John. Habt ihr auch nicht umsonst Wind und Wetter getrotzt? Habt ihr was vor euch gebracht? Sind eure Beutel brav gefüllt?

Jack. Mein Seel! unsere Beutel sind so leer, daß man sie statt der Wimpel brauchen könnte.

S. John. O weh! ihr nahmt doch eine feine Ladung mit.

Jack. Das denk ich! Eine schmucke Ladung. Auch mochten wir wohl ein fünftausend Pfund dabei gewonnen haben, aber ich will verdammt seyn, wenn noch ein Schilling davon in unserer Tasche ist.

S. John. Unmöglich! Sollte Robert, uneingedenk der Noth seines alten Vaters, alles wieder verschwendet haben?

Jack. Versündigt euch nicht an eurem Sohn, Sir. Nie hat ein ehrlicheres Blut Zwieback gekaut, das will ich behaupten. Ihr sollt wissen, daß wir auf unserer Rückfahrt ungefähr 200 Seemeilen westwärts von den Kanarischen Inseln steuerten, als wir eines Morgens früh in der Fern ein Dings in der See erblickten, aus dem wir nicht klug werden konnten. Nicht lange so hörten wir ein paar Platzbüchsen knallen, und sahen ein Stück Segeltuch flattern. Holla! rief der Kapitän, das mögen wohl Nothsignale seyn, und bei meiner armen Seele! so wars auch. Wir zogen die Toppmants ein, und segelten beim Winde, bis das Dings näher kam, Sir ich bin ein harter Bursche, aber (indem er sich die Augen wischt) ich will verdammt seyn, wenn

mein

mein Boogſpriet da oben ſich nicht noch immer
mit Spritzwaſſer netzt, ſo oft ich dran denken
thue. Ein kleines lumpichtes Boot, da lagen 23
ausgehungerte Menſchen drein, die in fünf Tagen keinen biſſen Zwieback zwiſchen die Zähne genommen hatten. Ihr Schiff war mitten auf der
See in Brand gerathen, ſie hatten ſich mit Müh
und Angſt ins Boot ſalvirt, und trieben nun
ſo auf gut Glück vor dem Winde herum. Noch
24 Stunden länger, ſo wars um die armen
Teufels geſchehen. Der Kapitän, ein feiner Mann,
ein Holländer, hatte auſſer dem Leben und ſeiner
ſeemänniſchen Ehre, alles verlohren, und da-
heim ſaß ein junges Weib mit drei kleinen Kindern, die hatten nichts zu beißen, nichts zu bro-
cken. Wenn er davon ſprach, ſo pumpte er hel-
les Waſſer aus beiden Lücken heraus. Das konnte mein Herr nicht mit anſehen. Kamerad ſprach
er zu ihm: ich habe weder Weib noch Kind, da
ſind 5000 Pfund, nehmt den Bettel hin! und
ſomit ſetzt er ihn mit ſamt ſeinen Leuten im erſten Hafen ans Land.

S. John. That er das? nun dafür wolle
Gott ihn ſegnen! und ſo freue ich mich, daß er
nichts mitgebracht hat, und will gern meinen
letzten Biſſen mit ihm theilen.

Liddy. Guter, braver Bruder! Hab ichs
nicht immer geſagt Vater: der Robert wird einſt
der Stolz Ihres Alters werden?

S. John. Der Stolz und die Freude meines Alters.

Liddy Ach! da ist er!

Zehnter Auftritt.

Robert. Die Vorigen.

(Liddy fliegt ihm in die Arme.)

Robert. (sie an sein Herz drückend) Meine gute Liddy!

S. John. (indem er sich bemüht ihm mit seinem Stuhle entgegen zu rutschen) Verdammtes Podagra! Jack hilf mir! Heda! Bursche! der Vater ist auch da!

Robert. (ihn ein wenig ungestüm umarmend) Bester Vater!

S. John Au weh! du Wetterjunge! weißt du nicht, daß ich das Podagra habe? — Nu, nu, es ist schon vorüber; komm, komm! — da dieser Kuß, und dieser Händedruck sind Zeichen meiner Freude über deine Ankunft; und dieser Segen (indem er die Hand auf ihn legt sey Lohn deiner edlen That.

Robert. Welcher, mein Vater?

Liddy. O wir wissen schon alles.

Robert. (unwillig zu Jack) Hat Jack einmal wieder alten Weiberschnak vom Stapel laufen lassen?

Jack.

Jack. Mein Seel Herr! nehmt mirs nicht übel, das Maul wurd mir flott.

S. John. Herein! Herein! ihr beiden rüſtigen Burſche! die Mutter iſt hinten in ihrer Kammer und hält Betſtunde. Die wird denn doch auch einmal ein freundlich Geſicht machen (indem er mit ſeinem Stuhl rutſcht) Fort! fort! helft dem armen alten Sünder, daß er vorwärts kommt!

Jack. Ich will mich in die Arrieregarde ſtationiren. (Er ſchiebt hinten. Alle drei ab.)

Eilfter Auftritt.

Liddy (allein.)

Wie iſt mir? Ach! es iſt mir wunderlich zu Muthe! Ich hatte nicht das Herz zu fragen, wo er bleibt? — Iſt er wieder mitgekommen? oder hat man ihn in Weſtindien gelaſſen? oder iſt er krank? oder todt? — ach! — was geht das mich an? — was hab ich darnach zu fragen? — Das Schickſal will mich prüfen, ob mirs auch rechter Ernſt iſt, die erſte Neigung meines Herzens der kindlichen Liebe aufzuopfern. Mir ſchien das ſo leicht — ach! es iſt nicht ſo leicht, als ich dachte. Nun, um ſo rühmlicher iſt der Sieg. — Aber ſeine Freundinn darf ich doch bleiben — wiſſen möcht ich doch, was aus ihm geworden — der Wunſch iſt nicht ſtrafbar. Wenn Jack herauskommt, werd ich ihn fragen.

M 5 Zwölf-

Zwölfter Auftritt.

Fazir. Liddy.

Fazir. (Fliegt auf Liddy zu, und ergreift ihre Hand) Da ist sie! da ist sie! ach liebe Miß! Fazir ist wieder da, und freut sich, und freut sich — gute, liebe Miß, Fazir kann das nicht so mit Worten ausdrücken, als er gern wollte. Sind sie immer gesund gewesen? sind Sie immer froh gewesen? haben Sie auch zuweilen an den armen Fazir gedacht?

Liddy. (sehr verwirrt.) Recht oft — nur heute nicht.

Fazir. Das hat mein guter Geist wohl gewußt, drum blies er mit vollen Backen unsere Segel auf, husch! husch! sind wir da, und nun liebe Liddy, **müssen** Sie wohl an mich denken. — Aber Sie freuen sich gar nicht, mich wieder zu sehen. Sie sollten sich eben nicht so freuen, wie ich mich freue; aber doch ein wenig, ein klein, klein wenig, denn ich bin Ihnen so gut.

Liddy. (bewegt, reicht ihm die Hand.) Gewiß, ich freue mich.

Fazir. (ihre Hand mit Innbrunst küssend.) Gewiß habe ich es verdient, daß sie mir auch ein wenig gut sind, ich habe immer und immer so viel an Sie gedacht, und an nichts gedacht als an Sie. Wenn die Sonne herauf stieg aus dem Meere, dann breitete ich meine Arme aus und betete — ich glaubte für mich zu beten, und

ich

ich betete für Liddy. Wenn die See spiegelglatt
war und sanft, dann sucht ich Liddys Bild darin — und ich fand es auch — denn ich fand
es allenthalben, wo ich es suchte — ach! und
ich fand es auch wohl ohne es zu suchen.

Liddy. (wendet sich und wischt sich eine Thräne
aus den Augen.) Bild meines armen kranken Vaters! unterstütze mich in dieser Stunde!

Fazir. Und als endlich die Küste von England in blauer Ferne vor uns lag — ach Liddy! hätten Sie da den närrischen Fazir gesehen,
wie er sich freute! Es war gestern Abend. Die
ganze Nacht mußte ich auf dem Verdeck herum
tanzen, und als der Morgen dämmerte, da kam
ein Vogel vom Lande hergeflogen, und sezte sich
auf unsern Mast; ich rief ihm zu, ich lockte
ihm, ich pfiff ihm, ich hätt ihn küssen mögen!
Vielleicht, dacht ich, ist Liddy gestern spazieren
gegangen, und dieser Vogel hat ihr was vorge-
sungen.

Liddy. (bey Seite.) Nein, ich muß das en-
digen, es wird zu viel für mein armes Herz —
(stockend.) Wissen Sie auch schon Fazir — daß
ich Braut bin?

Fazir. (sehr erschrocken, antwortet mit einem langen) So? (Eine lange Pause — Liddy schlägt die Augen nieder, Fazir ihr die Hand reichend, sehr traurig.)
Leben Sie wohl, liebe Miß.

Liddy. Wo wollen Sie hin?

Fazir. Ich — ich will fort — auf die See
— in die See! — Leben Sie wohl, liebe Miß!

(Er

(Er hält ihre Hand, sie schweigt, eine Pause.)
Ja, ich will fort, — aber ich kann nicht —
wahrhaftig ich kann nicht (eine Pause.) Miß Liddy ist wirklich Braut?

Liddy. Wirklich.

Fazir. Wird die gute Liddy auch glücklich
seyn?

Liddy. Sie hofft es.

Fazir. Nun, Fazir wird nicht glücklich seyn!
aber das thut nichts, wenn nur Liddy glücklich
ist! — darf ich ihn wissen, den Mann, der Liddy's Herz gewonnen hat? — Nein, nein, ich
mag ihn nicht wissen, ich hasse Niemanden, er
hat mir ja nichts zu Leide gethan! — ach ja!
er hat mir sehr viel zu Leide gethan!

Liddy. (sehr gerührt, ihm ihren Mund zum Kuß
darreichend.) Bleiben Sie mein Freund!

Fazir. Ja liebe Miß, Fazir läßt sich für Sie
todtschlagen. — Ach! nun sind es anderthalb
Monate, da hatten wir einen starken Sturm;
mir war bange zu sterben, denn ich wollte Liddy
noch gerne wieder sehen. Ich war ein Narr,
mich vor dem Tode zu fürchten; es wäre besser
gewesen, ich hätte Liddy nicht wieder gesehen.

Liddy. Wollen Sie nicht meinen Vater und
meine Mutter besuchen?

Fazir. O ja Miß, wenn Sie befehlen. Ich
will alles thun, was Sie befehlen.

Liddy. (ihn bei der Hand ergreifend.) Kommen
Sie! Kommen Sie! es ist für uns beyde nicht
gut, daß wir hier so zusammen stehen, und über

Din-

Dinge plaudern, die nicht mehr zu ändern sind.
(Sie will ihn fortführen.)

Dreyzehnter Auftritt.

Mistriß Smith. Robert. Jack. Vorige.

M. Smith. Aber, mon fils, das ist gar nicht nobel von dir, daß du dein sauer erworbenes Eigenthum so liederlich dissipirt hast.

Robert. Um Vergebung, liebe Mutter, das ist das nobelste, was ich in meinem Leben gethan habe.

M. Smith. Wodurch willst du nun deinem Stand Ehre machen.

Robert. Durch meine Gesinnungen.

M. Smith. Recht mon fils, diese Phrase war nobel, (indem Sie Fazir erblickt.) Bon jour, Monsieur Fazir, je suis charmée de vous revoir en bonne santé. (zu Robert fortfahrend.) Aber man muß auch die Dehors nicht negligiren; die Sonne bleibt zwar immer Sonne, wenn sie gleich hinter einem Nebelschleyer sich cachirt; doch das Auge blendet sie nur dann, wenn sie mit all ihren Strahlen decorirt erscheinet. Was dünkt dir von dieser Allegorie?

Robert. Sehr schön liebe Mutter, aber ich bin keine Sonne, und will keines Menschen Auge blenden.

M. Smith. So wünscht' ich zum mindesten, du hättest ihren Strahlen einige Wärme abgeborgt

borgt. Du ignorirst nicht, daß in diesem Hause
der Mangel herrscht, daß wir auf deine gesegne=
te Rückkunft mit Schmerzen harrten;

Robert. (die Achsel zuckend.) Mein Seel! das
thut mir Leid! Aber wäre ich in jenem Augen=
blick Herr einer Million gewesen, bis auf den
letzten Schilling wäre Sie aus meiner Tasche ge=
flogen.

Liddy. Liebe Mutter, unser Mangel wird
in Kurzem verschwinden, wenn Sie ihre Ein=
willigung und ihren Segen mir nicht versagen
wollen.

M. Smith. Segen so viel du willst; aber
Einwilligung — wozu? wenn es mit der Ehre
compatible ist —

Liddy. Ich denke. Unser Miethmann hat
um meine Hand geworben;

M. Smith. (in einem erhabenen spöttischen Ton.)
So?

Liddy. Er ist ein braver Mann.

M. Smith. So?

Liddy. Reich.

M. Smith. So?

Robert, (Liddy die Hand reichend.) Ich wün=
sche dir Glück dazu; von Herzen.

Fazir. (mit einem Seufzer.) Auch ich, liebe
Miß.

Jack. (mit einem Kratzfuß.) Immer schmuckes
Wetter, und guten Wind auf die Farth!

M. Smith. Nicht so eilig, wenn ich bit=
ten darf. Liddy, du kennst meine Sentiments.

Lid=

Liddy. Ich kenne Sie, aber wenn ich Ihnen beweise, liebste Mutter, daß seine Herkunft ohne Tadel ist? —

M. Smith. Das würde dem Ding eine andere Tournüre geben.

Liddy. Sie sollen es bald aus seinem eigenen Munde hören, er versprach in wenig Minuten Ihnen seine Aufwartung zu machen.

M. Smith. Versprach er das? So müssen wir uns wohl ein wenig auf seinen Empfang vorbereiten. Geschwind Liddy, ehe er uns hier im Vorsaal überrascht. Aber das sag ich dir: deine Mutter ist eine Kennerinn. An der Art, sich bey einer so delicaten Affaire zu benehmen, werde ich sogleich den homme de qualité zu unterscheiden wissen. Folg mir!

(ab mit Liddy.)

Vierzehnter Auftritt.

Robert. Fazir. Jack.

Robert. Sie läßt mir nicht einmal Zeit meine Schwester um den Namen ihres Bräutigams zu fragen.

Jack. Er wird sich doch wohl nicht schämen seine Flagge sehen zu lassen.

Fazir. Er muß ein guter Mann seyn, weil Liddy ihn liebt.

Robert. Auch mein Bruder Samuel schmiegt seinen vorsichtigen Hals in das Joch des Ehestan

ſtandes? Hm! Soll ich denn allein durch die
Welt ſegeln? was meinſt du Jack!

Jack. Ich rathe Sir, Ihr laßt das Heurathen bleiben. Wer an einem Weibe ankert, der
liegt auf einem verdammt ſchlimmen Grunde,
und kann am Ende das Kabeltau nicht lichten,
ſollt' es ihm auch das Leben koſten. Ein kleiner
Abſtecher zuweilen, iſt gut; aber zur Lebensreiſe muß man ſich mit keinem Weibe einſchiffen,
man geht beym erſten Unwetter zu Grunde.

Robert. Denkſt du auch ſo Fazir?

Fazir. Ich denk, es ſey am beſten zu ſterben.

Robert. Zu ſterben? Biſt du toll? Jack!
was ſicht unſern jungen Kameraden an?

Jack. Ich denk, er mag wohl eine ſchwere
Liebesfracht geladen haben.

Robert. Errathen, Fazir?

Fazir. Guter Robert! ja ich liebe.

Robert. Was zum Teufel! wir ſind ja kaum
ein paar Stunden in dem Hafen! du fängſt verdammt ſchnell Feuer.

Fazir. O ich liebte ehe wir noch abreiſten.

Robert. Und haſt mir nie ein Wörtchen davon geſagt?

Fazir. Ich liebte ſo heimlich im Stillen, du
hätteſt mich doch nicht verſtanden.

Robert. Höre Schatz, das war dumm! wenn
wir ſo zuweilen bey Windſtillen auf dem Verdeck
im warmen Sonnenſcheine lagen, und das Schiff
wie angenagelt auf einem Fleck ſtand; dann hätteſt

test du mir wohl erzählen mögen, wie der Sturm
in deinem Herzen wüthe. Oder wie! Hat Ro=
bert dein Vertrauen nicht verdient? Bin ich nicht
der einzige, der um das Geheimniß deines Stan=
des weiß? und hab' ich dich verrathen?

Fazir. (an seinem Halse.) Vergieb mir Bru=
der! es ist nicht Undankbarkeit! wahrlich! Du
hast mich von dem Tode errettet, hast einst mit
Gefahr deines eignen Lebens der Grausamkeit mei=
ner Verfolger mich entrissen. Ich werde das nie
vergessen, gewiß! ich bin nicht undankbar!

Robert. Schon gut! schon gut! es war mein
Wille nicht, einen Dank von dir zu erpressen.
Freundschaftliches Vertrauen such' ich. Wer ist
dein Mädchen?

Fazir. Mein Mädchen? Ach nein! Das
Mädchen das ich liebe heißt Liddy.

Robert. Liddy? zum Teufel! meine Schwe=
ster?

Fazir. Ja, Sie ists.

Robert. Armer Junge! nun versteh' ich wa=
rum du sterben willst. Du hast dich wohl recht
herzlich aufs Wiedersehen gefreut, und findest
Sie als Braut — pfui! das ist ein schlimmer
Handel. Uns beyden, wie ich merke, ist der Eh=
standswind nicht günstig. Laß uns noch eine
Weile herum kreuzen und statt der Liebe die Freund=
schaft zum Kompaß nehmen. Du sollst mein Fokmast
seyn, und Jack da mein Besansmast. So denk ich
noch durch manchen rauhen Wind mit euch zu se=

N   geln,

geln; aber wenn ihr mich verlaßt, so liegt all
meine Tackelage darnieder.

Jack. Wenn ich jemals euch verlasse, so sollt
ihr mich kielhohlen lassen.

Robert. (zu Fazir.) Munter, braver Junge!
säubere dein Boogspriet vom Spritzwasser und
winde all deine Kourage auf. Kommt Bursche!
Hier im Hause ist das Wetter trübe geworden;
wir wollen in der nächsten Taverne zusammen
speisen, und die Gläser auf Libby's Wohlergehen
leeren.

Fazir. Ja, auf Libby's Wohlergehen!
Kommt.

Ende des zweiten Aufzugs.

Dritter Aufzug.

Erster Auftritt.

Die beyden Notarien Mäster Strussel, und
Mäster Staff komplimentiren sich noch in
der Thüre miteinander.

M. Struss.

Unvermuthete Freude!

M.

M. Staff. Angenehme Ueberraſchung.

M. Struſſ. Mäſter Staff auf meinem Wege anzutreffen.

M. Staff. Mäſter Struſſel hier zu finden.

M. Struſſ. Bitte hinein zu ſpaʒieren.

M. Staff. Wird nicht geſchehen.

M. Struſſ. Muß geſchehen! Muß geſchehen!

M. Staff. Bin nicht ſo unhöflich, weiß
recht gut, daß der erſte Platz unter den Rechtsgelehrten meinem würdigen Freunde, Mäſter
Struſſel gebührt.

M. Struſſ. Späschen! Späschen! Doch
wozu die Umſtände unter einem Paar ſolcher Herzensfreunde! (Er zieht ihn mit ſich herein.)

M. Staff. Ja wohl Herzensfreunde! (Sie
ſchütteln ſich wechſelſeitig die Hände und ſagen beyde zugleich bey Seite.) Hohl dich der Teufel!

M. Struſſ. Wie ſtehts zu Hauſe? Alles
noch wohl auf?

M. Staff. Zu Befehl! So oft ich heim komme, fragt man mich: ob ich meinen vortreflichen
Freund Mäſter Struſſel nicht geſehen habe? Und
wie ſtehts bey Ihnen? was macht Jacobchen
mein kleiner Pathe?

M. Struſſ. Ein ſpaßhafter Schäker! ich
predige ihm täglich vor, daß er ſich nach meinem
vortrefflichen Pathen dem Mäſter Staff bilden ſoll.
(beyde machen Bewegungen gegen einander; bey Seite.)
Der Eſel!

N 2   M.

M. Staff. (bey Seite.) Der Ochse.

M. Struß. (bey Seite.) Was will er hier?

M. Staff. (bey Seite.) Welcher Teufel hat ihn her geführt?

M. Struß. Mein lieber Herr Mitbruder hat vermuthlich Geschäffte hier.

M. Staff. Errathen! Und mit meinem werthen Herrn Collegen wird sichs wohl gleichergestalt verhalten?

M. Struß. Zu dienen. Darf man so kühn seyn zu fragen welche Art von Geschäfften —

M. Staff. Eine Kleinigkeit; ein Ehecontrakt.

M. Struß. (dem der Kamm zu schwellen beginnt) So? ein Ehecontrakt? Ey! Ey! Späschen! ich bin aus der nämlichen Ursache hier.

M. Staff. Ey! Ey! So ist ja dieses Haus recht gesegnet? Mich hat der Herr Zollinspektor Samuel Smith herbeschieden.

M. Struß. Ey! Ey! der nämliche hat auch mich bestellt.

M. Staff. Ey! Ey! Kurios! und kaum glaublich.

M. Struß. (hitzig.) Glaublich oder nicht, Müster Staff, aber doch wahr.

M. Staff. Sie werden sich irren Herr Confrater!

M. Struß. Ich irre mich nie, Herr Confrater! und ein für allemal, Herr Confrater! Sie sind ein gewissenloser Mann, der nur drauf ausgeht, seinem Nebenmenschen das Brod wegzuschnappen.

M.

M. Staff. Wie Herr Confrater, Sie unterſtehen ſich?

M. Struff. Ja Herr Confrater, ich unterſtehe mich.

M. Staff. Es wird Ihnen übel bekommen, Herr Confrater!

M. Struff. Das wollen wir ſehen, Herr Confrater!

M. Staff. Sie werden am beſten thun, Herr Confrater, wenn Sie wieder dahin gehen wo Sie hergekommen ſind.

M. Struff. Und Sie werden am beſten thun, wenn Sie zum Teufel gehen!

M. Staff. Da müßte ich Sie nach Hauſe begleiten.

M. Struff. Ich würde mich ſchämen, mit Ihnen über die Straſſe zu gehen.

M. Staff. Die Leute würden ſich wundern, Sie doch auch einmal in honneter Geſellſchaft zu ſehen.

M. Struff. In honetter Geſellſchaft bin ich immer, wenn ich nicht in der Ihrigen bin.

M. Staff. Herr Sie werden grob.

M. Struff. Und Sie ſind es ſchon.

M. Staff. Wenn Sie nicht bald gelindere Saiten aufſpannen, ſo werde ich Ihnen meine Fauſt zu fühlen geben.

M. Struff. Immer her damit! ich habe ſchon lange gewünſcht mich einmal mit ſolch einem Windhunde zu baxen.

M.

M. Staff. Vortreflich! obgleich es mir nicht
viel Ehre machen wird ein solches Mastschwein
unter die Füße zu treten.

(Beyde werfen ihre Oberkleider und Perücken ab, und
setzen sich in Positur zweyer Faustkämpfer.)

Zweyter Auftritt.

Der Visitator. Die Vorigen.

Visitator. (sogleich zwischen Sie springend.)
Geschwinde! geschwinde! was zum Henker! mei-
ne Herren! ich glaube, Sie wollen sich in aller
Eil ein wenig baxen:

M. Struss. (auf M. Staff zeigend.) Sie sind
der Schutzengel dieses Menschen.

M. Staff. (auf M. Strussel zeigend.) Ihnen
verdankter sein Leben.

(Sie holen ihre Kleider und Perücken wieder hervor.)

M. Struss. Aber wir finden uns wieder,
Mäster Staff.

M. Staff. Ja, ja, wir werden uns finden Mäster Strussel!

Visitator. Wollen Sie nicht die Güte haben mir zu entdecken, warum Sie gesonnen waren, sich hier in aller Geschwindigkeit die Hälse
zu brechen?

M. Struss. u. M. Staff. (beyde aus vol-
lem Halse schreyend.) Der Eine. Er behauptet
Sir Samuel Smith habe ihn herbestellt wegen
eines Ehekontrakts, den er doch nur mir allein
auf-

aufgetragen auszufertigen, und in allen seinen Punkten wohl zu verklausuliren.

Der Andere. Er ist so unverschämt zu behaupten, man habe seiner ungeübten Feder einen Ehecontrakt anvertraut, dessen Hauptinnhalt Sir Samuel Smith vor wenig Stunden mir in die Feder dictieret.

Visitator. (sich beyde Ohren zustopfend.) Oh weh meine Herren, o weh! das Trommelfell wird mir platzen.

Dritter Auftritt.

Samuel. Die Vorigen.

(Beyde Notarien auf Samuel zustürzend.) Hier ist der Contrakt, Sir!

Samuel. Vorsichtig! meine Herren! vorsichtig! Sie werden mich über den Haufen rennen.

M. Struff. Erscheine ich nicht allhier auf Ihrem Befehl?

Samuel. Ja wohl.

M. Staff. Haben Sie mich nicht herbestellt?

Samuel. Ja wohl.

M. Struff. Haben Sie mir nicht aufgetragen, einen Ehecontrakt für Sie auszufertigen?

Samuel. Ja wohl.

M. Staff. Sollt' ich nicht einen Ehecontrakt für Sie mitbringen?

Samuel. Ja wohl.

M. Struff. Nun Mäster Staff?

M. Staff. Nun Mäster Strussel?

M. Struff. Aber darf man fragen, Sir, warum Sie zween der berühmtesten Rechtsgelehrten in einer Sache bemühen, wo allenfalls auch ein halber hinlänglich gewesen wäre?

Samuel. Warum? Hätte denn nicht einem von Ihnen ein Unfall zustoßen können, der ihn gehindert hätte zu der bestimmten Zeit zu erscheinen?

M. Staff. Nicht weislich Sir, nicht weislich! Sie hätten dadurch beynahe einen blutigen Streit zwischen mir und meinem würdigen Confrater, dem Mäster Strussel veranlaßt.

M. Strussel. Sehr unbedachtsam Sir, ein paar alte Herzensfreunde so um nichts und wieder nichts in Harnisch zu jagen.

M. Staff. Wenn wir uns beyde nicht so sehr liebten —

M. Struff. Und so sehr hochschätzten — (beyde sich die Hände reichend.) Hä! hä! hä! es bleibt doch beym Alten?

M. Staff. Unsere Freundschaft ist felsenfest!

Visitator. Eilig gezankt und schleunig wieder vertragen. Eine solche Geschwindigkeit ist lobenswerth,

Samuel. Wo sind die Contrakte.

Beyde. Hier!

Samuel. Ich ersuche Sie, langsam und deutlich zu lesen.

M. Struff. Lesen Sie Mäster Staff.

M.

M. Staff. Ich bitte Meiſter Struſſel leſen Sie.

M. Struſſel. Bewahre der Himmel! ich kenne meine Pflicht.

M. Staff. Und ich die meinige.

M. Struſſel. Wozu die Umſtände, ein paar berühmte Männer wie wir, können einen Ehecontrakt doch nur auf einerley Manier ausfertigen, es iſt alſo gleich viel, welcher von uns beyden lieſt.

M. Staff. Eben deswegen.

M. Struſſ. Nun wenn Sie durchaus befehlen. (Er zieht ſeine Brille hervor und lieſt.) Kund und zu wiſſen ſey hiermit einem jeden, dem es zu wiſſen nöthig —

M. Staff. (Welcher ſein eignes Manuſcript zu Rathe zieht.) Mit Erlaubniß, Herr Confrater, es muß heißen: Kund und zu wiſſen ſey hiermit einem jeden dem daran gelegen —

M. Struſſ. (auffahrend.) Wie ſo Herr Confrater!

M. Staff. Weil der mögliche Fall eintreten kann, daß es Manchem ſehr nöthig zu wiſſen, dem jedoch gar nichts daran gelegen. Umgekehrt hingegen, kann niemanden daran gelegen ſeyn, dem es nicht auch nöthig ſeyn ſollte zu wiſſen.

M. Struſſ. Eine ſehr feine Diſtinction.

M. Staff. (eben ſo.) Freylich nicht für jedermanns Gehirn.

M. Struſſ. Sie ſind ein Ignorant Herr Confrater.

M. Staff. Wie! was! ich ein Ignorant? Wenn ich meine Gelehrsamkeit unter 99 Menschen theile, so sind sie alle so gelehrt, als Mäster Strussel.

M. Struss. Ja, wenn Sie es vorher schon waren.

Samuel. Um Verzeihung Mäster Strussel, ich glaube Mäster Staff hat Recht.

M. Struss. Wie? Er hat Recht?

Samuel. Die Vorsicht gebietet die allerbestimmtesten Ausdrücke zu wählen.

M. Struss. Sie sind ein Narr mit Ihrer Vorsicht.

M. Staff. Samuel und der Visitator zugleich. Ein Narr? Ein Narr? Er Grobian! pack er sich fort! Marsch! die Treppe hinunter! (Sie fallen alle drei über ihn her und transportiren ihn nach der Thür.)

M. Struss. (indem er hinausgeworfen wird) Und ich sage, es muß heißen: Kund und zu wissen sey hiermit einem Jeden dem es zu wissen nöthig.

Samuel. Nun Mäster Staff, nun werden wir ruhig, und mit gehöriger Vorsicht den Kontrakt untersuchen können. Lesen Sie!

M. Staff. (setzt die Brille auf und liest) Kund und zu wissen sey hiermit einem jeden, dem daran gelegen.

M. Struss. (steckt den Kopf durch die Thür) Einem jedem, dem es zu wissen nöthig!

Vi-

Viſitator. (ihn wegjagend) Geſchwinde! Geſchwinde! Fort! fort! fort!

Vierter Auftritt.

Kaberdar aus ſeinem Zimmer. **Die Vorigen.**

Kaberdar. Nein, länger iſt es nicht auszuhalten, darf ich fragen Sir, ob die böſen Geiſter ihr Spiel vor meiner Thüre treiben?

Viſitator. So eben haben wir ihn in der größten Geſchwindigkeit hinaus geworfen.

Kaberdar. Wen? den böſen Geiſt?

M. Staff. Ja wohl böſen Geiſt! Dämon! Cacodämon! Spiritus infernalis!

Samuel. Wir ſind hier verſammelt Sir, um wegen des Glücks Ihrer Tochter mit einander zu berathſchlagen.

Kaberdar. Was geht Sie das Glück meiner Tochter an?

Samuel. Antwort: ſehr viel. Miß Gurli fühlte, daß ſie einen vorſichtigen, ſeine Worte abwiegenden, und ſeine Schritte abmeſſenden Gefährten auf der ſchlüpfrigen Bahn dieſes Lebens vonnöthen habe: Ihre vernünftige, lobenswürdige, und untadelhafte Wahl, fiel auf mich, und es entſteht anjetzo nur noch die Frage: hat Gurlis Vater nichts gegen unſere Verbindung einzuwenden? Antwort?

Ka-

Kaberdar. (ſieht ihn ſtarr an, ſchüttelt den Kopf, kehrt ſich dann um, öffnet die Thür ſeines Zimmers und ruft) Gurli!

Gurli. (inwendig) Vater!

Kaberdar. Komm heraus!

Fünfter Auftritt.

Gurli. Die Vorigen.

Gurli. Was willſt du Vater? (ſie erblickt den Notarius) ha! ha! ha!

Kaberdar. Ernſthaft Gurli.

Gurli. (ſtreichelt ihm die Backen) Was beſiehlt mein Vater!

Kaberdar. (auf Samuel deutend) Willſt du dieſen Mann heurathen?

Gurli. Ich hab es Liddy verſprochen.

Kaberdar. Liebſt du ihn?

Gurli. Ich liebe Liddy.

Kaberdar. Aber Liddy wird nicht dein Gemahl, ſondern Er.

Gurli. Aber er iſt Liddys Bruder.

Kaberdar. (bei Seite) Das iſt ſein größtes Verdienſt.

Gurli. Und er wird immer wohnen wo du wohnſt, Vater, Gurli wird dich nie verlaſſen und Liddy wird auch da wohnen. Nicht wahr närriſcher Samuel?

Samuel. Antwort: ja!

Ka-

Raberdar. Du hoffeſt alſo glücklich mit ihm zu werden?

Gurli. Mit ihm allein nicht, aber mit ihm, mit dir und mit Liddy.

Raberdar. Nun Gott ſegne euch! ich habe nichts dagegen einzuwenden. (er umarmt ſeine Tochter und nachher Samuel, der ſich dabei mit vieler Feierlichkeit benimmt) Sir, Sie werden zugleich mein Sohn und mein Bruder.

Samuel. Doppelte Ehre! doppeltes Vergnügen! doppelte Zufriedenheit!

Raberdar. Wenn es nehmlich doppelt gelingt.

Samuel. Kein Zweifel. Wäre es Ihnen nun gefällig, den Kontrakt vorleſen zu laſſen?

Raberdar. Mir gleichviel, denn mich kann er nur in einem Punkte betreffen; in dem Punkte der Ausſteuer.

M. Staff. Da haben wir Platz gelaſſen (indem er ihm das Papier zeigt)

Raberdar. Und zwar ſo viel, daß man den Titel eines großen Königreichs mit allen Provinzen, die es beſitzt und nicht beſitzt, hinein ſchreiben könnte. Haben ſie mich für ſo reich gehalten Sir?

Samuel. Für ſehr reich und ſehr großmüthig.

Raberdar. Wirklich! dann muß ich ein ſeltner Menſch ſeyn, denn reich und großmüthig fand ich noch nie beiſammen. Doch jede Tugend kann ausarten, ſo auch die Großmuth,

Sie

Sie wissen Sir, ich stehe auf dem Sprunge, selbst wieder zu heurathen, und sehr möglich , daß einst noch ein Dußend Kinder Anspruch auf meine väterliche Großmuth machen.

(Samuel. (verlegen) Ja , ja.

(Visitator. Ey! ey!

(M Staff. Hm! hm!

Kaberdar. Wie viel halten Sie daher für nothwendig, um mit meiner Tochter nicht dürftig und nicht im Ueberflusse, nicht karg , und nicht verschwenderisch leben zu können?

Samuel. Je nun, in solchen Fällen muß man immer lieber zu viel, als zu wenig berechnen.

Kaberdar. Und wenn uns nun auf der Mittelstrasse eine Summe von zehntausend Pfund aufstiesse?

Samuel. (freundlich) Ach die würden wir nicht liegen lassen.

Visitator (dem Samuel ins Ohr) Geschwind zur Sache gethan! geschwinde!

M. Staff. Und die Zahl derselben in diesem leeren Platz einzuschalten.

Samuel. Uiberdies schmeichle ich mir mit einer geneigten Antwort auf folgende Frage: wenn der Himmel unsere Ehe mit Kindern segnet —

Gurli. Ha! ha! ha! Hör doch! bekommen wir denn auch Kinder?

Samuel. Ich hoffe es.

Gur-

Gurli. Da wird Gurli viel lachen müssen. Gurli hat noch nie Kinder gehabt.

M. Staff. Hora ruit: das heißt, die edle Zeit verstreicht. Wär es Ihnen gefällig durch die Unterschrift der Contrahenten diesem Kontrakt die gehörige Gültigkeit, Festigkeit und Unauflöslichkeit zu ertheilen?

Samuel. Wohl gesprochen. Geh er, mein lieber Visitator und beruf er meine Familie hieher. Sämtliche Personen müssen bei dieser Feierlichkeit gegenwärtig seyn. (Visitator ab) Noch eine Frage werden Sie gütigst erlauben: die Früchte, welche aus dieser Eheverbindung zu erwarten stehen, in welcher Religion sollen sie erzogen werden? Antwort? —

Raberdar. (ein wenig warm) Erziehen Sie sie, zu ehrlichen Männern, übrigens machen Sie mit ihnen was Sie wollen.

Sechster Auftritt.

Sir John. Mistriß Smith. Liddy. Visitator. Die Vorigen.

Visitator. Sie kommen, sie kommen.

M. Smith. (nachdem sie den Anwesenden eine nachläßige Verbeugung gemacht, schnell auf ihren Sohn zufahrend) Mon fils! du erblickst deine Mutter au desespoir! willst du der Barbar seyn, der Holzäpfel auf einen Pfirsichbaum pfropft?

Sa=

Samuel. (indem er sie zu sich zieht) Keine Rose ohne Dornen. (ihr geheimes Gespräch beginnt)

Gurli. (zu Liddy) Nun Schwesterchen, bist du mit Gurli zufrieden?

Liddy. Gurli ist ein gutes Mädchen.

S. John. (zu Kaberdar) Sir, Sie haben einen alten Mann in der Philosophie seines Lebens ganz irre gemacht. Hätte man mir gesagt, fahr hinaus auf die Landstraße, wo täglich tausende vorüber gehen, dort wirst du einen Schatz finden; wahrlich! ich hätte es eher geglaubt, als einen reichen Mann anzutreffen, der sich großmüthig mit einer heruntergekommenen Familie, ohne Rang und Vermögen verbinden will.

Kaberdar. O weh Sir! welch ein Land ist ihr Europa, wenn das, was Sie sagen, Ihr Ernst war? Bei uns brütet die warme Sonne nicht solchen Unsinn aus.

S. John. Ihre Hand Sir. Ich habe so lange den Druck von der Hand eines Biedermannes entbehrt. Sie sind mein Arzt, Sie gießen neue Kraft und neues Leben in die Adern eines Greises.

Kaberdar. Ich thue nichts umsonst, meine Belohnung ist eine Perle (indem er zärtlich nach Liddy blickt) wie weder Ceylon, noch das glückliche Arabien, weder Japan, noch die Margaretheninsel sie liefern. (er spricht mit Liddy)

Vi.

Viſitator. (zu Mäſt. Staff) Alles ſchon gut; aber dergleichen Dinge müſſen eilig und ſchleunig betrieben werden.

M. Staff. Ja wohl. Vor allen Dingen müſſen die Formalitäten beobachtet werden. Liebe, Dank, Glückſeligkeit und was dergleichen Schnickſchnack mehr iſt, findet ſich am Ende alles von ſelbſt.

Samuel. Aber liebe Mutter, wenn Sie auch aus ihrem Stammbaum ein Ragout machen laſſen, ſo legen wir uns doch jeden Abend hungrig zu Bette.

M. Smith. Ey mein Sohn! ich abandonnire dich! denn ich ſehe, verſchwendet ward die edle Muttermilch, die ich dir eingeflößt habe.

Gurli. (welche ſich hinter ſie geſchlichen, ſteckt den Kopf zwiſchen beide) Was ſchwazt ihr da ſo heimlich mit einander?

M. Smith. Eine feine Lebensart! nie werde ich es wagen dürfen, dieſes Geſchöpf in einen brillanten Zirkel einzuführen.

Kaberdar. (ein wenig empfindlich) Ich hoffe Madam, ſie werde einſt eine beſſere Figur im häuslichen Zirkel ihrer Kinder ſpielen.

M. Smith. (ſpöttiſch) Freylich, eine gute Hausmutter hat auch Verdienſt.

S. John. In jedem Stande. Davon iſt unſere Königinn ein erhabenes Beiſpiel.

Samuel. Wir verplaudern die edle Zeit.

Viſitator. Ja wohl! ja wohl!

Gurli. Nun ſo mach fort

O   M

M. Staff. Der Kontrakt ist zur Unterschrift bereit.

Samuel. Wohlan denn! hier ist Feder und Dinte (indem er das Papier zurecht legt) auf dieses Plätzchen wird Miß Gurli ihren Namen schreiben.

Gurli. Glaubst du, närrischer Mensch, Gurli verstünde nicht zu schreiben? Gieb her!

(sie nimmt die Feder)

Kaberdar: (unruhig) Noch einmal, meine Tochter, besinne dich wohl! das Glück deines Lebens hängt an einem einzigen Worte. Hast du einmal geschrieben, so ist dein Versprechen unwiderruflich.

Gurli. Lieber Vater, Gurli will immer drauf los schreiben, sieh nur, Libby sieht mich so wehmüthig an, und der alte Mann da scheint es auch zu wünschen, der alte Mann gefällt mir; er sieht so ehrlich aus.

Kaberdar. In Gottes Namen! es ist dein freier Wille, deines Vaters Segen, und — so Gott will — ein guter Engel sey mit dir!

(Gurli will schreiben)

Samuel. Halt! schöne Gurli! halt noch einen Augenblick! mir wird auf einmal so ängstlich. Ist denn auch gewiß nichts vergessen? keine Klugheitsregel? keine Klausul?

M. Staff. Nichts, nichts. Mßster Staff hat für alles gesorgt.

S.

S. John. Mein Sohn! dein Betragen verräth wenig zartes Gefühl.

M. Smith. Vielleicht sind es die Geister deiner Ahnen, welche dir in diesem entscheidenden Augenblick zuflüstern.

Samuel. Nicht doch ma chere Mere! (zu Kaberdar) die 10000 Pfund Sir, deren Sie gütigst zu erwähnen beliebten, werden doch gleich nach der Hochzeit ausbezahlt!

Kaberdar. (sehr kalt) Am Hochzeittage Sir.

Samuel. (zur Gurli) Nun so schreiben Sie schöne Gurli. (Gurli will schreiben) (Samuel) Aber doch halt! noch einen Augenblick! ich befinde mich wirklich in einer sonderbaren Lage. Man kann nicht vorsichtig genug zu Werke gehen. — Nur noch eine Frage Sir: werden die 10000 Pfund in Banknoten, oder in klingender Münze ausgezahlt? Antwort?

Kaberdar. (unwillig) Wie Sie wollen Sir! wie Sie selbst wollen.

Samuel. In klingender Münze denn, wenn es Ihnen so gefällig wäre.

Kaberdar. Recht gerne.

Samuel. Nun so schreiben Sie.

Gurli. (indem sie schreiben will) Närrischer Mensch! du machst mir Langeweile.

Samuel. Halt! halt! noch einen Augenblick!

Liddy. Bruder, du wirst unausstehlich.

Kaberdar. (zu Liddy) Sie sind sein Schutzengel.

Sa

Samuel. Es bleibt billig noch eine wichtige Frage zu erörtern übrig. Wenn einst der Vater meiner schönen Gurli Todes verfahren, und keine anderweitige Leibeserben hinterlassen sollte, so —

Kaberdar. So ist Gurli Erbinn meines ganzen Vermögens.

Samuel. (sehr freundlich) Unterthäniger Diener! alle Zweifel sind gehoben. Sir Samuel Smith faßt muthig und kühn einen raschen Entschluß. Schreiben Sie Gurli!

Gurli. Nun ich will schreiben. Wenn du aber noch einmal, halt! schreist; so werfe ich dir die Feder und das Dintenfaß an den Kopf.

S. John. Und das von Rechtswegen.

Samuel. Schreiben Sie! schreiben Sie!

(Indem Gurli die Feder eintaucht ihren Namen zu schreiben, treten)

Siebenter Auftritt.

Robert und Jack herein. Die Vorigen.

(Gurli läßt sogleich die Hand sinken und begafft Robert)

Robert. Pots tausend! große Gesellschaft!

Jack. Und Sirenen die Menge, wendet euer Schiff Sir.

Robert. Narr, ich bin kein Weiberscheu.

Samuel. Du kommſt eben recht Bruder, um deinen Namen als Zeuge unter meinen Ehekontrakt zu ſchreiben.

Robert. Herzlich gerne! viel Glück auf die Fahrt.

S. John. Robert! hier ſteht ein Biedermann, der künftig zu unſerer Familie gehören wird.

Robert. Das iſt mir lieb, Sir. Ich halte nichts von Komplimenten. Ihre Hand Sir (er ſchüttelt ſie) Ich bin Ihr Diener! und wenn es wahr iſt, daß Sie ein Biedermann ſind, ſo bin ich Ihr Freund.

Kaberdar. Freundſchaft iſt die Blüthe eines Augenblicks und die Frucht der Zeit.

Robert. Wahr! ſehr wahr! was vor der Zeit reift, ſchüttelt der erſte Wind herunter.

Gurli. (neugierig zu Liddy) Wer iſt der Menſch?

Liddy. Das iſt Bruder Robert.

Gurli. Bruder Robert? Ey! Bruder Robert gefällt mir.

Robert. Iſt das die Braut? Ich freue mich Ihrer Bekanntſchaft (er geht auf ſie zu) Erlauben Sie mir einen Kuß.

Gurli. Zehen wenn du willſt (ſie küßt ihn)

Samuel. Nun Miß ich bitte zu ſchreiben.

M. Staff. Die Formalitäten ziehen ſich in die Länge.

Samuel. (zu Gurli dringend) Iſts Ihnen gefällig?

Gurli. (ſchüttelt den Kopf)

D 3　　　　　　　M.

M. Smith. (halb in sich hinein) Dieß ist di langweiligste Verlobung, der ich jemals beige wohnt habe.

Gurli. (zu Liddy) Höre doch Liddy! Bru. der Robert gefällt mir besser als Bruder Sa. muel.

Liddy. Närrisches Mädchen!

Kaberdar. Gurli, du wirst kindisch.

Gurli. Sey nicht böse lieber Vater! Gurli hat ihren freien Willen.

Kaberdar. Den hat sie.

Gurli. Nun Liddy, gilt dirs gleich viel, ob Gurli deinen Bruder Samuel, oder deinen Bruder Robert heurathet?

Liddy. (lachend) Mir wohl, liebe Gurli, aber nicht Samuelen.

Gurli. Ach! was! der närrische Mensch! wer wird ihn fragen! (sie geht zu Robert) Lieber Bruder Robert, willst du wohl so gut seyn, Gurli zu heurathen?

Robert. (sehr erstaunt) Wie? was?

M. Staff. Ein sonderbarer Casus.

M. Smith. C'est unique.

Visitator. Unbegreiflich geschwind.

Samuel. Ich werde zu Stein.

S. John. (lächelnd zu Kaberdar) Einer meiner Söhne ist der Glückliche, mir gleich viel welcher.

Kaberdar. (bedeutend) Mir nicht gleich viel.

Gurli. Nun, du antwortest mir nicht?

Robert. Zum Henker was soll ich antworten?

Gur-

Gurli. Gefall ich dir nicht?

Robert. O ja.

Gurli. Nun du gefällſt mir auch. Du biſt ſo ein drolliger Menſch, ich ſeh dir gern in die Augen. Deine Augen ſprechen ſo, daß man immer antworten möchte, wenn man gleich nicht weiß was. Nun!

Robert. Miß ich kenne Sie gar nicht. Ich ſehe Sie heute zum erſtenmal in meinem Leben.

Gurli. Ja freilich, ich dich auch. Aber Gurli will dich gerne immer ſehen.

Liddy. Bruder auf meine Gefahr.

Robert. Zum Henker! Das Mädchen iſt allerliebſt, aber ich kann ſie doch nicht betrügen. Miß, ich bin ein armer Teufel, ich habe nichts als ein Schiff von 1200 Tonnen, damit laufe ich morgen in die weite See, und gehe vielleicht übermorgen zu Grunde.

Gurli. Du ſollſt nicht in die See laufen, du ſollſt bei Gurli bleiben.

Robert. Und mit Gurli hungern.

Kaberdar. Sir, dieſe Geſchichte iſt einzig in ihrer Art, und muß ſie ſonderbar überraſchen. Sie iſt meine Tochter; ein gutes Mädchen, ein Kind der Natur, ihr Brautſchatz 10000 Pf. Sterling. Weiter hab ich nichts dabei zu ſagen.

Robert. Sir, ich mache mir aus 10000 Pfund Sterling ſo viel, als aus einer verfaulten Planke; und ich wollte mich auch nicht gern von meiner Frau todt füttern laſſen.

D 4   Gur-

Gurli. Narr, ich will dich füttern, aber nicht todt füttern. Heurathe mich immer, es soll dich nicht gereuen. (sie streichelt ihm die Wangen) ich will dich so lieb haben, so lieb —

Robert. (lachend.) Ein närrischer Handel! Nun in Gottes Namen! ich bins zufrieden.

Gurli. (freudig.) Bist du? laß dich küssen!

Samuel. Robert ist das brüderlich gehandelt? mir mein Glück vor dem Munde wegzufangen?

Robert. Beim Teufel! nein! — Mein Miß, ich kann Sie nicht heyrathen.

Gurli. (traurig.) Nicht, warum denn nicht?

Robert. Mein Bruder hat ältere Ansprüche auf Sie.

Gurli. Dein Bruder ist ein Narr!

Samuel. Sachte Miß! haben Sie mir nicht hundertmal versprochen, mich zu heyrathen. Antwort? —

Gurli. Ob grade hundertmal, das weiß Gurli nicht; aber versprochen hab' ich es.

Samuel. Gut. Waren Sie nicht eben im Begriff den Contrakt zu unterschreiben? — Antwort? —

Gurli. Freylich war ich, aber nun will ich nicht mehr.

Samuel. Bruder, du hast gehört, wie die Sachen standen.

Robert. Das hab ich. Mein Miß, daraus wird nichts.

Gur.

Gurli. Aber ich will ihn nicht! ich will ihn nicht! ich will ihn nicht! Du närrischer Samuel, was willst du mit Gurli anfangen, Gurli will dich nicht haben.

Robert. Das gilt mir gleichviel. Miß; Sie mögen thun, was Ihnen beliebt, aber ich bin sein Bruder, und ich darf Sie, hohl mich der Teufel, nicht heurathen.

Gurli. Sag mir recht im Ernst: Gefall ich Dir?

Robert. Bey meiner armen Seele! du gefällst mir.

Gurli. Nun so mußt Du mich heyrathen! Liddy sag ihm das.

Liddy. Die Schwester kann nur rathen, und bitten, nicht befehlen.

Gurli. Wer kann ihm dann befehlen? (zu S. John.) Du bist sein Vater, besiehl ihm!

S. John. Weiß Gurli nicht von ihrem eignen Vater, daß man in solchen Fällen den Kindern gern ihren Willen läßt.

Gurli. Nun so bitt ihn! wenn mein Vater mich bittet, so thu ich alles, was er haben will. Ja, ja, Vaterchen, bitt' ihn! bitt' ihn! (indem sie um ihn herumhüpft und ihm die Wangen streichelt, stößt sie ihm von ohngefähr an] seinen podagrischen Fuß.)

S. John. (laut aufschreyend.) O weh! o weh! mein Bein! mein Bein! daß dich das Donnerwetter! o weh! weh!

Gur-

Gurli. (erschrocken und ängstlich.) Sey nicht böse! Gurli hats nicht gern gethan.

S. John. Liddy hilf mir fort! hilf mir aus dem Gedränge! Hier sind so viele Menschen um mich her! und es kömmt doch nichts zu Stande. Fort! fort!

Kaberdar. (zu Liddy.) Erlauben Sie, daß ich Sie begleite.

Liddy. Recht gern.

(Sie führen beide den Alten hinein.)

Achter Auftritt.

Mistriß Smith. Gurli. Robert. Jack. Samuel. Mäster Staff. Der Visitator.

Gurli. (sehr betrübt.) Ich habe dem armen alten Mann an seinen kranken Fuß gestoßen. Gurli hat es gewiß nicht mit Fleiß gethan.

M. Smith. Ha! Ha! Ha! Das denouement der Scene hat mich ein wenig amüsirt.

M. Staff. Dergleichen Sponsalia sind mir in praxi noch nicht aufgestoßen.

Visitator. Wenn man nicht eilig und schleunig andere Maaßregeln ergreift.

Robert. So wird aus der ganzen Sache nichts.

Jack. (zu Robert.) Ihr seyd ihm in der Quere aufs Thau gekommen, und habt ihm die Fahrt verschlagen.

Sa=

Samuel. Das Blut in meinen Adern iſt geronnen. In welches Labyrinth hab ich mich aus lauter Vorſicht verwickelt!

Gurli. (zu Robert.) Nun Sauertopf! haſt du dich beſonnen ob du Gurli heyrathen willſt?

Robert. Sie ſcheinen mir ein gutes Mädchen. Nicht wahr Sie lieben Liddy als ihre Schweſter?

Gurli. Ja das thut Gurli.

Robert. So ſetzen Sie einmal den Fall: Liddy wollte gern einen guten braven Mann heyrathen, und Sie nähmen Ihr den Mann ſo mir nichts dir nichts vor der Naſe weg. Könnten Sie das?

Gurli. Pfui! das könnte Gurli nimmermehr thun.

Robert. Und doch verlangen Sie von mir, daß ich meinem Bruder einen ſolchen Streich ſpielen ſoll.

Gurli. Liebſt du denn den närriſchen Samuel eben ſo ſtark, als ich die gute Liddy liebe?

Robert. (etwas ſtockend.) Er iſt mein leiblicher Bruder.

Gurli. Ach Gott! das iſt traurig. Gurli muß weinen. (ſie weint.)

Jack. Das Wetter fängt an ſchlecht zu werden, die See geht hohl.

M. Staff. Aus dem Vorgefallenen läßt ſich abſtrahiren und ominiren, daß mein Officium vor der Hand hier überflüſſig wird. Ich eil daher —

Sa-

Samuel. Warten Sie, warten Sie Mäster Staff!

M. Staff. Ey wozu? Jede meiner Stunden führt Gold im Munde. Die heutige Versäumniß stelle ich Ihnen unterdessen á Conto, und habe die Ehre mich der ganzen Gesellschaft bestens zu recommandiren. (ab.)

M. Smith. Ha! ha! ha! Das wäre also das Ende vom Liede. So gehts wenn man noble Denkungsart verläugnet.

(ab in ihr Zimmer.)

Samuel. (nach einer Pause.) Billig entsteht nunmehro die Frage: was ist anzufangen? Antwort: ich weiß nicht.

(er geht seiner Mutter nach.)

Jack. Die Luft wird klar Herr (auf den Visitator deutend, welcher neugierig stehen geblieben.) Aber da steht noch eine Wasserhose.

Robert. Richte dein Geschütz darauf.

Jack. (zum Visit.) Guter Freund! stellt einmal eure Takellage auf, und segelt zur Thür hinaus!

Visitator. Mein Freund! belieb er nur das Maul zu halten. Ich bin hier in Amtsgeschäften.

Robert. Amtsgeschäffte? Seit wann ist meines Vaters Haus zum Zollhaus geworden?

Visitator. Verstehn Sie mich recht, Sir! Es gehört mit zu meinen Amtsgeschäften, meinen werthen Principal den Mäster Samuel Smith mit Thätigkeit und Schnelligkeit zu bedienen.

So

So oft ich mich ein Viertelſtündchen, oder auch
nur ein Minutchen, oder auch nur ein Secund-
chen vom Zollhaus wegſtehlen kann, ſo oft eile
ich geſchwind, geſchwind hieher —

Robert. Und jetzt erſuche ich Sie mein Herr,
geſchwinde, geſchwinde von hier wegzueilen.

Viſitator. Wenn ich nur aber erfahren könnte warum?

Jack. Weil es mir dermalen in den Fäuſten
juckt und prickelt, als ſäße mir an jeder Finger-
ſpitze eine Wunde, die zuheilen will.

Viſitator. Nun ſo würden Sie es vielleicht
nicht übel nehmen, wenn ich mich Ihnen eiligſt
und ſchleunigſt empfehle?

Robert. Ganz und gar nicht. Je eiliger
Herr, deſto beſſer.

(Viſitator ab.)

Neunter Auftritt.

Gurli. Robert. Jack.

Jack. Was meint ihr Sir? ſoll nicht auch
der alte Jack drauſſen vor Anker legen, und warten bis ihr ihm ein Signal gebt?

Robert. Nein, du kannſt bleiben.

(Gurli hat während dieſer Zeit in einem Winkel ge-
ſtanden und geſchluchzt.)

Robert. Was fehlt Ihnen Miß?

Gurli. Ein Mann.

Ro-

Robert. So heyrathen Sie meinen Bruder Samuel.

Gurli. Den mag ich nicht! ich will Dich haben.

Robert. Warum denn gerade mich?

Gurli. Das weis Gurli selbst nicht. Du bist ein böser Mensch, du machst, daß ich weinen muß, und doch lieb ich dich. Sieh nur Bruder Robert, schon seit vielen Wochen war mirs immer, als ob mir etwas fehlte, und da sagte mein Vater, Gurli müsse einen Mann nehmen. Nun wollte Gurli das auch gerne thun, und da frug mein Vater, welchen Mann ich haben wollte? das war Gurli alles einerley. Aber seitdem Gur=li dich gesehen hat, ist's ihr nicht mehr einerley.

Robert. Beinah mir auch nicht.

Gurli. Heyrathe mich immer! ich will dich mehr lieben als meinen Papagey und meine Katze. Ich will dich streicheln, wie mein Kätzchen, und füttern wie meinen Papagey.

Robert. Von dir liebe Gurli, gestreichelt und gefüttert zu werden, ist freylich keine üble Aussicht in die Zukunft.

Gurli. O wie wollen wir so vergnügt zusammen leben, du und ich, mein Vater und mein Papagey, Liddy und meine Katze.

Robert. Ja, ja, wenn nur — verdamt! es kommt mir vor, als sey das nicht recht ehrlich gehandelt. Dein süßes Geschwätz wird mein Gewissen in den Schlaf singen. Höre Gurli, kannst du auch lügen?

Gur=

Gurli. Lügen? Was iſt das?

Robert. Anders reden als du denkſt.

Gurli. Ha! ha! ha! Nein, das kann Gurli nicht. Aber wenn dir ein Gefallen damit geſchieht, ſo will ichs lernen.

Robert. Bewahre der Himmel! ſage mir aufrichtig, wenn Bruder Robert dich nun durchaus nicht heyrathet, wirſt du dann doch noch den Bruder Samuel nehmen?

Gurli. Nimmermehr, nimmermehr wird Gurli den närriſchen Samuel heyrathen; Gurli kann ihn nun gar nicht mehr leiden.

Robert. Aber — aber beym Teufel! ſeinem Bruder ein Bein unterzuſchlagen iſt doch bübiſch! Jack, was meinſt du? darf ein ehrlicher Kerl mit gutem Gewiſſen die Priſe da wegkapern?

Jack. Ihr müßt am beſten wiſſen, wie tief eure Fregatte im Waſſer geht. Aber was euren Bruder betrift, Sir, da würde ich mir nicht ſo viel draus machen, als aus einem verſchimmelten Zwiebak. Der ſtrotzt auf dem Oberloof herum, mit ſchamerirten Wams, und allerhand Trararum, aber ich wollt es keinem braven Mädel rathen, ihn an Bord kommen zu laſſen.

Robert. Das denk' ich auch Jack. Das arme unſchuldige Mädel würd' eine garſtige Fahrt haben. — Topp Gurli! ich heyrathe dich.

Gurli. (an ſeinem Halſe.) Nun biſt du mein lieber Bruder Robert! nun wird Gurli wieder lachen, und hüpfen und ſpringen!

　　　　　　　　　　　Ro

Robert. Warte! nun bist du meine und da muß ich dir einen Ring schenken. freylich nicht viel werth, nur von Gold er bedeutet eben so viel, als der Pitt sers Königs Schatz. Da nimm!

Gurli. Was soll ich damit machen

Robert. Steck ihn an den Finge Das bedeutet, daß ich dich liebe.

Gurli. Ha! ha! ha! Du drolliger ich will dir auch einen Ring böhlen, un deutet, daß ich dich wieder liebe. Nich
(Sie hüpft in ihr Zimm

Zehnter Auftritt.

Robert. Jack.

Robert. Jack, was meinst du? lieg gutem Ankergrunde, oder sitz' ich zwisch Klippen?

Jack. Da müßt ihr das Senkbley in gen Herz fallen lassen.

Robert. Aber ein schmuckes Mädel wahr? Sag mir nur Jack, wie hat di Wetterhexe es angefangen, mich so schn ihren Spiegel zu bringen?

Jack. Das weiß ich nicht. Ich sta am Steuerruder, und hab auch den Ku gerichtet.

Robert. Indessen ehrlicher Kamera ich gern deine Meinung nach ihrer Lä

Breite hören. Wir sind in so manchen Buchten
und Winkeln zusammen gewesen; du kennst mich
inwendig und auswendig so gut als deine Han=
gematte; du hast mich auf deinen Armen getra=
gen, als ich noch kein Schifftau spitzen konn=
te; sag mir frank und frey, was denkst du von
der Geschichte? Das Mädel ist hübsch, gut=
und hat 10000 Pfund Sterling.

Jack. Ja, ja; Sie ist ein schmuckes, auf=
geräumtes Mädel, die Ihren Compaß versteht,
oben gut ausstaffirt, und unten wohl beplankt
ist, aber —

Robert. Nun aber? heraus damit!

Jack. Lieber Gott! es ist mit den Weibern,
wie's ist; kein Grund ist nicht darinn zu fin=
den. Wär ich an eurer Stelle, so würde ich
sprechen: ich sehe wohl, wo das Land liegt,
aber ich will verdammt seyn, wenn ich die Spi=
ße nicht vorbey segle.

Robert. Ich kann nicht Jack, ich habe mei=
ne Takelage eingebüßt.

Jack. Das ist schlimm!

Robert. Ich fürchte beynahe, ich werde Kiel
über Wasser kehren müssen.

Jack. Das ist sehr schlimm! da geht Ihr oh=
ne Rettung zu Grunde.

Robert. Ich sollte doch nicht denken; Jack,
ich hoffe noch immer in stilles Fahrwasser zu
kommen. Sieh nur, das Mädel ist gar zu brav!
ihre Seele trägt Sie im Auge und in ihrem Au=
ge ist kein Falsch; ihr Herz schwebt auf ihrer

P   Zun=

Zunge und ihre Worte sind reiner Firnewein, süß wie der Saft der Cocosnuß.

Jack. Aber einem Weibe ist so wenig zu trauen, als einem Wasserwirbel zur See. Anfänglich ist das ein Leben voll Juchhe und Heysa! aber segelt ihr nur einmal gegen den Strom ihrer Neigungen, gleich fängt der Sturm an zu heulen aus Süden und Norden, aus Westen und Osten. Und dann bedenkt einmal Sir: jetzt regiert ihr euer Schiff wie es euch beliebt, ihr lichtet die Anker, wenn es euch einfällt; Ihr steuert, wohin Ihr Lust habt; meint Ihr, wenn ihr ein Weib an Bord nehmt, Ihr würdet das Kabeltau immer so lang und frei behalten, als bisher?

Robert. Schweig nur, ehrlicher Jack! ich merke wohl, es war mir nicht Ernst, als ich dich um Rath fragte, denn troß alles dessen, was du da vorbringst, bin ich entschlossen, meinen Streich fort zu laviren, und sollt ich nur 6 Punkte vom Wind haben!

Jack. Glück auf die Fahrt!

Eilfter Auftritt.

Fazir. Die Vorigen.

Robert. Endlich Kamerad, bekömmt man dich einmal wieder zu sehen. Wo Teufel hast du gesteckt, seit wir diesen Mittag das letzte Glas Porter zusammen leerten?

Fa=

Fazir. Ich war auf unserm Schiff. In dieses Haus wollt ich nie wieder kommen, und nun bin ich doch wieder hier, ich weiß selbst nicht, wie das zugeht.

Robert. Auf dem Schiffe warst du? ist unser Volk brav lustig?

Fazir. Nur zu lustig! ihre Freude jagte mich wieder fort, denn ich konnte mich nicht freuen.

Robert. Warum denn nicht?

Fazir. Wie du auch fragen kannst! Sieh Robert, es ist närrisch zu erzählen. Ich gieng in meine Kajüte und legte mich in meine Hangematte, und sah hinauf an die Decke, wie ich während unserer Reise jeden Morgen beim Erwachen zu thun pflegte. Da hat nun der Strick, mit welchem die Hangematte oben an der Decke befestigt ist — aber du mußt mich nicht auslachen.

Robert. Nein, nein, nur weiter!

Fazir. Nun die Schleife des Stricks hat ein L gebildet, es sieht aus wie ein L.

Robert. Ja, ja, die Liebe ist im Stande das ganze Alphabet draus zu machen.

Fazir. So oft, wenn ich des Morgens erwachte und hinauf sah an dieses L; so freute ich mich, meine Gedanken schweiften weiter, als meine Augen, und das L hielt mich manche Stunde fest im Bette. Ach! heute hat mich das L zum Erstenmale herausgejagt.

Robert. Armer Junge! Was meinst du, Jack? dem läßt sich nicht helfen.

Jack. Der hat schwer geladen. Er muß die Liebe über Bord werfen, sonst geht er unter.

Fazir. Lieber Robert, wirst du bald wieder absegeln?

Robert. Narr! ich habe ja noch nicht gelöscht. Und dann muß ich erst wieder für neue Fracht sorgen.

Fazir. Wie lange kann alles das dauern?

Robert. Sechs Wochen aufs wenigste.

Fazir. Sechs Wochen? Ach Robert! dann ist der arme Fazir schon lange todt! warum blieb ich nicht in meinem Vaterlande? so wär ich doch zugleich mit meinen Brüdern gestorben? Hier muß ich allein sterben! Dort hätte doch noch hie und da eine gute Seele um mich geweint, hier wird niemand um mich weinen.

Robert. Junge, du machst mir das Herz weich! wenn dich das trösten kann, daß Liddy, allem Augenschein nach, einen sehr braven Mann heurathet —

Fazir. Das sollte mich freilich wohl trösten — aber es tröstet mich doch nicht! ich bin auch brav, nicht wahr?

Robert. Aber nicht reich.

Fazir. Pfuy Robert! hab ich dich nicht oft sagen hören: Ehrlichkeit ist besser als Reichthum?

Robert. Ganz gewiß, aber die Ehrlichkeit nagt nur an den Knochen, die der Reichthum unter den Tisch wirft,

Fa:

Fazir. Wenn auch; mir kommt es vor, als würde ich an Libbys Seite nie gehungert haben. Erinnerſt du dich noch des armen Negerſklaven: als wir einmal auf Jamaica zuſammen ſpazieren giengen. Er arbeitete an einer Zuckerplantage; ihm lief der Schweiß die Stirne herab; ein Waſſerkrug ſtand neben ihm, und doch ſang er heiter und froh ein mohriſch Lied. Guter Freund, ſprachſt du zu ihm: das iſt ein ſchwer Stück Arbeit. Ja wohl, gab er zur Antwort, und trocknete ſich den Schweiß mit der flachen Hand. Nun gab ein Wort das andere. Wir fragten ihn, wie er bei ſeinem harten Schickſale noch ſo zufrieden lächeln könnte? Da zeigt' er ein paar hundert Schritte weiter hin auf einen Buſch, unter dem Buſche ſaß ein ſchwarzes Weib, mit drei kleinen halb nackten Kindern, das Jüngſte lag an ihrer Bruſt. Und als der Negerſklave mit dem Finger dahin zeigte, ſah er ſo innig vergnügt dabei aus — nein, ſolch ein Lächeln ſchmückte nie das Geſicht eines Königs ! — Ach hätte Libby nur gewollt! Fazir würde gearbeitet haben, wie jener Sklave — und gelächelt, wie er.

Robert. (dem es ganz weich ums Herz geworden) Komm! komm! wir wollen ein paar Flaſchen Wein zuſammen ausſtechen.

Fazir. Ich mag nicht. Ich mag weder eſſen noch trinken. Ich will mich zu Tode hungern.

Zwölf-

Zwölfter Auftritt.

Gurli. Die Vorigen.

Gurli. (mit einem Diamantring in der Hand)
Nun da bin ich. (Sie erblickt Fazir, bleibt einge-
wurzelt stehen, und sieht ihm starr und sprachlos ins
Gesicht.)

Fazir. (fährt eben so bei ihrem Anblick zusammen, und in seinen wild auf sie gehefteten Augen ma-
len sich Schrecken und Erstaunen.)

Robert. Nun? hat euch beide ein Blitz-
strahl gerührt?

Gurli. (bebend) Bruder Robert, siehst du da
etwas stehn?

Robert. Ja freilich.

Gurli. Siehst du es wirklich?

Robert. Nun ja doch, ich bin ja nicht blind.

Fazir. Robert, siehst du den Geist?

Robert. Ich seh einen Narren, und der
bist du.

Fazir. Lieber Robert, dieser Körper gehörte
ehmals meiner Schwester Gurli; frag ihn, welche Seele seit ihrem Tode hinein gewandert ist.

Robert. Deine Schwester?

Gurli. Ja, ja, Robert, dieser Geist hieß
ehmals Fazir, und war mein Bruder — ach
mein lieber Bruder!

Robert. Ich begreife — Kinder haltet eure
5 Sinne beisammen! erst solch ein Schrecken!
und nun solch eine Freude! — Ihr seyd nicht

Seele

Geiſter — Kinder ich bitt euch, werdet nicht närriſch! — umarmt euch! Bruder Fazir und Schweſter Gurli!

Fazir und Gurli. (zugleich) Nicht Geiſter? (Sie nähern ſich einander mit ausgebreiteten Armen.)

Fazir. Lebſt du wirklich Gurli? ⎞
Gurli. Lebſt du? mein Fazir? ⎠ zugleich!

Robert. (ſehr bewegt) Was meinſt du Jack?

Jack. (ſich eine Thrane aus dem Auge wiſchend) Land! Land!

Robert. Recht Jack! nie hab ich das empfunden, wenn ich nach einer langen, gefährlichen Reiſe unverhofft Land erblickte!

Fazir und Gurli. (plötzlich in ausgelaſſene Freude übergehend) Er lebt! Sie lebt! Schweſter Gurli! Bruder Fazir!

(Hier kann der Dichter dem Schauſpieler nichts vorſchreiben. Sie hüpfen, tanzen, ſpringen, ſingen, lachen und weinen wechſelsweiſe. Freude iſt immer ſchwer nachzuahmen, am mehrſten die Freude unverdorbener Naturmenſchen. Robert und Jack ſtehen ſchweigend und laben ſich an dem wonnevollen Schauſpiel.)

Dreyzehnter Auftritt.

Muſaffery. Die Vorigen.

Muſaffery. Ich höre deine Stimme Gurli — aber — was —

Fazir. Auch Muſaffery.

Musaffery. Fazir! — du lebst! — (Er drückt ihn mit Ungestüm an seine Brust) Wie ist mir? — wo bin ich? — mein alter Kopf — ja, ja, er lebt! — (auffer sich) Wir wollen ein Pongol feiern! wir wollen Reiß mit Milch kochen! (indem er die Hände hoch hebt und sich dreimal tief zur Erde bückt) Brama sey gelobt! Brama sey gelobt! Wo ist mein Herr? — wo ist Kaberdar? — wir wollen einer Kuh die Hörner bemalen! — wir wollen sie mit Blumen kränzen! —

Fazir. Kaberdar! — was spricht er? — Gurli! lebt auch mein Vater noch?

Gurli. Frisch und gesund! frisch und gesund! Vater! Vater!

Fazir. (auffer sich) Wo? Wo? Vater! Vater!

Vierzehnter Auftritt.

Mistriß Smith. Kaberdar. Sir John und Samuel. Die Vorigen.

M. Smith. (im hereintreten) Ciel! welch ein pöbelhafter Lerm?

Kaberdar. (seinen Sohn erblickend) Gott! was ist das?

Fazir. (seine Knie umfassend) Mein Vater!

Gurli und Musaffery. (um ihn herhüpfend) Er lebt! Er lebt!

Ka-

Kaberdar. (ſeinen Sohn heftig umarmend.)
Du lebſt? — O Brama! kannſt du mir all
mein Zweifeln und Murren vergeben? Mein Erſt-
gebohrner lebt! ich drücke ihn in meine Arme!
ich habe meinen Sohn wieder! Was iſt Fürſten-
gold, Fürſtendiadem gegen dieſen Augenblick?

Muſaffery. (ſich tief zur Erde neigend.) Wir
danken dir Brama! wir danken dir!

Kaberdar. (Augen und Hände gegen Himmel
hebend.) Ja, wir danken dir in ſtillem Gebet.

S. John. Ein ſüſſer froher Augenblick!
Schmerzſtillende Arzney.

M. Smith. Ein Roman; ein wahrer Roman!

Samuel. So ſcheint's mir auch. Ich zweifle noch ſehr an der Wahrheit.

Robert. Gib dir keine Müh, Bruder, ich
bürge dafür.

Kaberdar. Sprich mein Sohn! durch welches Wunderwerk biſt du unſern Mördern ent-
gangen?

Fazir. Ich ſchweifte lange in der Irre umher, aber ein guter Engel leitete meinen Fußtritt. Ich wußte nicht, wohin ich ging, noch
was aus mir werden würde. Ueberall ward ich
verfolgt, ohne es zu wiſſen; und überall entfloh
ich, ohne es zu wiſſen. Brama hat mich erhalten.

Muſaffery. (bückt ſich tief.) Brama ſey gelobt!

Fazir. Am zehnten Tag meiner Flucht, als Hunger und Müdigkeit mich fast zu Boden warfen, stieg ich mühsam einen Hügel hinauf, und plötzlich lag vor meinen Blicken das grenzenlose Meer. Ein fremdes Schiff war eben abgesegelt, kaum einen Kanonenschuß vom Ufer entfernt. Ach! dacht ich, wär ich nur eine Stunde früher angelangt, dieses Schiff hätte mich aufgenommen, und allen Gefahren auf immer entzogen. Ich wickelte in Eil meinen Turban auseinander, ich ließ den Musselin in die Luft flattern, und winkte und schrie, so laut ich konnte, aber umsonst! das Schiff segelte mit frischem Winde von dannen. Ich war der Verzweiflung nahe; der Hunger trieb mich auf dem ungebahnten Pfade, den ich bisher gewandelt hatte, herunter an den Strand. Da sucht' ich Meerschnecken, unbekümmert ob man mich erhaschen werde oder nicht. Plötzlich, welche Freude! erblick ich hinter einer Felsenspitze, noch ein zweytes Schiff vor Anker liegend; dessen Capitain war dieser brave Mann, (auf Robert zeigend.) dem dank ich meine Rettung und mein Leben, und meinen bisherigen Unterhalt.

Musaffery. (sich tief bückend.) Brama sey gelobt!

Gurli. (auf Robert zufliegend und ihn umhalsend.) O du guter Mensch!

Robert. Possen!

Kaberdar. (Robert die Hand schüttelnd.) Sir, wenn auch Sie einst Vater sind, dann werden Sie

Sie fühlen, daß, für eine solche Wohlthat, der Dank eines Vaters keine Worte hat.

Robert. Bey Gott! Sir, ich schäme mich: als ich den jungen Menschen da aufnahm, dachte ich weder an Dank noch an Belohnung. Ich folgte meinem Herzen, und siehe da, ich habe mir selbst einen Freund gerettet.

S. John. Umarme mich mein Sohn! — Gott segne dich!

M. Smith. (ihm die Hand zum Kuß reichend) Mon fils, deine noble Denkungsart hat mich ganz enchantirt.

Robert. Liebe Mutter, meine Denkungsart war in dem Augenblick so wenig nobel, daß ich sogar fürchte, es lief ein wenig Neid und Eifersucht mit unter: den Abend zuvor hatten sich auch drey unglückliche Flüchtlinge auf das Schiff gerettet, welches neben mir vor Anker lag, und bey meiner armen Seele! ich ärgerte mich, daß der Zufall sie an meines Nachbars Bord geführt hatte.

Kaberdar. Diese drey Flüchtlinge waren wir. Jener brave Mann rettete Vater, Tochter und Freund; dieser brave Mann bringt mir auch meinen Sohn zurück.

Gurli. Nicht wahr Vater, Gurli darf diesen guten Menschen heurathen?

Kaberdar. Wenn er dich will, von ganzem Herzen!

Gurli. Wenn er mich will! o ja er will! nicht wahr guter Robert!

Ro-

Robert. (zu Samuel.) Bruder du wirst mirs nicht übel nehmen, meine großmüthige Entsagung würde dir zu nichts helfen, denn dich nimmt sie doch nicht.

Gurli. Nein wahrlich nicht, närrischer Samuel, dich wird Gurli nimmermehr beurathen.

Samuel. Es entsteht hier billig die Frage: was wird Sie Samuel Smith nunmehro anfangen? Antwort: sich hängen — wenn es die Vorsicht nur zuliesse. Wer weiß, blüht ihm nicht irgend sonst **noch** ein Glück. (ab.)

Kaberdar. Alles vereinigt sich, mir zu beweisen, daß ich nichts gewann, als der Zufall ein Diadem um meine Stirne wand; und daß ich nichts verlohr, als der Zufall es wieder herunterriß. Gute Kinder, geprüfte Freunde — was fehlt meinem Glücke? ein braves Weib! und auch das hab' ich gefunden. Madame, nur Ihre Einwilligung mangelt mir noch. Ich liebe IhreTochter Libby. Zwar kenn' ich IhreGrundsätze und Ihre Ehrfurcht für alte Familien; aber ich hoffe allen ihren Forderungen ein Genüge zu leisten, wenn ich Ihnen versichere: daß ich regierender Fürst von Mysore war, und daß meine Voreltern schon damals mit Ehren die Waffen trugen, als Alexander der Große Indien verheerte.

M. Smith. Ich erstaune! — ein so altes Haus! — ich werde mirs zur Ehre schätzen, Sie in unsere Familie mit offenen Armen aufzunehmen.

Fazir. Ach Vater!

Ka-

Kaberdar. Nun?

Fazir. Ach lieber Vater!

Kaberdar. Was willst du lieber Sohn?

Fazir. Du hast mir das Leben gegeben, und willst mirs wieder nehmen?

Kaberdar. Ich verstehe dich nicht.

Fazir. Ich liebe Liddy so sehr.

Kaberdar. So? — und Liddy? —

Fazir. Ich habe weder Tag noch Nacht Ruhe.

Kaberdar. Höre, lieber Junge, das vermag nur Liddy zu entscheiden. Freylich du zählst kaum zwanzig Jahr, und frische Jugend blüht auf deiner Wange. Ich hingegen trage meine fünf und dreyßig auf dem Rücken. Indessen, so weit ich Liddy kenne, wird das schwerlich ihren Entschluß bestimmen. Laß sehen, wir wollen sie rufen. Spricht ihr Herz zu deinem Vortheil, so ergeb ich mich willig in mein Schicksal.

Robert. Frisch auf Jack! lichte die Anker und steure in Liddys Zimmer. Wir lassen sie bitten ihren Kurs hierher zu richten.

Jack. Wohl! wohl!   (ab.)

Gurli. Vater ich will dir sagen, wen von euch beyden Liddy heurathen wird.

Kaberdar. Nun?

Gurli. Meinen Bruder Fazir.

Kaberdar. Woher weißt du das?

Gurli. Er ist hübscher als du.

Kaberdar. Ach liebes Mädchen, Liddy ist nicht ein Kind wie du.

Ro-

Robert. Ich fürchte, was diesen Punkt betrift, werden die Weiber ewig Kinder bleiben.

S. John. Es komme wie es wolle, so seh ich doch noch vor meinem Ende zwey glückliche Paare.

M. Smith. Recht mon Cher! dieser Tag söhnt mich mit dem Glücke wieder aus, und sanft werd' ich einst zu meinen Ahnen hinüber schlummern. Bloß Samuels Schicksal geht mir doch zu Herzen.

Gurli. Der arme närrische Samuel! er dauert mich doch! was meinst du Robert? ich will ihn auch heurathen.

Robert. Zween Männer auf einmal? Nein Gurli, das verbitt ich mir.

Gurli. Nun wie du willst. Gurli macht sich nichts draus.

Fünfzehnter Auftritt.

Liddy. Jack. Vorige.

Robert. He da! Schwesterchen! ich wünsche dir Glück, du bist Braut.

Liddy. (niedergeschlagen.) Ja ich bin Braut.

Robert. Aber mit wem? Das ist noch die Frage.

Liddy. Mit wem? Mit diesem Manne hier.
(auf Kaberdar zeigend.)

Robert. Halt! halt! nicht so rasch.

Ka-

Kaberdar. Miß, ich entbinde Sie Ihres Verſprechens. Vater und Sohn ſtehen hier vor Ihnen.

Liddy. (erſtaunt.) Vater und Sohn?

Kaberdar. Ja, dieſer Jüngling iſt mein Sohn. Er liebt Sie. Ich liebe Sie auch. Wählen ſie frey.

Gurli. (zu Liddy.) Nimm den Sohn, er iſt hübſcher als der Vater.

Kaberdar. Ihr Herz muß den Ausſpruch thun.

Liddy. (ſehr verlegen.) Mein Herz? — Ach! —

Fazir. (mit niedergeſchlagenen Augen.) Liebe Miß!

Robert. Nun Schweſterchen wirds bald?

Liddy. Wie kann ich — ich habe ja ſchon mein Wort gegeben.

Kaberdar. Wenn Sie alſo Ihr Wort nicht gegeben hätten — ſo würden Sie? — (Liddy ſchweigt.) Ich verſtehe (er legt ihre Hand in Fazirs Hand.) Gott ſegne euch Kinder!

Fazir. (Liddy umarmend.) Ach liebe Miß!

Muſaffery. (bückt ſich tief.) Brama ſey gelobt!

Kaberdar. (wiſcht ſich eine Thräne aus den Augen.) Ein einziger bitterer Tropfen! ſchon recht! der Freudenkelch war zu ſüß.

Robert. Nun Jack, was meinſt du?

Jack. Ich meine, daß ich mein altes baufälliges Gefäß nun allein in der Welt herum boogsiren muß. Kraut und Loth ist verschossen, der Tolbord ist abgenutzt, was soll aus mir werden?

Robert. Du sollst bey mir bleiben, und so lange ich einen Zwieback habe, gehört die Hälfte dir, bis du einst deine Reise glücklich endest, und in der Breite des Himmels aufgebracht wirst.

Jack. Ich dank' euch Sir! ich dank euch! nun, ich wünsch euch allen schmuckes Wetter und guten Wind zur Fahrt.

Ende des letzten Aufzugs.

Al=

Eduard! Eduard!

Alderson.

lezter Auftritt

Alderson.

Ein

Trauerspiel in fünf Aufzügen

von

Joh. Christian Brandes.

Personen.

Graf von Alderson.

Charlotte, dessen Tochter.

Lord Kendale, gewesener Admiral.

Eduard von Salisbury, dessen Neffe.

Sir Arthur Burlington.

Mistriß Hammon, Bettmeisterinn des Grafen.

Lidy, deren Nichte.

Mistriß Larfield.

William, Schloßkaplan des Grafen.

Sara, ein Kind von zwey Jahren.

Thomas, Eduards Bedienter.

Betty, Bediente bey Mistriß Larfield.

Robert, ein Kammerdiener des Grafen.

James, ein Knabe.

Hay,) Notarien.
Frick,)

Ein Kammerdiener des Lord Kendale.

Die Scene ist anfänglich im Schlosse Alderson, in der Folge in dem Hause der Mistriß Larfield in London.

Er-

Erster Aufzug.

(Zimmer des Grafen.)

Erster Auftritt.

Graf von Alderson. William.

Alderson. (nachlässig auf einem Sopha hinge-streckt, mit Büchern, Musikalien und Schriften umge-ben; liest.)

William. (kömmt mit verschiedenen Papieren.)

Alderson. (ihn nach einigen Augenblicken bemer-kend.) Sieh da, Herr Kaplan! Was steht zu Be-fehl?

William. Ich bitte um Vergebung, My-lord, wenn ich Sie unterbreche.

Alderson. Besser, Sie hätten mich nicht unterbrochen, so hätten Sie nicht nöthig um Verzeihung zu bitten.

Wil-

William. Die Sache iſt dringend, Mylord; von größter Wichtigkeit!

Alderſon. Nun?

William. Die Franzoſen ſind verwichne
Nacht an unſrer Küſte, zwölf Meilen von hier,
gelandet.

Alderſon. Sind ſie? Hoffentlich werden ſie
auch wieder abſegeln. Was giebts ſonſt?

William. Einige Briefe und Handſchriften,
welche ich noch in der verſtorbnen Lady Biblio-
thek vorgefunden habe.

Alderſon. Ihr Gedächtniß wird vor der Zeit
ſchwach, Herr Kaplan! Wie oft verbat ich es,
mich je wieder an dieſen ſchmerzhaften Verluſt zu
erinnern! Hingelegt! Und nun bitt' ich Sie, auf
morgen Ihre Predigt zu ſtudieren, denn ich werde ſie — nicht hören.

William. Meine Pflicht —

Alderſon. Sie haben Geſchäfte, Herr Kaplan; ich will Sie nicht abhalten.

William. (geht ab.)

Zweiter Auftritt.

Alderſ. (in den empfangenen Papieren blätternd.)
Briefe an den verklärten Engel — mir nun auf
immer entriſſen! Lieber nie gekannt, als dieß
Andenken, das mich zur Wuth treibt, mich bey
allen Reichthümern und Ehrenſtellen elend macht!
(bey fernerm Nachſuchen.) — Auch meines Hein-
richs Hand! Den Einzigen, den mir das Schickſal

sal auf wenige Jahre lieh — auch ihn verschlang das Grab! Nun bin ich verwayst, alle meine großen Entwürfe sind durch seinen Tod vernichtet! Noch wenig Jahre, und mein Name wird mit mir verscharrt! Ha Glück! Treuloses Glück! (die Papiere mit Heftigkeit von sich werfend.) Fort — fort mit Allem, was mich an meinen Verlust erinnert! Wo ist Charlotte? Ich muß mich zerstreuen.

(klingelt.)

Dritter Auftritt

Robert. Alderson.

Alderson. Meine Tochter —

Robert. Sir Arthur Burlington wünscht Mylord aufzuwarten.

Alderson. Er soll kommen. Meine Tochter bleibt zurück, bis ich sie fordre.

Robert. (geht ab.)

Alderson. Ein gutes Mädchen! Aber sie ist ein Weib, und ich bedarf einen Sohn, der den Namen Alderson der Vergessenheit entzieht!

Vierter Auftritt.

Sir Arthur. Burlington. Alderson.

Arthur. Mylord —

Alderson. Sir Arthur —

Q 3

Ar=

Arthur. Wissen Sie, daß die Franzosen gelandet sind?

Alderson. So lande du und der Teufel!

Arthur. Ein Theil Ihrer Güter liegt in der Gegend.

Alderson. Noch hab ich mein Gedächtniß, Sir!

Arthur. Wenn wir Gäste bekämen —

Alderson. So müßten wir sie bewirthen.

Arthur. Sie scheinen heut' übler Laune, Mylord —

Alderson. Kann seyn!

Arthur. Stör' ich Sie etwa?

Alderson. Ist schon geschehen.

Arthur. So will ich lieber —

Alderson. Das Kind liegt nun schon im Brunnen, Sir. Durch Sie kömmt das Glück um eine Lobrede, die ich ihm so eben halten wollte.

Arthur. Und worüber, wenn ich fragen darf?

Alderson. Weil es so gefällig gewesen ist, mir mein Weib und meinen einz'gen Sohn zu entreissen.

Arthur. Der Verlust ist freylich höchst schmerzlich; aber Sie haben noch eine Tochter —

Alderson. Hab' ich? Gut, daß Sie mich daran erinnern!

Arthur. Noch immer ein Trost.

Alderson. Meynen Sie? Hm! Der Sohn meines ehmaligen Schreibmeisters wurde wegen

nach-

nachgemachter Banknoten auf ein paar Stunden gehenkt: auch ein großer Trost für den alten Vater, daß man ihn nicht per Compagnie mit aufknüpfte!

Arthur. Wer kann wider die Schickung? Geduld ist der beste Arzt.

Alderson. So wollt' ich — Nichts! Was steht zu Diensten, Sir?

Arthur. Mein Vater hatte vor einigen Tagen die Ehre —

Alderson. Um meine Tochter für Sie anzuhalten, und ich hatte die Ehre, sie ihm abzuschlagen. Auch ein großer Trost für Sie, Sir, daß Ihr Vater mit dem Korbe nicht stolperte, und Hals und Beine brach! Sie haben ihn doch richtig erhalten?

Arthur. Ich glaube, die Ursach' Ihrer abschlägigen Antwort war: weil Mylord es zur Bedingung machten, den Namen Burlington mit Mylords Familiennamen Alderson umzutauschen, und mein Vater sich nicht dazu entschließen wollte?

Alderson. Ich bewundr' Ihr Gedächtniß, Sir!

Arthur. Diese Schwierigkeit wäre gehoben, Mylord! Mein Vater hat meinen Vorstellungen Gehör gegeben, und ist bereit, sich Ihren Anordnungen zu fügen.

Alderson. Ist er? Hm! Das wär' Etwas — freylich nicht viel, wenn ich auf den Werth der Waare sehe, und den Käufer dagegen betrach-

Q 4

trachte; indeß — (klingelt.) aus alter Freundſchaft für Ihren Vater müßte man ſehn, was
zu thun wäre —

Fünfter Auftritt.

Robert. Vorige.

Alderſon. (zu Robert.) Miß Charlotte —
Robert. (geht ab.)
Alderſon. Die Hauptperſon muß darüber
vernommen werden.
Arthur. Allerdings! Ich ſchmeichle mir indeß, daß meine wenigen Verdienſte —
Alderſon. Die Verdienſte Ihres Vaters nicht
zu vergeſſen, Sir! Er diente dem Staate, ehe-
dem im Felde und nun im Kabinett. — Die
Ihrigen — Apropos! Sie wünſchten ja neulich meine Jagdkammer zu ſehn, und meine Hunde kennen zu lernen; mein Jägermeiſter ſoll ſie
Ihnen zeigen; der Tanzſaal iſt auch ſehenswür-
dig — und im Fall Sie, woran ich nicht zweifle, ein eben ſo guter Reiter als geſchickter Tänzer und Jäger ſind, ſo ſteht auch die Bekanntſchaft meiner Pferde zu Befehl!
Arthur. Wenn Mylord erlauben —
Alderſon. (klingelt.)

Sechs-

Sechster Auftritt.

Robert. Vorige, bald darauf **Charlotte.**

Robert Miß werden sogleich hier seyn.

Alderson. Sir Arthur wünscht die Rüst-
kammer, den Tanzsaal und meine Hunde und
Pferde zusehn; der Castellan, Stallmeister und
Jägermeister sollen ihn herumführen.

Arthur. Aber —

Alderson. Viel Vergnügen, Sir!

Arthur. Aber Miß Charlotte —

Alderson. Wird Sie nicht begleiten.

Charlotte. (kömmt.)

Alderson. Nur näher Miß! — Also auf Wiedersehn, Sir!

Arthur. (zuckt die Achsel und geht ab.)

Robert. (folgt.)

Siebenter Auftritt.

Alderson. Charlotte.

Charlotte. (küßt ihrem Vater die Hand.)

Alderson. Wie gefällt er dir?

Charlotte. Sir Arthur?

Alderson. Offenherzig!

Charlotte. Ich kenn' ihn zu wenig, um —

Alderson. So — sein Aeusserliches?

Charlotte. Er verliert, sobald er in Ihrer Gesellschaft ist.

Alderson. Schmeichlerinn! (vor sich) So ein Weib könnte mich noch glücklich machen, den Namen Alderson durch mich selbst wiederherstellen; aber — wo sind' ich das?

Charlotte. Sie sind traurig, mein Vater —

Alderson. Jetzt ist die Rede von Sir Arthur. Er ist ein zierlicher Tänzer, geschickter Reiter, vortrefflicher Jäger!

Charlotte. Möglich; aber —

Alderson. Auch ein Geck, zudringlich, voller Prätension! —

Charlotte. Sie kennen ihn.

Alderson. Hat große und wichtige Verdienste — von seinen Vorältern ererbt!

Charlotte. Besser, er hätte persönliche Verdienste!

Alderson. Was er nicht hat, will er durch Dich erheurathen.

Charlotte. Mein Vater — wenn ich es wagen dürfte —

Alderson. Was?

Charlotte. Ihnen zu gestehn —

Alderson. Die Wahrheit!

Charlotte. Sir Arthur beehrt mich mit seiner Zuneigung; aber —

Alderson. Daß er dich beehrt, ist eine Lüge. Doch das beiseit! Du mußt heurathen —

Cha-

Charlotte. Mein Vater —

Alderson. Für mich ist auf der Welt kein Weib zu finden, das mir den Verlust deiner Mutter ersetzen könnte. Ich muß vor meinem Ende von dir noch Erben sehn, wo möglich noch Enkel von dir sehn, wenn ich einst ruhig sterben soll: Söhne und Enkel, die den Namen Alderson führen und fortpflanzen, und außer dem jungen Burlington bequemte sich bis jetzt noch kein Mann von Stande, seinen Namen aus Liebe zu dir zu verläugnen.

Charlotte. Vielleicht fände sich in der Folge noch Jemand —

Alderson. Das Vielleicht schafft mir keine Erben! Die Jahre vergehn, das Alter rückt näher!

Charlotte. Sie bestimmten mich einst dem jungen Eduard —

Alderson. Dem einzigen Sohne des reichen und angesehenen Herzogs von Salisbury; aber nicht dem Sohne eines Rebellen, eines auf dem Schavot enthaupteten Verräthers, ohne Rang und Titel, ohne Ansprüche und Vermögen.

Charlotte. Aber Sie liebten ihn, mein Vater, schätzten seine persönlichen Verdienste —

Alderson. Die schätz ich noch und werde sie noch höher schätzen, wenn er als ein braver Soldat, die in unserer Nachbarschaft gelandeten Franzosen verjagen hilft; so etwas belohnt der König

nig durch Geld und Ehrenstellen, aber kein Vater mit einer Millionen reichen Tochter!

Charlotte. Was sagen Sie? die Franzosen wären gelandet?

Alderson. Diese Nacht. Vor einer Stunde erhielt ich durch eine Stafette die Nachricht. Wenn die Armee nicht noch heute schlägt und siegt, so haben wir morgen ungebetenen Besuch!

Charlotte. Mein Gott! der Gefahr so nahe —

Alderson. Die Sache des Königs und seiner Generale, sie abzuwenden! Jetzt reden wir nicht vom Kriege, sondern vom Heurathen. Sir Arthur mißfällt dir? Es sey! Ich werde dich nicht tyrannisiren, an keinen Mann durch väterliche Gewalt ketten! aber ich will auch keinen entehrten Bettler! Stelle mir einen Mann auf, von Rang, Vermögen und Ehre, der mir gefällt, der sich durch eine feierliche Akte anheischig macht, den Namen Alderson anzunehmen, und auf seine Erben fortzupflanzen, und er ist mir willkommen!

Charlotte. Theuerster Vater! Ihre Güte, Ihre Nachsicht —

Alderson. Hat ihre Gränzen, theuerste Tochter! Einige Tage magst du sie rühmen — noch acht Tage; dann aber wirst du vermählt — entweder an Burlington, oder an einen andern — gleichviel, wenn er sich nur meinen Bedingungen unterwirft.

Ach=

Achter Auftritt.

Mistriß Hammon. Vorige.

Alderson. Sieh da! Unsre liebe süße Mistriß Hammon!

M. Hammon. Ach Mylord! Miß! Die Franzosen — die Franzosen! —

Alderson. Sie haben sie doch hübsch freundlich empfangen, und in ein Zimmer geführt?

M. Hammon. Behüt und bewahre, Mylord! Wo denken Sie hin? Die ganze Armee ist gelandet, nur wenige Meilen von hier; man kann sie ordentlich schießen hören.

Alderson. Sie haben ein leises Gehör und eine feine Nase, Mistriß.

M. Hammon. Sie spotten, Mylord! Wenn sie nun kommen —

Alderson. Suchen Sie es zu verhindern.

M. Hammon. Ach! Ich schwitze schon über und über, vor lauter Angst und Schrecken!

Alderson. Auch Ihr Marzipantöchterchen, Miß Charlotte, hat Herzbeklemmungen — nur aus einer andern Ursache. Ich hab ihr schon ein Hilfsmittel angepriesen; aber sie hält es für zu bitter, und hofft, daß sich vielleicht noch ein angenehmeres finden könnte. Sie, Mistriß, pfuschen ja auch ein wenig in die Medizin; ich dächte, Sie berathschlagten sich ein wenig mit der Patientinn, und sönnen auf eine Arzenei, welche meiner bittern das Uebergewicht hielte;

es soll mich freuen, wenn ihre Kur gut aus
ſchlägt!

(geht ab.)

Neunter Auftritt.

Charlotte. Miſtriß Hammon.

M. Hammon. Ihro Herrlichkeit ſind ja
heute überaus gnädig! Nun? Was fehlt Ihnen denn, Herzensmäuschen? Nicht wahr, die
Nachricht von den Franzoſen? —

Charlotte. Sie iſt mir doppelt fürchterlich;
weil mein Eduard vielleicht noch heute zum Regiment abgerufen wird, und den Franzoſen entgegen muß —

M. Hammon. Leider! Der verwünſchte
Krieg!

Charlotte. Und noch eine Nachricht, die
meinen Kummer aufs höchſte treibt!

M. Hammon. Lieber Himmel! Noch mehr?

Charlotte. Mein Vater will mich verheura-
then.

M. Hammon. Verheu — Gott ſey bei
uns! Sie ſind es ja ſchon ſeit drei Jahren —

Charlotte. Um Gotteswillen! Nicht ſo laut!

M. Hammon. Daß dich! Sie haben recht!
Immer vergeß ich mich! Nun, es ſoll nicht
wieder geſchehen. Alſo vom Heurathen ſprach
Mylord? Ich mußt's erwarten! Die Jahre rücken herbei, und dem Herrn iſt's um Erben zu
thun,

thun, weil er selbst schon ein wenig zu alt ist, und auch von einer zweiten Heurath nichts hören will. Aber er sprach ja auch von Arznei; von einer bittern, die Ihnen mißfiele, und —

Charlotte. Darunter verstand er Sir Arthur Burlington, der bei ihm um mich angehalten hat.

M. Hammon. Wie? Was? Angehalten? Um eines andern Mannes Frau, die schon Kinder hat? — Das ist ja himmelschreiend!

Charlotte. Beste Hammon!

M. Hammon. Nun, so wollt ich auch! — Die verwünschte Zunge! als wenn sie durch ein Uhrwerk getrieben würde! Aber die Nachricht von den Franzosen hat mich aus aller Fassung gebracht. Lieber Himmel! Wenn die jetzt so anmarschirt kämen! —

Charlotte. Die Nation ist menschlich! Freilich macht der Krieg in manchen Fällen Ausnahmen —

M. Hammon. Nun, die Ausnahmen wollen wir uns verbitten! Ja, wovon sprachen wir denn? —

Charlotte. Von Sir Arthurs Anmerkung —

M. Hammon. Nun, der kriegt eine Nase, zehn Ellen lang, und einen Korb, worin er zwanzig andere verbergen kann.

Charlotte. Acht Tage hat mir mein Vater Bedenkzeit bewilligt; aber dann —

M. Hammon. Wissen Sie was, Herzchen? Setzen Sie sich gleich hin und schreiben

das

das alles brühwarm an Eduard; der wird Ihnen darin am besten rathen.

Charlotte. Das will ich; ohne Zeitverlust! (sich zum Schreiben setzend.)

M. Hammon. Hoffentlich kömmt er selbst, und nimmt mit Ihnen mündliche Abrede. Schon seit acht Tagen ist er nicht hier gewesen — und sein kleines Sarchen hat er, glaub ich, in sechs Wochen nicht gesehn. Er wird sich gewiß recht freun, wenn er sie nun, nach ihrer Krankheit, so schön und munter wieder findet: auch nicht die geringste Spur haben die Blattern nachgelassen! Das arme Würmchen! Ich dacht immer, es würde drauf gehn! Gottlob! das Schwerste hat sie nun überstanden. Kommende Himmelfahrt geht sie schon ins dritte Jahr und — Ja, eh ichs vergesse — Meine Nichte, Lloy, ist gestern bei dem Pächter angekommen, und hat sich dort, auf mein Anrathen, für Sarchens Mutter, und für eine heimliche Geliebte von Sir Eduard ausgegeben; melden Sie ihm das ja recht deutlich, damit er dort keinen Bock schleßt!

Charlotte. Gut, gut! Geben Sie nur Acht, daß ich nicht gestört werde. (schreibt)

M. Hammon. O ich höre jeden Fußtritt! Ich will derweile hier ans Fenster treten. (vor sich) So ists am besten! Je eher, je lieber! Wer weiß, muß er nicht noch heute marschiren und dann wärs verlorne Dinte.

Charlotte. (vor sich) Nie war seine Gegenwart nothwendiger! Dem Aufbruche so nahe
und

und der Gefahr entgegen. — O Gott! Nur du allein, du mußt ihn schützen! (fortschreibend)

M. Hammon. (ein Fenster öffnet) Ah! Welch eine erquickende Luft! welch ein süßer Morgen! So sanft, so heiter! Und die allerliebsten Vögelchen — wie sie so lieblich zwitschern! (nach einer Pause) Hören Sie, Herzchen! Wenn Sie Sir Eduard bereden könnten, daß er geradezu mit Mylord spräche — St! Sie schreibt ja! Daß ich mich auch immer vergesse! — Auch geht das nicht. Mylord ist reich, wie ein König, stolz, wie der Großsultan, und Lottchen seine einzige Tochter — Der arme Eduard hingegen hat, außer seiner Esquadron, keinen Heller im Vermögen. Lieber Himmel! Wenn Mylord wüßte, daß Miß bereits seine Frau wäre, und schon ein Töchterchen von ihm hätte; ich glaube, er jagte uns alle zum Hause hinaus, ohne Gnade und Barmherzigkeit! — Horch! Was ist das für ein Geklapper auf dem Steindamme? Wenn nur nicht die Franzosen — (furchtsam zum Fenster hinaus blickend). Ach! Daß sich Gott erbarme! hab ichs nicht gesagt?

Charlotte. Was giebts?

M. Hammon. Sie kommen! Sie kommen!

Charlotte. Wer?

M. Hammon. Die Franzosen! Ich glaube die ganze Armee!

Charlotte. (aufspringend) Um Gotteswillen! (ans Fenster eilend) Ich sehe nichts.

R　　　　　　　　M.

M. Hammon. Je! Hier — hinter dem Gebüsche — dicht am Schloße!

Charlotte. Liebe Hammon! Eine ganze Armee hinter einer Hecke! Die Angst hat Sie aus aller Fassung gebracht. (sich wieder setzend)

M. Hammon. Was hätt' ich denn gesehn? Ich sah doch vorhin eine Menge Reiter — (blickt furchtsam aus dem Fenster) Ach Herr Jemine! Er ists! Er ists!

Charlotte. Wer?

M. Hammon. Er selbst! So eben steigt er vom Pferde! Geschwind — kommen Sie! Er sah herauf, — gieng den Augenblick ins Haus — Dort führt sein Reitknecht die Pferde herum — Gott bewahre, was das arme Vieh raucht! Die müssen einmal gejagt haben!

Charlotte. Von wem reden Sie?

M. Hammon. Je? Von Ihrem Gemahle, von Sir Eduard!

Charlotte. Eduard? Er wäre gekommen?

M. Hammon. Je freilich! Still! Ich hör ihn schon — Vermuthlich geht er nach Ihrem Zimmer; wir müssen rufen — (die Thür öffnend) Hierher, Sir Eduard! Hier herein!

Zehnter Auftritt.

Eduard von Salisbury. Vorige.

Eduard. Meine Liebe! —

Charlotte. Eduard! (ihm in die Arme fliegend)

Will-

Willkommen! Herzlich willkommen! So eben
schrieb ich an dich —

M. Hammon. Lieber Himmel! Wie Sie
erhitzt sind! Trocknen Sie sich doch den Schweiß
ab! Apropos! Sind Ihnen keine Franzosen
begegnet?

Eduard. (lächelnd) Nein, Mistriß! Ich
würd Ihnen sonst keinen guten Morgen bieten
können; aber gelandet sind sie.

Charlotte. Und uns so nahe!

Eduard. Unbesorgt, Liebe! Lord Stormont beobachtet diese ungebetenen Gäste, und
erwartet nur Verstärkung, um ihnen den Rück-
weg zu zeigen. Ich muß noch heute zum Regiment, und habe deshalb keinen Augenblick
versäumen wollen, dich zuvor noch zu sehn.

M. Hammon. Gott sey Dank! So ists
doch nicht so gefährlich, als ich mirs vorstellte.
Nun Kinderchen, sprecht mit einander und ver-
traut Euch Eure Herzensangelegenheiten; ich
will derweile im Vorzimmer Schildwache halten.
Wenn ich stark husten werde, dann kömmt Jemand, das ist das Wahrzeichen; dann nur hurtig durch die Seitenthür hier, die kleine Treppe hinunter! Aber machts nur kurz und gut,
ehe Mylord zurück kömmt.

(geht ab.)

Eilf-

Eilfter Auftritt.

Charlotte. Eduard.

Eduard. Nun, Liebe, vor allen Dingen eine gute Nachricht! Mein Oheim, Mylord Kendale, weiß um unser Geheimniß; er billigt unsre Verbindung, und folgt mir auf dem Fuße nach, bei deinem Vater um dich anzuhalten.

Charlotte. Was sagst du? Dein Oheim?

Eduard. Weiß um Alles! Der edelmüthige Mann ist sogar entschlossen, um seiner Anwerbung mehr Gewicht zu geben, mich zum Erben seiner sämtlichen Güter einzusetzen; auch hat er es durch seine Sorgfalt so weit gebracht, daß der Prozeß meines unglücklichen Vaters noch einmal durchgesehn worden ist; er hat Zeugen aufgefunden, welche die Unschuld desselben bewiesen haben, und die Sache ist bereits so weit gediehen, daß vielleicht heut oder morgen ein gänzlicher Widerruf des Urtheils erfolgt.

Charlotte. In meine Arme, Eduard! Diese Nachricht richtet mich wieder auf, belebt mich mit neuer Hoffnung! Mein Vater war dir nie abgeneigt; nur wollt er, daß ich mich seines Ausdrucks bediene, keinen Bettler, keinen Sohn eines auf dem Schavott hingerichteten Rebellen zum Schwiegersohne — Wenn nun dieser Einwurf gehoben ist —

Eduard. Er würde nie Statt gefunden haben; mein Vater wurde nie das Opfer der Kabale

bald geworben seyn, wenn mein Onkel gegenwärtig gewesen wäre; aber die Grausamen fan-
den dieses edeln Mannes Sendung nach Indien
nothwendig, um meinem unglücklichen Vater eine wichtige Stütze zu entziehen, ihn desto sicherer zu stürzen!

Charlotte. Gesegnet sey seine Zurückkunft,
die nun wenigstens den Sohn rettet und die Mörder entlarvt! O Gott! Ich wäre nun glücklich,
könnte nun, nach der Kenntniß von meines
Vaters Gesinnungen, das Ende meiner Leiden
hoffen — aber der unselige Krieg! — Pflicht
und Ehre fordern dich auf, dich tausend Gefahren bloß zu stellen,

Zwölfter Auftritt.

Mistriß Hammon. Sir Arthur. Vorige.

M. Hammon. (vor dem Zimmer hustend) Nu,
nu! Nur nicht so gerade zu!

Charlotte. Es kömmt Jemand —

M. Hammon. In Mylords Schlosse ist
man bescheiden, Sir; man muß erst fragen, ob
auch Besuch angenommen wird!

Arthur. Nu, nu! Nur gelassen Madam!

Charlotte. Sir Arthurs Stimme! Ich habe noch nicht dazu kommen können, dir es zu
sagen; er hat bei meinem Vater um mich angehalten.

Eduard. Burlington?

R 3   Char-

Charlotte. (ihm den vorhin geschriebenen Brief
gebend) Hier — Lies!

M. Hammon. (stark anpochend und hustend)
Ist jemand drinnen?

Charlotte. Vielleicht hat Arthur deine Ankunft gemerkt; du mußt also bleiben, um allen
Verdacht zu vermeiden — In meinem Zimmer
seh ich dich wieder. (eilt durch die Seitenthür ab.)

M. Hammon. (ins Zimmer hustend) Sehn
Sie? Keine Christenseele —— (Eduard erblickend)
Außer — Je! Sieh da! Sir Eduard! Herz-
lich willkommen! Hab ich Sie doch seit ewiger
Zeit nicht gesehn! Ey! ey! ey! Wie ha-
ben Sie sich verändert!

Eduard. Eine Unpäßlichkeit —

M. Hammon. Nehmen Sies doch ja nicht
für übel! Wir suchen Miß Charlotte. Ach, das
liebe süße Kind! Auch das hat sich seit den zwei
Monaten, da Sie nicht nach Alderson gekommen sind, sehr verändert; es sieht sich gar nicht
mehr ähnlich!

Eduard. Ich bedaure! —

M. Hammon. Sie warten gewiß auf Mylord?

Eduard. Ich habe mich bereits melden lassen.

M. Hammon. Sie werden noch wohl ein
Weilchen verziehen müssen; er läßt sich so eben
anmelden. Wollen Sie indeß seiner Tochter Ihr
Kompliment machen?

Ar-

Arthur. Sie hören ja, Mistriß, daß der Herr Mylord sprechen will, und nicht seine Tochter.

M. Hammon. Thut nichts! Alle artige Fremde sind Miß willkommen.

Arthur. Nur jetzt nicht, Madame, weil ich mit ihr zu sprechen habe.

Eduard. Doch, Sie! Auch mein Besuch wird ihr hoffentlich nicht mißfällig seyn.

Arthur. Der Besuch eines Offiziers? Sie sind? —

Eduard. Darum frag ich Sie!

Arthur. (Eduard durch eine Lorgnette fixirend) Ah — Wenn ich nicht irre — (zu Mistriß Hammon) Der Offizier, dessen sich der erst kürzlich aus Indien zurückgekommene Admiral Kendale so großmüthig annimmt?

M. Hammon. Ganz recht! Der Sohn des unglücklichen Herzogs von Salisbury. Sein Vater war gewiß ein rechtschaffner Mann — aber so etwas darf man nicht laut sagen.

Arthur. Besser, Sie denken es, und melden mich bei Ihrer Gebieterinn.

M. Hammon. Melden? Erlauben Sie! Dafür sind die Bedienten. Bemühen Sie sich nur ins Vorzimmer.

Arthur. Wozu die Umstände? Wo ist ihr Zimmer? Ich melde mich selbst. (will gehn)

Eduard. (ihn zurückhaltend) Sir! Ich glaube, daß es auf alle Fälle unschicklich ist, sich einer Dame unerwartet aufzubringen.

Ar.

Arthur. Sir! Sie werden mir doch nicht Lebensart lehren wollen? —

Eduard. Sie nur daran erinnern.

Arthur. Wissen Sie, mit wem Sie reden?

Eduard. Mit Sir Arthur Burlington.

Arthur. Und Sie unterstehn sich? —

Eduard. Und Sie vergessen sich, Sir! Mit mir spricht man nie ungestraft in dem Tone.

Arthur. Daß ich das Geschwätz noch mit anhöre! (will gehn)

Eduard. Sie bleiben, Sir!

Arthur. Welche Frechheit? Sie wagen es?

Eduard. Einen unverschämten Achtung zu lehren.

Arthur. Tod und Teufel! (die Hand an den Degen legend) Wenn ich nicht Mylords Haus schonte —

M. Hammon. Je, was wäre mir denn das? Sie werden hier doch keine Händel anfangen wollen?

Eduard. Mylords Haus? Sie haben recht, Sir! So etwas läßt sich am besten in freier Luft, unter vier Augen, ausmachen.

Arthur. Wenn ich mich so weit vergessen könnte!

Eduard. Nur auf wenige Augenblicke! (seinen Degen ziehend.)

M. Hammon. Das wird wahrhaftig Ernst!

Arthur. Ich muß nur gehn; meine Geduld möchte nicht hinreichen.

(geht ab.)

Edu.

Eduard. Wir bleiben beysammen Sir! (ihm folgend.)

M. Hammon. Gott behüt' und bewahre! Das geht nimmermehr gut! Sir Arthur! Sir Eduard! So hören Sie doch! — O weh! Da stößt er den Grobian vor sich hin, die Treppe hinunter, die nach dem Garten führt — da wird der Betteltanz wohl losgehn! (ängstlich rufend.) He! He! Ist Niemand da? Kein Mensch? Keine Christenseele? Ich muß nur hin, Leute zu rufen, es Mylord zu melden —! Ach meine arme, arme Miß! Die wird erschrecken!

Ende des ersten Aufzugs.

Zweyter Aufzug.

Erster Auftritt.

Alderson. William.

Alderson.

Nun, Herr Kaplan? Ich seh' es Ihnen an der Nase an — Der Berg ist wieder schwanger und möchte gern gebähren —! Was giebts!

Wil-

William. Sir Arthur —

Alderſon. Beſieht die Rüſtkammer —

William. Rein, Mylord! Er ſchlägt ſich.

Alderſon. Schlägt ſich? Mit wem?

William. Mit Sir Eduard von Saltsbury.

Alderſon. Eduard? Iſt er hier?

William. Er kam, um Mylord aufzuwarten, Sir Arthur beleidigte, reizte ihn —

Alderſon. Und Eduard nahm das übel, ſehr natürlich! Wo geht denn das große Werk vor ſich?

William. Das weiß ich nicht eigentlich; ich wollte —

Alderſon. Das wiſſen Sie nicht? Dacht' ich's doch, daß eine Maus zum Vorſchein kommen würde. Ha, ha, ha!

William. Sie eilten Beide mit entblößten Degen nach dem Park; ob ſie aber ihren Weg rechter oder linker Hand genommen haben, kann ich nicht ſagen.

Alderſon. So eilen Sie, ſuchen rechter und linker Hand die Duellanten auf und verſöhnen ſie, oder ſprechen Troſt zu, wenn etwa einer von ihnen im Graſe liegt und Troſtes bedarf.

William. Sie ſcherzen, Mylord, und die Sache iſt ernſthaft, betrifft zweyer Menſchen Leben!

Alderſon. Nun? Sie verlangen doch nicht, daß ich die Narren aufſuchen und aus einander treiben ſoll? Ihr Werk, lieber Kaplan! Den

Ue₃

Ueberwundenen bereiten Sie zur Abreise, und der Sieger ist mir willkommen.

William. Befehlen Jhro Herrlichkeit wenigstens, daß Jhre Jäger die Streitenden im Park aufsuchen helfen.

Alderson. Ermahnen Sie sie dazu in meinem Namen! sie sollten sich aber ja nicht übereilen; denn was geschehen könnte, ist wahrscheinlich schon geschehn, und wär' es auch nur in der Zeit, da Sie hier Jhre Worte verplaudern.

William. (eilt ab.)

Zweyter Auftritt.

Mistris Hammon. Alderson.

Alderson. Sieh da! meine liebe süße Hammon! Wie stehts mit den Franzosen?

M. Hammon. Ach! nichts von den Franzosen, Mylord! Viel was Aergeres! Sir Eduard —

Alderson. Jst geblieben?

M. Hammon. Geblieben? Sir Eduard?

Alderson. Nun; ich denke Sie bringt mir die tröstliche Nachricht.

M. Hammon. Gott behüt' und bewahre! Um alles in der Welt nicht! Jch wollt' Jhnen nur sagen, daß Sir Arthur ihn erschrecklich beleidigt hat und —

Al-

Alderson. Und daß Eduard ihn herausgefodert hat, daß beide ihre Degen gezogen haben und durch den Garten nach dem Park gestürmt sind; ob rechter oder linker Hand, das wissen Sie nicht.

M. Hammon. Also wissen Sie es schon? Kein Mensch kann sie finden! Ich lief, was ich laufen konnte, um sie noch einzuholen; aber da war an kein Einholen zu gedenken.

Alderson. Ich glaubs! Ha, ha, ha!

M. Hammon. Lachen Sie nicht, Mylord! Das Unglück ist größer, als Sie glauben! Auch meine arme Miß —

Alderson. Meine Tochter?

M. Hammon. Fiel vor Schrecken in Ohnmacht —

Alderson. Und Sie verlassen Sie?

M. Hammon. Sie hat sich wieder ein wenig erholt und — da lief ich geschwinde her —

Alderson. Gut! So laufen Sie denn auch geschwinde wieder hin und verhindern, daß sie nicht von einer zweiten Ohnmacht überfallen wird.

Dritter Auftritt.

Robert. Vorige.

Robert. Mylord Kendale —

Alderson. Der Admiral? (vor sich.) Wie komm' ich zu der Ehre? (laut.) Laßt ihn herein.

Ro-

Robert. (geht ab.)

Alderson. Nun, liebe süße Hammon! Immer blingewatschelt zu meiner Tochter.

M. Hammon. Aber die Duellanten, Mylord. —

Alderson. Dafür ist schon gesorgt; sorgen Sie nur für Ihre Patientinn! Ich folge.

M. Hammon. (geht ab.)

Alderson. Bey alledem ein frecher Bube, mein künftiger Herr Schwiegersohn! Hier im Schlosse, unter meinen Augen, —!

Vierter Auftritt.

Lord Rendale. Alderson.

Rendale. Guten Morgen, Mylord! Verzeihn Sie —

Alderson. Daß Sie Ihren Nachbar, seit Ihrer Zurückkunft aus Indien, nur ein einziges mal mit Ihrem Besuche beehrt haben? Nun — Sie kommen doch endlich zum zweitenmale und meine Verzeihung folgt hinterdrein — Willkommen!

Rendale. Meine Wunden, Mylord — das Podagra —

Alderson. Sehr gut, Mylord! Besser dem Tode entgegen hinken, als entgegen laufen! Wir ereilen ihn doch immer noch früh genug.

Rendale. Auch meine Meynung.

Al-

Alderson. Sie tragen Trauer, Mylord — doch nicht der Franzosen halber?

Kendale. Wahrhaftig nicht! Befänd' ich mich nur an der Spitze einer Flotte, so würd' ich jetzt ihren Weibern und Maitressen Anlaß zur Trauer geben, daß sie an den Admiral Kendale zeitlebens gedenken sollten. Ich ärgere mich nur über den alten Medway! Opfert da zwey Drittel seiner Flotte, nebst einigen tausend tapfern Britten, und läßt die Franzosen verwichne Nacht an unsre Ufer schlüpfen, um nur sein elendes verwelktes Selbst zu retten! Nein Mylord! der Flor gilt meinem ältern Bruder, dem Erzbischof, der sich durchs Leben fraß und sof, und vor einigen Wochen, des Guten überdrüßig, sich aus der Welt stahl. Ich würde seinen Verlust bedauern, wenn er mir nicht zum Trost eine halbe Million Guineen hinterlassen hätte.

Alderson. Dank dem lieben Bruder, Mylord; aber noch größern Dank seinem Arzte!

Kendale. Dem Materialisten, Mylord! Der Hochwürdige fand für gut, sich während des letzten Sturmwindes zu erschießen. Ich bin sein einz'ger Erbe und — weil ich des Metalls ohnedieß zu viel besitze, und weder Weib noch Kinder habe, so hab' ich den glänzenden Erdklumpen meinem armen Neffen, Eduard, zuschreiben lassen.

Alderson. Edel, Mylord! Sehr edel! Sie sind mein Mann und diesen Mittag mein Gast. Sie können mir allenfalls die Franzosen empfan-

gen-

gen helfen, wenn die etwa so höflich wären, mir einen Besuch zu machen.

Kendale. Unbesorgt, Mylord! Graf Stormont hat das Commando unsrer Truppen und beobachtet sie. Alles was Hände und Waffen hat, strömt seinem Lager zu; auch mein junger Freund, Eduard, muß zum Regiment —

Alderson. O, der ist schon in voller Arbeit.

Kendale. Bis jetzt noch nicht, Mylord; aber er macht sich dazu fertig und wird in wenig Minuten hier eintreffen, um sich Ihnen zu empfehlen.

Alderson. Ganz recht! Er ist schon eingetroffen und macht sich so eben einen kleinen Zeitvertreib mit Sir Arthur Burlington.

Kendale. Mit dem Phantasten?

Alderson. Sie sind Beide im Park und üben sich im Fechten.

Kendale. Mylord —

Alderson. Sir Arthur hat Ihren Neffen beleidigt; ich erwart' alle Augenblicke Nachricht —

Kendale. Donner und Wetter! Sie werden doch nicht —

Alderson. Wollen nicht hoffen.

Kendale. Wollen nicht hoffen? Dadurch wird kein Unglück abgewandt Mylord!

Alderson. Meine Wünsche sind für Eduard!

Kendale. Hole der Henker die Wünsche! Hülfe, Beystand =

(will fort.)

Al-

Alderson. Uebereilen Sie sich nicht, Alter! Was geschehen soll, ist bereits geschehen; auch sind Leute beordert — Ah Herr Kaplan! Nun?

Fünfter Auftritt.

William. Vorige, hernach Robert.

William. Alles wieder in Ruhe, Mylord!

Kendale. Lebt Eduard?

William. Ja, Mylord.

Alderson. Und Burlington?

William. Ist von Sir Eduard entwaffnet.

Kendale. Braver Junge!

Alderson. Also ohne Blutvergießen? Dacht' ichs doch! (klingelt.)

Robert. (kömmt.)

Alderson. Sir Arthur Burlington wird gemeldet, daß sein Vater sich todtkrank befände, und ihn eiligst zu sprechen wünschte; den Abschied ließ ich verbitten.

Robert. (geht ab.)

Alderson. Poltron! Läßt sich entwaffnen!

Kendale. Von meinem Neffen, Mylord! Für ihn noch eine Ehre.

Alderson. Zu viel Ehre! Er hat den Burgfrieden gebrochen, die mir schuldige Ehrsurcht hintangesetzt! Ihrem Neffen verzeih ich; er wurde gereizt, hat sich der Fehde mit Ehren entledigt. (zu William) Gehn Sie! Sir Eduard ist mir willkommen.

William. (geht ab.)   Sechs-

Sechster Auftritt.

Kendale. Alderson.

Alderson. Der Schäfer! Wenn ihn der junge Soldat zu seinen Urahnen befördert hätte, es sollte mich wahrhaftig nicht kümmern.

Kendale. Besser ist besser, Mylord! Sie Arthurs Vater hat Einfluß! Eduard bedarf seiner Empfehlung und ——

Alderson. Empfehlung? Bei einer halben Million und einem muthvollen Herzen? —

Kendale. Doch, Mylord! Der Prozeß seines unglücklichen Vaters wird auf Befehl des Königs nachgesehn; man hat schon Zeugen und Anzeigen seiner Unschuld aufgefunden: wird sie bewiesen, so hat Eduard die größte Hoffnung, die sämtlichen Güter und angeerbten Titel seines Vaters wieder zu erhalten.

Alderson. Hm! Das soll mich freuen!

Kendale. Was meinen Sie, Mylord — wenn wir, bei der veränderten Lage der Sachen, unsre alte Unterhandlung wieder hervor suchten? Einst bestimmten Sie Ihre Tochter dem Sohne des Herzogs von Salisbury — Wenn nun der Vater unschuldig befunden, der Sohn wieder in die väterlichen Rechte eingesetzt würde?

Alderson. Das ist erst die Frage!

Kendale. Beides ist schon so gut als entschieden! Ich erwarte noch heute, nach einem Schreiben des Lordkanzlers, die Bestätigung.

S   Al-

Alderſon. In dem Falle — Zwar hab ich vor kurzem dem Helden Burlington Hoffnung gemacht — Wir müſſen ſehn!

(klingelt)

Siebenter Auftritt.

Robert. Vorige, gleich darauf Eduard.

Alderſon. (zu Robert) Meine Tochter —

Robert. (geht ab)

Kendale. Dort kömmt Eduard! Nur näher, Vetter! Mylord wünſcht Sie zu ſprechen.

Eduard. (zu Alderſon) Mylord! Beſchämt muß ich um Verzeihung bitten —

Alderſon. Wegen der Schlägerei im Park? Iſt ſchon verziehn! Lieben Sie meine Tochter?

Eduard. Mylord —

Alderſon. Lieben Sie meine Tochter?

Eduard. Mylord — ich kann nicht —

Alderſon. Nicht?

Eduard. Läugnen, daß ich ſie unausſprechlich verehre und —

Kendale. Liebe! Nur heraus mit der Sprache, guter Freund! Mylord weiß alles!

Eduard. (betroffen) Mylord?

Kendale. Willigt in alles!

Alderſon. Sachte, ſachte, Herr Gevatter! Das bedarf noch einer Rückſprache! Alſo — Sie lieben meine Tochter?

Ken-

Kendale. Ja, Mylord!

Alderson. Mylord! Die Sprachwerkzeuge Ihres Neffen sind hoffentlich noch in guter Ordnung — (zu Eduard) Also? —

Eduard. Ich muß gestehn — ihr Verstand, ihre Schönheit, ihre —

Alderson. Ihr Tugenden und Fehler kenn ich, ohn Ihr Erinnern! Die Frage ist, ob Sie sie lieben?

Eduard. Ja Mylord; auf das zärtlichste! Nur befürcht ich —

Alderson. Ein Soldat? Pfui!

Eduard. Ihren Unwillen — Ihre Ungnade —

Alderson. Sobald du den Franzosen den Rücken kehrst — ja! Außerdem sind wir Freunde.

Eduard. O Mylord! So viel Güte —

Alderson. Die müssen wir erst summiren, um zu sehn, ob sichs Facit auch der Mühe lohnt, eine so weit ausgeholte Dankadresse anzunehmen.

Achter Auftritt.

Charlotte. Vorige.

Alderson. Nun, wie stehts, Miß? Von der Ohnmacht erholt?

Charlotte. Mein Vater —

Alderson. Weiber sind und bleiben Weiber! Ohnmachten bei dem Stich einer Nadel, und Tyranney, sobald sich ihr Aug an Blut gewöhnt.

Liebst

liebst du den jungen Menschen? (auf Eduard zeigend.)

Charlotte. Mein Vater —

Alderson. Liebst du ihn?

Charlotte. Mein Vater — ich —

Alderson. Meine Geduld zeigt heut ihr Meisterstück!

Charlotte. (zitternd) Ich muß gestehn, daß —

Kendale. Im Vertrauen, Mylord — sie liebt ihn.

Alderson. Im Vertrauen, Mylord! Ich frage nicht Sie, sondern meine Tochter. Nun? Eine Antwort Miß!

Charlotte. Wenn Sie es durchaus befehlen —

Alderson. Wer befiehlt, fragt nicht! Ich will wissen —

Kendale. (leise zu Charlotten) Nur ganz offenherzig!

Alderson. Verdammter Schwätzer! Nun?

Charlotte. Wenn Sie — freilich — ich muß bekennen — er hat Eigenschaften —

Alderson. Die hat jeder Narr!

Charlotte. Tugenden — Vorzüge — die meine Zuneigung — meine Achtung — meine Liebe verdienen.

Alderson. Also liebst du ihn?

Charlotte. Ja! mein Vater!

Alderson. Und Sie, junger Herr?

Eduard. Unaussprechlich lieb ich sie!

Al.

Alderson. (zu Kendale) Kommen Sie My=
lord!

Kendale. Sie befehlen —

Alderson. In mein Kabinett.

Charlotte. Mein Vater!) (zugleich, indem sie
Eduard. Mylord!) Alderson die Hände
) küssen.)

Alderson. Gehorsamer Diener! Nur hin=
ein, Alter — aber übereilen Sie sich nicht!

Kendale. Sie lassen mich die Revüe passi=
ren, Mylord!

Alderson. Wenn meine Augen nur taugten!
Ich kann nicht unterscheiden, ob Sie hinken
oder stolpern.

Kendale. Nachdem der Boden ist, Mylord!
Auf dem Erdreich hier hoff ich noch zu tanzen!

Alderson. Das soll mich freuen! Nur müs=
sen die Franzosen zu dem Balle nicht musiziren.

Kendale. Wollen nicht hoffen, Mylord!
wollen nicht hoffen! (geht ab.)

Alderson. (folgt.)

Neunter Auftritt.

Charlotte. Eduard.

Eduard. (Charlotten in die Arme fliegend) O
meine Theuerste! Dein Vater ist unbegreiflich
gütig! Die Munterkeit und gute Laune, womit
er das Geständniß unsrer Liebe aufnahm, läßt
mich alles hoffen.

Char=

Charlotte. Kaum kann ich es glauben! Diese schleunige Aendrung seiner Gesinnungen —

Eduard. Hat mein guter Oheim bewirkt Ihm — seiner Fürsprache allein haben wir unser Glück zu danken! O meine Liebe! So werd ich denn endlich einmal der Welt frei gestehn dürfen, daß du mein Eigenthum, meine Geliebte, meine Gattinn bist? Welche Seligkeit liegt für mich in dieser Aussicht! —

Charlotte. Wenn wir sie nur erst völlig erreicht hätten, wenn nur keine neue Hindernisse —

Eduard. Gewiß nicht, Liebe! Mein Oheim wird deinem Vater alles bewilligen; alles seiner eignen Einrichtung und Willkühr überlassen; er hat es mir versprochen — und dein Vater selbst — er sprach zu mir mit einer Wärme, die mich entzückte, drückte mir die Hand, nannte mich seinen Freund —

Zehnter Auftritt.

Mistriß Hammon. Vorige.

M. Hammon. Freude über Freude, Kinderchen! Alle Eure Noth hat ein Ende! So eben begegnete mir der Papa mit Mylord Kendale — Die Finger gespitzt; rief er mir entgegen — es giebt Brautputz zu besorgen! Wozu, Mylord? Für wen? Nur zu Ihrem süßen Goldpüppchen hingewackelt, da werden Sie das nähere erfahren. — Zugleich gab er einem Kammerdiener

Be-

Befehl, die beiden Notarien, welche gestern Abend, wegen Ausfertigung einiger Kaufkontrakte, hier angekommen sind, unverzüglich herbeizurufen, um eine Eheftiftung aufzusetzen. Ah Kinderchen! Ich wäre beinahe vor Freude in Ohnmacht gefallen!

Charlotte. O der gütige, liebreiche Vater!

M. Hammon. Ja — das ist nun alles ganz gut und vortreflich! Aber, wie wirds werden, Kinderchen, wenn die Trauung vor sich gehn soll? — lieber Himmel! Ihr könnt euch doch nicht zweimal trauen lassen!

Charlotte. Hammon! Der Gedank' erschreckt mich! In diesem Augenblicke fühlt mein Vater vielleicht die stolze Freude, Schöpfer unsers Glücks zu seyn; wenn er nun erfährt —

M. Hammon. Das beste Mittel ist — wir schweigen so lange, bis die Kontrakte unterschrieben sind. Er wird hernach freilich losdonnern und alles widerrufen wollen; aber geschrieben ist dann geschrieben und geschehn ist geschehn!

Charlotte. O Gott! Ich zittre vor dieser Entdeckung!

Eduard. Mein Oheim muß Mittler seyn; ihn so behutsam als möglich vorbereiten —

M. Hammon. Und ich werde dann unvermerkt das liebe süße Sarchen herbeiholen; die soll ihn so lange küssen und streicheln, bis er sich wieder besänftigt hat, bis —

Eduard. Meine Sara! Ich kann den Augenblick kaum erwarten, sie zu sehn! ——

Eilfter Auftritt.

Kendale. Vorige.

Kendale. Gut Kinder! Alles in Ordnung! Mylord folgt mir auf dem Fuße nach; er giebt uns seine Einwilligung, und wenn du auch deinen Prozeß verlieren solltest; er verlangt bloß, daß du in Zukunft den Namen Alderson führen, die Franzosen aus dem Lande jagen helfen, und dann von der Armee deinen Abschied nehmen sollst.

Eduard. Mein Wohlthäter! Mein Vater! Ihnen verdank ich mein Glück, meine Ruhe, mein Leben!

M. Hammon. Ja, alles das ist so erwünscht als möglich; aber der Feldzug gegen die Franzosen will mir nur nicht in den Kopf! Wenn Sie nun — ich zittre und bebe bei dem bloßen Gedanken — Wenn Sie nun, Gott sey bei uns, erschossen würden, —— und die Möglichkeit ist doch da, —— was nützte dann alle Einwilligung?

Charlotte. Ach Gott! Der Gedank' ist schrecklich! So nahe unserm Glück, noch näher dem Verderben.

Eduard. Nicht diese traurige Vorstellung, Liebe! Der Krieg mit unsern Feinden ist weniger

ger

ger gefährlich als du glaubst! Ihre Landung war ein tollkühnes Unternehmen, das sie vielleicht schon in diesem Augenblicke bereuen. Sie können und werden, mit ihren wenigen Truppen, so muthvoll sie auch seyn mögen, es zu keiner entscheidenden Schlacht kommen lassen —

Zwölfter Auftritt.

Alderson. Vorige.

Alderson. Nun, Alter! Ihr Neffe hat doch hoffentlich nichts gegen meine Bedingungen?

Kendale. Nicht das geringste! Beider Liebenden Wünsche sind die Ihrigen.

Alderson. Die Notarien sind schon in voller Arbeit und werden gleich folgen. Diese Art Herrn sind in alle Sattel gerecht, führen immer Instrumente auf alle Fälle bey sich; Kauf-Pacht- und Heurathscontrakte; sie dürfen nur einen davon ausfüllen und alles ist in Ordnung.

Kendale. Desto besser!

Alderson. Nun, Miß! Es geht ein wenig rasch, wie Sie sehn; so nach meiner gewöhnlichen Art! Auch haben wir nicht viel Zeit zu verlieren; denn wenn die Franzosen Ernst machen sollten, so muß der Herr Gemahl ins Feld!

M. Hammon. Ach die verwünschten Franzosen! Die Augen möcht' ich ihnen auskratzen!

Alderson. Sie könnten leicht Ihre Nägel dabey einbüßen, Mistriß, und deren sind Sie

S 5   doch,

doch, im Fall Sie wieder heurathen sollten, höchst beräthigt!

M. Hammon. Mylord scherzen auch immer.

Alderson. Also gebt einander die Hände und schwört Euch ew'ge Treue; versteht sich, daß dieser Schwur mit jedem Morgen erneuert werden muß. — und empfangt meinen Segen, mittelst einer halben Million Aussteuer —

Eduard. Mylord!   ) (zugleich und ihm
Charlotte. Mein Vater.) die Hände küssend)

Alderson. Die verdoppelt wird, so bald Lady mich durch einen jungen Alderson zum Großvater zu erheben geruhen.

M. Hammon. (vor sich.) Ach Herr Jemine! Wenn doch nur unser Sarchen ein Junge wäre, das würd' eine Herrlichkeit seyn!

Alderson. Bleibt Ihr unbeerbt, so ist Fluch Euer Erbtheil! Das merk' er sich, junger Herr!

M. Hammon. Gott behüt' und bewahre! Die Leute sollen wohl gar Kinder heyen!

Alderson. Jeder Tag wird mir jetzt kostbar; deshalb eil' ich mit Eurer Vereinigung. Wird dein Mann gegen die Franzosen kommandirt und erschossen, so muß seine Stelle sogleich durch einen andern ersetzt werden; kömmt er glücklich zurück, welches ich von Herzen wünsche, so nimmt er seinen Abschied, wird ein guter Hausvater und verwendet sich für die Erfüllung meiner Wünsche — Ah! Da kommen ja schon unsre Contractschmiede —

Drey=

Dreyzehnter Auftritt.

Hay. Frick. Vorige.

Alderson. Alles in Ordnung?

Hay. All s, bis zur Unterschrift.

Alderson. Laß Er sehn! — Doch gleichlautend? (die Contracte überlesend.) — „Den Na=
„men Alderson für sich und seine Erben anzu=
„nehmen. — Fünfhunderttausend Pfund der
„erste männliche Erbe —" Richtig! (zu Kendale)
Da Mylord — Lesen Sie.

Kendale. (die Contracte durchsehend.) Hm!
Hm! Alles gut, bis auf den männlichen Er=
ben; da muß der Himmel Bürgschaft leisten!

Alderson. Wenigstens will ich mir dazu sei=
nen reichsten Segen erbitten.

Kendale. Sie setzen den jungen Mann in
Verlegenheit, Mylord! (zu Eduard.) Willst du
lesen, Freund?

Eduard. Unnöthig, lieber Onkel! Ihr Wil=
le ist der meinige.

Kendale. Und Sie, Miß —?

Alderson. (die Contracte zurücknehmend.) Sie
kennt ihren Vater! Da — Ihr Herrn Schrift=
schreiber — vollendet Euer Geschäfte! Laßt unter=
schreiben!

Vier=

Vierzehnter Auftritt.

Robert. Vorige. Hernach Ein Kammerdiener des Admirals Kendale.

Alderson. Was giebts?

Robert. Ein Kammerdiener von Mylord Kendale befindet sich im Vorzimmer.

Kendale. (zu Eduard.) Ohne Zweifel mit Nachrichten vom Kanzler — (zu Alderson.) Mylord erlauben —! (will gehn.)

Alderson. Bleiben Sie, Alter! Der Kammerdiener hat vermuthlich jüngere Beine — (zu Robert.) Laß ihn kommen.

Robert. (will gehn.)

Kendale. Ich hoffe, Mylord, daß mein Neffe nun der Verbindung mit Ihrer Tochter vollkommen würdig seyn wird.

Kammerdiener. (kömmt und überreicht seinem Herrn einen Brief.)

Kendale. Um Verzeihung, Mylord! (erbricht den Brief und liest ihn mit zunehmender Freude durch.) — Kinder — Mylord — große Neuigkeiten — herrliche Neuigkeiten — über alle Erwartung! —

Alderson. Sie vergessen Ihr Podagra, Freund!

Kendale. Weinen — Lachen — Tanzen möcht' ich vor Freude! Eduard! Guter Herzensjunge — bist nun Herzog — Herzog von Salisbury; in alle Rechte deines Vaters wieder ein=

eingesetzt! Gutes liebes Mädchen — bist nun Herzoginn!

Eduard. Gott! Ists möglich?

Charlotte. Eduard!

Alderson. (kalt.) Gratulire!

M. Hammon. Gott sey ewig gedankt! Nun darf er doch nicht marschiren!

Kendale. Eben nun muß er fechten, seiner Erhebung Ehre machen! (zu Alderson.) Meine Freunde sind durchgedrungen, die gerechte Sache hat gesiegt, der König hat alles bewilligt, das Patent wird schon ausgefertigt —!

Alderson. Fassung, liebster Freund! Wie leicht könnt' Ihnen das Podagra zur Lunge fahren!

Kendale. Was Podagra! Was Lunge! Ich denke nur an unser Glück, an das Glück meines braven Neffen! Nun hat er Alles, was er wünschen und verlangen kann — Reichthum, Ehre, die Gnade des Königs —!

Eduard. Und was das Alles überwiegt — meine Charlotte!

Alderson. Du hast Recht, junger Mann! Der übrige Plunder ist höchstens nur eine Zugabe. Also zur Sache! Erst werden die Contracte hier berichtigt und hernach will ich meiner Kapelle befehlen, dem Admiral Eins aufzuspielen, im Fall er seine Freude etwa tanzend äußern wollte. Die Feder, Herr Notar — hurtig!

Kendale. Erlauben Sie, Mylord! Umstände verändern die Sache! Alles Uebrige im Contract.

trakte kann bleiben; aber der Name Alderson muß nun ausgestrichen, und an dessen Stelle: Herzog von Sallsbury geschrieben werden.

Alderson. Muß — ausgestrichen werden? Mylord scheinen sich vor lauter Freude zu vergessen!

Kendale. Verzeihen Sie, Mylord, wenn ich bey einem so äußerst erfreulichen Vorfalle die Regeln des Wohlstandes vernachläßigt, und Sie nicht zuvor wegen dieser Abänderung, welche Sie in der jetzigen Lage selbst höchstnöthig finden werden, um Erlaubniß gebeten habe!

Alderson. Sie glauben also, daß diese Abänderung nothwendig ist?

Kendale. Höchst nothwendig! Bedenken Sie nur selbst! Die Gnade des Monarchen ist so groß, so über alle Erwartung, daß man äußerst undankbar handeln würde, wenn man nur einen Augenblick Anstand nehmen wollte —

Alderson. (froftig.) Allerdings!

Kendale. Also mit Ihrer Erlaubniß — wir haben so wenig Zeit zu verlieren — Eduard muß, bevor er zum Regiment abgeht, nach London, dem Könige danken —

Alderson. Das versteht sich!

Kendale. Also — ausgestrichen, Ihr Herrn, und Herzog von Sallsbury geschrieben.

Alderson. Also muß es? Schlechterdings?

Kendale. Gar keine Frage, Mylord! Sie sehn ja selbst ⸗

Alderson. Gottlob! Ich habe noch Augen und Ohren! (zu Eduard.) Aber zuvor Ihre Meinung, Sie —

Eduard. Ich schmeichle mir, daß Mylord diese kleine Abänderung genehmigen werden —

Alderson. Es kömmt hier nicht auf meine Genehmigung, sondern auf Ihr Wollen oder Nichtwollen an! Wollen Sie, daß der Name Alderson im Contract ausgestrichen werde?

Eduard. So bald Sie es mir zur Entscheidung überlassen — Ja, Mylord! Die Umstände —

Rendale. Versteht sich ja von selbst Mylord! Bedenken Sie nur —

Alderson. (lächelnd.) So! Hübsch offenherzig, das gefällt mir! Also — wie Mylord vorhin zu bemerken geruhten — Umstände verändern die Sache! Auch bey mir ist der Fall! (seine Tochter abführend; zu den beiden Notarien.) Sie folgen, meine Herrn —

Charlotte. (im Abgehn.) Mein Vater!

Eduard. Mylord! Charlotte!

Rendale. Mylord! Wohin? Wozu die Entfernung?

Alderson. Nur wenig Augenblicke Geduld, Mylords! Sie erhalten sogleich Antwort.
(geht nebst Charlotten ab.)

Hay u. Frick. (folgen.)

Fünf=

Fünfzehnter Auftritt.

**Kendale. Eduard. Mißtriß Hammon.
Kammerdiener.**

M. Hammon. Das ist nimmermehr rich=
tig! Ich kenne Mylord! Wenn er so hämisch
lächelt, so sitzt immer der Fuchs im Hinterhalt!

Eduard. O Gott! Lassen Sie uns ihm
nacheilen —!

Kendale. Auf keinen Fall!

Eduard. Wenn er nun aber —

Kendale. Erst muß er sich erklären. Du
hörtest ja, daß wir in wenig Augenblicken
Antwort erhalten sollten; die müssen wir ab=
warten —

Eduard. Aber er führte Charlotten mit sich
fort! Wenn er sein Wort zurücknähme —! Ich
bebe bey dem Gedanken!

Kendale. Ziererey! Den Herzog von Sa=
lisbury, mit unermeßlichen Reichthümern, ei=
ner Grille aufzuopfern! Er müßte allen Verstand
verloren haben!

M. Hammon. Der Henker trau ihm! Wir
haben schon mehr dergleichen Beispiele!

Eduard. Hören Sie lieber Oheim? Viel=
leicht ists noch Zeit! Lassen Sie uns ihm nach=
eilen —

Kendale. Und uns lächerlich, oder gar ver=
ächtlich machen?

Eduard. Ich fürchte alles!

Ken=

Kendale. Possen, sag ich dir! Er wird zu=
rückkommen, die Sache zum Schein überlegt ha=
ben, Zweifel aufwerfen, Schwierigkeiten ma=
chen, und am Ende ja sagen. Ich kenne die=
se Art Leute! Sie wollen immer gerne Recht
haben; wenn man ihnen das nur zugesteht, und
sodann höflich bittet, so lassen Sie sich endlich
von ihrer Höhe herab und thun ein übriges!

M. Hammon. Mußt' auch just der ver=
wünschte Brief kommen, in dem nämlichen Au=
genblicke, da unterschrieben werden sollte!

Kendale. Just zur rechten Zeit, Mistriß!
Kam er ein paar Minuten später, so hätten wir
nun des Teufels Quäckeleyen; die Bedingungen
wären unterschrieben, wir müßten sie nolens vo=
lens erfüllen und vielleicht alle Gnadenbezeugun=
gen des Königs an den Nagel henken!

Sechszehnter Auftritt.

Hay. Frick. Vorige.

M. Hammon. Ah! Da kömmt Botschaft!

Kendale. Die beiden Nakarien — (zu Eduard)
Vermuthlich hat er die Mitgabe im Kontrakt der=
untergesetzt oder gar ausgestrichen; wir wollen
doch hören.

Hay. (zu Kendale) Mylord hat uns beordert,
Ihro Herrlichkeit dieß Papier einzuhändigen.

Kendale. Kömmt er nicht selbst?

Hay. Ich zweifle! (will gehn)

T   Ken=

Kendale. Verziehn Sie! (das Papier öffnend).

Hay. Dazu sind wir nicht bevollmächtigt:
Wir empfehlen uns Mylord zu Gnaden und wünschen eine glückliche Reise. (geht nebst Frick ab.)

Kendale. Glückliche Reise?

M. Hammon. Dacht ichs doch!

Eduard. Lesen Sie! Lesen Sie!

Kendale. (liest) „Weil man es wagt, bei
„Abschließung des Kontrakts sein Wort zurück
„zu nehmen und mir sogar unwürdige Bedingun-
„gen vorzuschreiben; so erklär ich hierdurch, auf
„mein Ehrenwort, vor Notarien und Zeugen,
„daß meine Tochter zu keiner Zeit und auf keine
„Bedingungen mit Eduard, Herzog von Salis-
„bury, vermählt werden soll. Der Herzog und
„sein Oheim werden zugleich wohlmeinend erin-
„nert, ihre Abfahrt aus meinem Schlosse zu
„beschleunigen, weil ich widrigenfalls genöthigt
„seyn würde, ihnen meine Equipage, nebst Be-
„gleitung aufzudringen. George, Graf von
„Alderson." Donner und Wetter!

Eduard. Entsetzen!

M. Hammon. Da haben wir die Besche-
rung!

Kendale. Mylord! Hätt' ich Sie auf meinem ehemaligen Admiralschiffe! — Aber nur
Geduld! Wir sprechen uns auch zu Lande, trotz
meinen zerschossenen Knochen! Fort, fort aus
diesem Hause Lucifers! Mein Wagen hält zum
Glück noch vor der Thüre! (zum Kammerdiener.

Vor-

Voraus! damit wir keinen Augenblick aufgehalten werden.

Kammerdiener. (geht ab.)

Kendale. (zu Eduard) Komm!

Eduard. Kann ich? Ohne sie ——

Kendale. Du mußt!

Eduard. Nur einen Augenblick, liebster Oheim! Vielleicht — wenn wir Mylord entdeckten, daß bereits eine geheime Verbindung —

Kendale. Das kannst du schriftlich! Fort!

M. Hammon. Folgen Sie, Sir! Ihre längere Gegenwart würde nur übel ärger machen —

Kendale. Uns vielleicht gar einer öffentlichen Beschimpfung aussetzen! fort — (ihn bei der Hand ergreifend) Bei Verlust meiner Liebe und Achtung!

M. Hammon. (leise zu Eduard) Vielleicht kann ich es einrichten, daß Sie Lady noch vor Abend hier oder bei dem Pachter inkognito sprechen; ich schick' Ihnen einen Boten.

Eduard. Beste Freundinn! Nur bald — bald!

Kendale. Nun, was wirds?

Eduard. Zürnen Sie nicht, lieber Oheim! Ich folge. O Hammon! Meine Charlotte, meine Sara — Ihrer Fürsorge empfehl ich sie!

Kendale. Ja doch, ja! (drohend im Abgehn) Wir sprechen uns Mylord!

(führt Eduard ab.)

T 2   Sie

Siebenzehnter Auftritt.

Mistriß Hammon.

Armer Eduard! Ich kann mirs denken, was
er leiden mag — Ich muß nur hin, zu dem
Starrkopf und ins Haus horchen, weil er noch
braust; wird er wieder kalt, so sind seine Ge-
heimnisse so tief in sein Innerstes versenkt, daß
er selbst Mühe hat, sie wieder hervorzufinden.
Ja — wir müssen sehn, was zu thun ist! Läßt
er sich nicht besänftigen und beharrt auf seinem
Eigensinn — Gut! So haben wir noch ein
Geheimniß, Mylord, das Sie nicht wissen!
Ihre Tochter ist schon Herzoginn von Saltsbury! Machen Sie aber auch dann noch Schwierigkeiten — ja — dann bleibt uns leider keine Wahl, dann packen wir unser Bündel, richten uns nach der Vorschrift: du sollst Vater und
Mutter verlassen und an deinem Weibe hangen
— und empfehlen uns!

Ende des zweyten Aufzugs.

Drit=

Dritter Aufzug.

(Charlottens Zimmer.)

Erster Auftritt.

Charlotte (an einem Tische sitzend und Eduards Bildniß betrachtend.)

So bist du mir entrissen, Geliebter, für den ich nur allein lebe — Dich soll ich nie wieder sehn? O Gott! Alles stürmt auf mich ein, von allen Seiten drängen sich fürchterliche Wetter auf — und kein Trost, keine Spur von Hoffnung! Man kömmt! (das Bildniß betrachtend) Abgott meines Herzens! Hin an die Brust, die nur für dich schlägt! (es an ihrem Busen verbergend) Hier bleibst du mein — mein auf ewig!

Zweyter Auftritt.

Mistriß Hammon. Charlotte.

M. Hammon. Ach Herzensengelchen! Endlich kann ich Sie doch einen Augenblick ungestört

T 3

stört sprechen — Hier — ist ein Brief von
Eduard —

Charlotte. Von ihm? (ihn begierig erbrechend)
Von ihm — dem Einzigen! (ließt) „Meine Char-
„lotte! ich opfre alles, um dich zu erhalten,
„unterwerfe mich den Bedingungen deines Va-
„ters! Mag doch mein Oheim toben, der
„König mir seine Gnade wieder entziehn; in
„dir, meine Theuerste, find ich alles, Hoheit,
„Reichthum, das höchste Glück des Lebens! Un-
„ter dem Vorwande, als wenn ich zum Regi-
„mente abgienge, entferne ich mich von Weßer-
„nel und eile nach Alderson, in deine Arme,
„noch in dieser nämlichen Stunde“ — O
Eduard! Dein Muth, deine Liebe! — Alles,
alles will er mir aufopfern! — Aber, ohne
Rang, ohne Vermögen in den Augen meines
Vaters — undankbar in den Augen deines
Oheims! — O Eduard! Das hast du nicht
überdacht! Du hattest nur Einen Feind — nun
werden dich beide hassen!

M. Hammon. Es pocht was! Hurtig, verbergen Sie den Brief! Ah! Unser Freund William!

Dritter Auftritt.

William. Vorige.

Charlotte. Willkommen, edler guter Mann!
Sie nehmen noch Antheil an meinem Schicksale?

Wil-

William. Wollte Gott, ich vermögt' es zu lindern. Aber jetzt bin ich nur ein Zeuge Ihres Kummers, bin leider zu dem unseligen Geschäfte bestimmt, ihn noch zu vergrößern! — Mylord —

Charlotte. Mein Vater?

William. Hat mir aufgetragen, Ihnen zu sagen, daß Sie sich bereit halten sollen, Sir Arthur Burlington noch heut Ihre Hand zu geben.

Charlotte. An Burlington?

M. Hammon. Je bewahre! Das haben Sie mißverstanden, Herr Kaplan! Der ist ja von Mylord selbst abgewiesen.

William. Aber auch wieder zurückberufen worden, um sich an Sir Eduard auf der Stelle zu rächen; in wenig Minuten wird er hier seyn. Die Notarien entwerfen schon einen neuen Kontrakt, und mir hat Mylord befohlen, zu Ihrer Trauung alles in Bereitschaft zu halten.

Charlotte. Gott!

M. Hammon. Nun, das ist noch ärger als arg!

Charlotte. Wo soll ich hin? Wo find ich Rettung?

William. Sie sehn mich selbst außer aller Fassung! Ich bin verloren, wenn Mylord erfährt, daß Sie durch meine Einsegnung schon Eduards Eigenthum sind.

Char-

Charlotte. Das bin ich, bis an meinen letzten Augenblick! Kein Befehl, keine Tyranney soll mich ihm entreißen!

M. Hammon. Recht so, Liebchen! Nur standhaft! Entweder — oder! Treibt Mylord es bis zur Grausamkeit, so hört er auf Vater zu seyn und — doch, das müssen wir noch zuvor mit Eduard überlegen.

William. Mit Eduard?

M. Hammon. Freilich! Erführe jetzt Mylord, daß seine Tochter schon verheurathet wäre, so ließ er uns, so wahr ich lebe, alle an den Pranger stellen, ohne eine Miene dabei zu verzucken; also wäre mein Rath, wir packten unser Bündel —

William. Ich höre Jemand! Mylord selbst!

Vierter Auftritt.

Alderson. Vorige.

Alderson. Nun Miß? Wieder erholt?

M. Hammon. Ja, Mylord! Aber sie ist noch sehr schwach, so äußerst schwach, daß sie nicht im Stande ist, einen Schritt vorwärts zu gehn.

Alderson. Und Mistriß Hammon ist noch immer sehr geschwätzig, so äußerst geschwätzig, daß ich sie bitten muß, einige dreißig Schritt vorwärts in ihr Zimmer zu gehn.

M.

M. Hammon. Mylord erlauben — Miß
ist noch ganz kraftlos und bedarf meiner Bey-
hülfe —

Alderson. Aber nicht Ihrer Fürsprache!
Denn hoffentlich hat Miß, ungeachtet ihrer
Kraftlosigkeit, noch ihre fünf Sinne. (mit einem
Blick auf seine Tochter.) Will indeß Mistriß Ham-
mon schweigen und sich nicht von der Stelle be-
wegen, so mag sie bleiben.

M. Hammon. Ich gehorche Mylord!

Alderson. Sie weinen, Miß? Weshalb?
Worüber? Doch nicht über den Verlust des Un-
sinnigen, der sich weigerte, meinen Namen anzunehmen?

Charlotte. Mein Vater! Verzeihung —!

Alderson. Nur dann, wenn du sie trock-
nest, diese Thränen, den Undankbaren vergißt,
und ohne Weigerung an Sir Arthur Burlington deine Hand reichst.

Charlotte. O mein Vater! Gebieten Sie
über mich; in Allem will ich, muß ich Ihnen
gehorchen; nur zwingen Sie mich nicht, einen
Menschen zu ehelichen, den ich hasse, den Sie
selbst verachten, der unter Allen im Königreiche
der Unwürdigste ist, Ihren Namen zu führen.

Alderson. William! Sie haben ihr doch
meinen Befehl angekündigt?

William. Ja Mylord.

Alderson. Dabey bleibt's, Miß! Warum
ich so und nicht anders handle, wird hoffentlich
Niemand zu untersuchen wagen.

T 5

Char-

Charlotte. Unmöglich, mein Vater! Das können Sie nicht wollen! Eduard — Sie schätzten, liebten ihn, wünschten selbst seine Begnadigung, um sein und mein Glück zu befestigen, und nun, da ihm der König Alles, was er nur wünschen konnte, bewilligt, alle Hindernisse hebt, die unsrer Verbindung entgegen standen, nun soll eine Kleinigkeit ihm zum Verderben gereichen? Er geht heut' oder morgen gegen den Feind, verzweiflungsvoll wird er jeder Gefahr entgegeneilen, er wird fallen und mit ihm alles, was mir auf dieser Welt theuer ist! Ich beschwöre Sie, mein Vater, um meiner Wohlfahrt, um Ihrer eignen Ruhe willen, entreißen Sie dem Unglücklichen nicht alle Hoffnung! Er wird sich dann für mich zu erhalten suchen, wird ohne Bedenken in alles willigen, mit Freuden auf alle Gnade des Königs Verzicht thun, um sich Ihrer Verzeihung, meines Besitzes, würdig zu machen. —

Alderson. Ich würd' ihn bedauren, wenn er um den Verlust eines Weibes und nicht aus Liebe für sein Vaterland sein Leben preis gäbe, und würd' ihn verachten, wenn er niederträchtig genug wäre, seines Lebens zu schonen, um dich zu erhalten! Auf jeden Fall ist sein Urtheil gesprochen!

Charlotte. Sie sprechen auch mein Urtheil, beschleunigen auch mein Verderben! O mein Vater! Sie wissen nicht — Sie bereiten auch sich

töd-

tödtenden Kummer, verzehrenden Gram, bittre Reue —

Alderson. Hammon! Besorgen Sie doch ein kühlendes Getränk für Miß, um ein Feuer zu dämpfen, das sie sogar verleitet, die Achtung gegen ihren eignen Vater zu vergessen. William! Ihnen kömmt es zu, die Schwärmerinn durch Vorstellungen zur Vernunft zurückzuführen, ihr zu sagen, daß mein Wille unwiederruflich ist, daß Sir Arthur, einz'ger Sohn des Grafen Burlington, in höchstens einer Stunde, unter dem Namen Alderson, ihr Gemahl seyn wird. (will gehn.)

William. Mylord: Sie sind mein Gebieter, mein Wohlthäter! Es ist Pflicht für mich, Ihren Befehlen zu gehorchen; aber eben so heilig ist mir die Pflicht, Ihnen, kraft des Amts, welches ich bey Ihnen bekleide, bescheidene Vorstellungen zu machen, wo möglich zu verhindern, daß aus blinder Vollziehung Ihrer Befehle kein Uebel entspringe. Mylord sind Vater dieser einzigen Tochter, Sie misbilligen Ihre Neigung für den Herzog von Salisbury, und haben das Recht, ihr die nähere Verbindung mit ihrem Geliebten zu untersagen; aber sie zu zwingen, einen Andern, den sie nicht liebt, zu ehelichen —-

Alderson. Herr Kaplan! es wäre mir lieb, wenn Sie dieß Verzeichniß der väterlichen Vorrechte und Ihre Meynung über die Gränzen derselben schriftlich aufsetzten — und damit Sie an dieser so wichtigen Arbeit nicht durch andere weitige Verrichtungen gehindert werden, so entlaß ich Sie hiermit Ihrer Dienste.

William. Mylord —

Charlotte. Mein Vater —

Alderson. Sie reisen, damit Ihnen meine Jäger nicht wider Ihren Willen zur Begleitung dienen, so eilig als möglich ab; mein Haushofmeister wird Ihnen Ihre Sachen und den Jahrgehalt nachsenden. (klingelt.)

M. Hammon. Gott behüt' und bewahre —

Alderson. Auch Sie vor Schaden und Unglück!

Fünfter Auftritt.

Robert. Vorige.

Alderson. Der Herr Kaplan wird verreisen; daß sogleich ein Wagen besorgt wird! Empfehle mich Ihrem Angedenken, Sir!

William. Mylord! Meine Absicht —

Alderson. Ohne Compliments!

William. Sie wollen es, Mylord, und ich muß gehorchen; aber noch einmal bitt' ich, beschwör ich Sie, um Ihrer eignen Ruhe und Wohlfahrt willen, schonen Sie Ihrer Tochter!

(geht ab.)

Robert. (folgt.)

Alderson. Mistris Hammon läßt sich dies Beyspiel zur beliebigen Warnung dienen — und Sie, Miß, setzen sich in die Verfassung, Ihren

künf=

künftigen Gemahl meinen Absichten gemäß zu empfangen. (geht ab.)

Sechster Auftritt.

Charlotte. Mistris Hammon.

M. Hammon. Gott sey mir gnädig und
barmherzig! Was wird daraus werden? Man
ist ja nicht mehr seines Lebens sicher!

Charlotte. Hier, Hammon, ist der Schlüssel zu meiner Chatoulle; nehmen Sie heraus,
was Sie finden, und geben es dem unglücklichen
William.

M. Hammon. Liebes Herzenspüppchen!
Das ist unnöthig! Herr William darf nur gerade nach Westerney zu Mylord Kendale fahren,
und dort die Zurückkunft Ihres Herrn Gemahls
erwarten; der wird schon für ihn sorgen.

Charlotte. (vor sich, nachdenkend.) So ist denn
alles verloren!

M. Hammon. Das konnt' ich mir an meinen fünf Fingern berrechnen! Ich kenne Mylord! Er verzeiht zuweilen; aber wer seinem
Stolze zu nahe tritt, der kann höchstens nur im
Himmel Verzeihung erhalten.

Charlotte. (ohne auf Mistris Hammon zu hören)
Und bald wird er erscheinen, der Nichtswürdige,
wird in mich dringen und dann — !

M.

M. Hammon. Ja, der soll mir nur kommen! dem will ich ein Liebchen singen, daß er sich darüber verwundern soll!

Charlotte. (wie vorhin.) Mir bleibt keine Wahl! Ich muß das Aeusserste wagen, meinem Vater meine Verbindung mit Eduard entdecken —

M. Hammon. Ach Gott und Herr! Er bringt uns um, auf der Stelle! Himmel und Erde seh' ich schon zusammen stürzen!

Charlotte. Und wenn ich darunter erliegen sollte! Ich lebe nur für Eduard! Wird er mir entrissen, so ist Verzweiflung mein Loos, der Tod meine letzte Zuflucht!

M. Hammon. Der Tod? Gehorsame Dienerinn! Daß ich keine Närrinn wäre! Nein nein! Sie müssen leben, sollen dem Schicksal und Ihrem Vater zu trotz leben, sich dem Glück gerade in den Schooß setzen, der ganzen Welt ein Schnippchen schlagen —!

Charlotte. Ach, Liebe! Ihr Wille ist gut; aber wenn mein Vater seine Härte bis zur Tyranney treibt — was vermag ich? Was bleibt mir übrig?

M. Hammon. Davon zu laufen — Gott verzeih' mir meine Sünde! Sie sind nicht die Erste, und unter Ihren Umständen wird es Ihnen keine Christenseele verargen — Stille! Pocht nicht Jemand?

(öffnet die Thüre.)

Sie=

Siebenter Auftritt.

James. Vorige.

M. Hammon. Der Sohn unsers Pachters. Ganz gewiß ist Eduard dort schon eingetroffen. Nun Kleiner! Was bringt Er?

James. (spricht leise zu Mistriß Hammon.)

M. Hammon. Ist er? Gut! Ich komme den Augenblick!

James. (geht ab.)

M. Hammon. Wie gesagt! Er ist in dem Hause des Pachters, bey Sarchen.

Charlotte. Eduard?

M. Hammon. Je freylich! Aber was machen wir nun? Gehn Sie hin, und Mylord wollte Sie indeß sprechen und fände Sie nicht, so wäre gleich die ganze Karte verrathen! Das Sicherste ist wohl, ich geh' allein hin und führe Sie Eduard durch den Küchengarten hieher; er kann sich dann allemal, im Fall jemand kömmt, durch die Seitenthüre hier retiriren. Ja! So will ichs machen — und damit wir gleich alle beysammen sind, wenn wir etwa in der Geschwindigkeit aufpacken müßten, so soll auch Sarchen mitkommen.

Charlotte. Ich sehne mich schon lange, sie zu sehn; nur fürchte ich —

M. Hammon. Sorgen Sie für nichts! Ich habe mir schon alles ausgerechnet. Meine Nichte Libby stellt Sarchens Mutter vor, Sie sind

ſind

sind Pathe — Mutter und Kind kommen zum Besuch — unter dem Vorwande haben Sie nichts das geringste zu befürchten, und wenn Mylord selbst den kleinen Engel bey Ihnen fände.

Charlotte. Unter dem Vorwande —? Ja, liebe Hammon; bringen Sie sie. Vielleicht macht der Anblick des Kindes Eindruck auf ihn; vielleicht wirkt die Natur auf sein Herz, vielleicht —

M. Hammon. Ach, liebes Goldpüppchen! Die Natur und Mylord sind einander so unbekannt, als der große Mogol und das Vaterunser! Er wird das Kind sehn — Hm! wird er sagen, die Nase rümpfen und es mit der vermeynten Mutter fortschicken, ohne ihr einmal ein Geschenk zu machen! Nein, nein! Ich habe ganz andre Absichten! Jetzt will ich nur hin und die Leutchen holen, weil noch alles ruhig ist. Kömmt erst der Hasenfuß, Burlington, dann ist an keine Rücksprache weiter zu gedenken. Es soll keine zehn Minuten währen, so bin ich wieder bey Ihnen.

(geht durch die Seitenthür ab.)

Charlotte. (allein.) Liebes, gutes Weib! Gott segne dich — und mich, dir deine Liebe vergelten zu können! (nach einigem Nachdenken.) Ich werd' ihn also noch einmal sehn und dann —! Welch Geräusch? Wer kömmt? Ha, Burlington!

Achter Auftritt.

Sir Arthur Burlington. Charlotte.

Charlotte. Warum unangemeldet, Sir? Ich wünscht' allein zu seyn!

Arthur. Sie werden verzeihn, meine schöne Braut! Ich fand Niemand im Vorzimmer und der Befehl Ihres Herrn Vaters —

Charlotte. Braut? Sie legen mir eine Benennung bey, Sir —

Arthur. Die Sie in wenig Stunden mit dem Titel Gemahlinn verwechseln werden.

Charlotte. Braut? Gemahlinn? Sie sagen mir da etwas ganz unerwartetes!

Arthur. Ihr gnäd'ger Scherz, Miß! Daß ich Sie liebe, wissen Sie längst, auch daß Ihr Herr Vater meine Liebe genehmigt. Unsre Vermählung ist nur wegen einer kleinen Irrung aufgeschoben worden, die aber nun glücklich beygelegt ist; ich hoffe also —

Charlotte. Ein Wort, Sir! — Mein Vater bestimmte mich, noch in meiner Kindheit, dem jungen Salisbury; ich fand ihn bey zunehmenden Jahren meiner Zuneigung würdig. Das Unglück des alten Herzogs änderte zwar die Gesinnungen meines Vaters, aber nicht die meinigen. Eduard und ich, wir beide lieben uns noch mit gleicher Zärtlichkeit, und werden uns ewig lieben! — Nun vollenden Sie —

U   Ars

Arthur. Sie setzen mich in Erstaunen, Miß! Könnten Sie sich wohl so tief erniedrigen, einen Verworfenen, dessen Vater auf dem Schafott starb, der von ihm nichts als seine Schande erbte, der weder Rang noch Vermögen besitzt —

Charlotte. Sie sind schlecht unterrichtet, Sir! Ich liebe Eduard, den Sohn des unschuldig hingerichteten und nun gerechtfertigten Herzogs von Salisbury, zu welchem Range ihn der König erst kürzlich erhoben hat, liebe in ihm einen der edelsten und liebenswürdigsten Männer im Königreiche —

Arthur. Neuigkeiten über Neuigkeiten!

Charlotte. Die Ihnen mein Vater selbst bestätigen wird.

Arthur. Möglich! Indeß hoff' ich, daß meine Bemühungen —

Charlotte. Auf alle Fälle fruchtlos seyn werden!

Arthur. Es schmerzt mich, dieß Urtheil von Ihnen selbst zu hören! Allein — bey dem allen wird unsre Vermählung doch vor sich gehn. Die Sache ist schon zu weit gediehen, die Contracte werden schon ausgefertigt und uns in einigen Minuten zur Unterschrift vorgelegt — Mein zu später Widerruf würde Ihren Vater unversöhnlich beleidigen, den Zorn meines Vaters reizen, und mich den Augen der Welt zum Gespötte aufstellen — —

Charlotte. O Sir! Bedenken Sie die Folgen! —

Ar.

Arthur. Ich sehe jetzt nur Sie, schönste Miß, denke mir nur das Glück, Sie als mein Eigenthum zu besitzen; das Uebrige überlaß' ich der Zeit; sie hat so oft die bittersten Feinde ausgesöhnt, sie wird also auch Ihren Unwillen mäßigen.

Charlotte. Nie Sir! Zeitlebens werd' ich Sie hassen, als den muthwilligen Störer meines Glücks und meiner Ruhe; der mir meine ganze Lebenszeit stahl, mir alle Freuden auf immer vergiftete; ich werde Sie verabscheuen, verfluchen! —

Arthur. Sie setzen sich in Feuer, Miß — das muß ich freylich auslodern lassen — Ich geh' indeß zu Ihrem Herrn Vater, um ihm von Ihrer gütigen Aufnahme Bericht abzustatten.

Charlotte. Mann! Mann! Um Gotteswillen nicht zu meinem Vater! Was ich sprach, war unüberdacht; ich will nur Zeit, mich zu fassen, die mir ungetreu gewordne Vernunft zurückzurufen; vielleicht —

Arthur. In dem Tone, Miß —

Charlotte. Er soll mir eigen werden; ich will versuchen, mich zu gewöhnen, will mich bestreben, den Anordnungen meines Vaters Folge zu leisten; nur Zeit, Nachsicht —

Arthur. Leztre versprech' ich Ihnen. Mylord soll keine Klagen hören; aber Zeit kann ich Ihnen nicht versprechen; Ihr Herr Vater bestimmte sie. Wegen des Kaplans Abwesenheit hat er einem Pfarrer von dem nächsten Kirch-

U 2   spie-

spiele befehlen lassen, sich noch diesen Abend zur Vollziehung der Ceremonie hier einzufinden.

Charlotte. Noch diesen Abend? Ja, so ist's nothwendig. — so muß ich — ! Ja, ja, ich will! Nur einige Stunden erbitt' ich mir! Sie vermögen ja alles bey meinem Vater; eilen Sie, bitten Sie ihn für mich um diese einz'ge letzte Wohlthat!

Arthur. Bis zur Trauung könnten leicht noch einige Stunden hingehn; aber die Unterschrift der Contrakte —

Charlotte. Auch nur bis dahin — wünscht' ich wenigstens allein zu seyn, um mich zu sammeln, mich zu diesem wichtigsten Schritte meines Lebens vorzubereiten —

Arthur. Auch das! Wer kann Ihnen etwas abschlagen! Also — bis auf baldiges Wiedersehn, Miß! (ihr die Hand küssend.) Ich hoffe, Sie dann mir geneigter zu finden.

(geht ab.)

Neunter Auftritt.

Charlotte.

Endlich einige Minuten erbettelt! Könnt' ich sie nur gleich nützen, diese kostbaren Augenblicke — für dich, mein Eduard, für dich allein bestimmt! Und dann — dann — (in tiefem Nachdenken.) Mit ihm zu meinem Vater, meine Sara mir zur Seite — wir umfassen seine Knie die

die Schuldlose streckt ihre kleinen Arme gegen ihn aus, fleht um Erbarmen! — Er wird gerührt, die Natur siegt! — (traurig empor blickend.) Ja — so träumt sich der Gefangene Freyheit — o träum' ich mir eine Seligkeit!

Zehnter Auftritt.

Mistriß Hammon. Charlotte. Gleich darauf, Eduard.

M. Hammon. (furchtsam ins Zimmer blickend) Sind Sie allein, Liebchen?

Charlotte. Ich bins — aber wo bleibt Eduard?

M. Hammon. (zurück rufend.) Kommen Sie, Mylord! Das Feld ist frey!

Eduard. (hineinstürzend.) O meine Charlotte!

Charlotte. (in seine Arme fliegend.) Eduard!

M. Hammon. (sich abtrocknend.) Was ich gelaufen bin! Ich schwitze über und über!

Eduard. Theuerstes Weib! Noch einmal in meine Arme!

Charlotte. Noch einmal — und vielleicht nie wieder!

M. Hammon. Nun, Kinderchen, schwatzt nur; aber kurz und gut und was gesundes! Sarchen und Liby werden auch gleich hier seyn — (geht und kehrt zurück.) Mylord! Wie gesagt — das einzige, das beste Mittel! Ja, nun muß ich auf meinen Posten und recognosciren;

U 3 hör'

hör' ich etwas, wie der Wind bin ich da und
meld' es! (Eduard ins Ohr redend.) Verſtanden?

Eduard. Vollkommen , Miſtriß!

M. Hammon. (geht zur Mittelthüre ab.)

Eilfter Auftritt.

Charlotte. Eduard.

Charlotte. O Eduard! Alles iſt verloren!
Mein aufgebrachter Vater giebt weder Bitten
noch Vorſtellungen Gehör! Selbſt dein Entſchluß,
dich ſeinem Winke zu fügen, wirkt nicht auf ihn;
er bleibt unverſöhnlich.

Eduard. Miſtriß Hammon hat mich bereits
von allem unterrichtet und meine Maaßregeln
ſind genommen — Nur mußt du ſie billigen —

Charlotte. Alles, alles, um dich zu erhalten!

Eduard. Die Zeit iſt kurz, die Gefahr dringend und alle Hoffnung zum gütlichen Vergleich
verloren; wir müſſen alſo das Aeußerſte wagen!
Du mußt noch heute, wo möglich noch in dieſer Stunde, deines Vaters Haus verlaſſen und
mir folgen — London iſt nicht weit; der hieſi-
ge Pachter hat dort eine Schweſter —

Charlotte. Meinen Vater verlaſſen? —

Eduard. Dich ſeiner Tyranney entreiſſen!
Du biſt mein Weib, Charlotte, mein Eigen-
thum! Du mußt mir folgen; hier iſt kein ander
Mittel.

Char-

Charlotte. Noch eins ist übrig, Eduard.

Eduard. Und welches?

Charlotte. Meinem Vater unsre heimliche Heirath zu entdecken, ihm unsre Sara vorzustellen; vielleicht —

Eduard. Du kennst deinen Vater, Charlotte!

Charlotte. Ich kenn' ihn und zittre! Aber ich muß diesen letzten Versuch wagen; Pflicht und kindliche Liebe fordern es! Bleibt er aber auch dann noch gefühllos — wohl! So hab' ich meine Schuldigkeit erfüllt und werde bey meiner Entfernung wenigstens die Beruhigung fühlen, Alles gethan zu haben, was diesen Schritt der Verzweiflung hätte verhindern können.

Eduard. Er wird wüthen, sich deiner durch eine strenge Aufsicht versichern, und uns auf ewig trennen! Nein, Charlotte, das heißt zu viel gewagt! Noch bist du frey; nütze diesen Augenblick, der vielleicht nie so günstig wieder erscheint! Ein Wagen steht schon in Bereitschaft, du wirfst dich mit Sara und Liddy hinein und sicherst dich durch eine schnelle Flucht; bist du einmal außer den Gränzen seiner Gewalt, dann —

Zwölfter Auftritt.

Alderson. Arthur. Mistriß Hammon. Vorige.

M. Hammon. (ins Zimmer stürzend.) Um Gotteswillen, fort! fort! Wir sind verrathen!

Are

Arthur. (eilig folgend, zu Alderson.) Wie gesagt, Mylord! Ein Besuch —

M. Hammon. (zu Eduard.) Was wäre mir denn das? Sie hier, Sir? Und bey meiner Miß so mutterseele allein? Wer hat Sie herein geführt? Wer hat Sie angemeldet? Sie wissen doch, daß Mylord einmal für allemal verboten hat —

Alderson. (kalt.) Ich vermuthete Sie in Westerney bey Ihrem Oheim —

Arthur. Und ich bey der Armee! Wie ich höre, so rücken die Franzosen der Hauptstadt immer näher; wahrscheinlich muß noch heut' ein Treffen erfolgen und dabey wäre, meiner Meinung nach, Mylords Gegenwart doch höchst nothwendig!

Eduard. (wirft einen verachtenden Blick auf Burlington — zu Alderson.) Ich befand mich bereits dort; allein, von der lebhaftesten Reue durchdrungen, eilt' ich sogleich wieder hieher zurück um Sie, Mylord, wegen des Vorgegangenen um Verzeihung zu bitten, meine unbesonnene Weigerung wieder gut zu machen, mich Ihren Befehlen gänzlich zu unterwerfen und —

Alderson. Ich bedaure, daß diese Unterwerfung zu spät kömmt, Sir! Indeß giebt Sie Ihnen doch Gelegenheit — bey der Vermählung meiner Tochter mit Sir Arthur Burlington einen Zeugen vorzustellen; es hängt bloß von Ihnen ab —

Eduard. Mylord!

Al-

Alderson. Ohne Komplimente, Sir! Ich bin von Ihrer zärtlichen Theilnahme völlig überzeugt!

Eduard. Ha! Dieser Spott —

Charlotte. Fassung, Eduard — um Gotteswillen!

Alderson. Sir! Ich sehe gerne, wenn meine Gäste bey guter Laune sind! Sie scheinen mit meiner Aufnahme unzufrieden — es steht also bei Ihnen, Ihren Besuch abzukürzen. General Stormont wird Sie ohnedieß mit Verlangen erwarten.

Eduard. Ha, Mylord! Was that ich? Wodurch verdient ich eine so tiefe Erniedrigung?

Alderson. (klingelt.)

Charlotte. (leise) Entferne dich, Eduard! Ich folge.

Dreyzehnter Auftritt.

Robert. Vorige.

Alderson. (zu Robert) Mylord Salisbury wird von dem Jägermeister und seinen Untergebenen bis über die Gränze begleitet.

Robert. (geht ab.)

Eduard. (die Hand an den Degen legend) Mylord! wären Sie nicht Vater meines —

Charlotte. Eduard!

Alderson. Ich bin zu Befehl, Sir!

Charlotte. (ihm in die Arme fallend) Mein
Vater! —

Eduard. Charlottens Vater! Gott! Was
that ich? Hier, Mylord — ſtrafen Sie den
Verbrecher — hier iſt meine Bruſt! Sie rau=
ben mir meine Ehre, entreiſſen mir meine Gat=
tin, nehmen Sie auch mein Leben!

Alderſon. Unſinniger! Rette dich, deine
Ehre, dein Leben — nur wag es nicht, dich
je wieder dieſem Orte zu nähern!

Eduard. Der Vater meiner Charlotte kann
über mich gebieten — (ſich Alderſon ehrerbietig nä=
hernd) Ich habe Sie beleidigt; ich verdiene Ih=
ren Zorn, aber nicht Ihre Verachtung —

Alderſon. (ſich unwillig wegwendend)

Eduard. Doch, Sie wollen meine Entfer=
nung und ich muß gehorchen. Nur Ihre Ver=
zeihung —

Alderſon. Meinen Segen oben drein —
Nur fern von mir und meinem Hauſe!

Eduard. (geht langſam und traurig ab.)

Vierzehnter Auftritt.

Alderſon. Charlotte. Arthur. Mi=
ſtriß Hammon.

Arthur. Unſinn und Muthloſigkeit zu glei=
chem Maaße!

Alderſon. Muth und Gefühl hat der Unbe=
ſonnene; aber auch Frechheit!

Ar=

Arthur. Mehr Frechheit als Muth! Denn das, was heute unter uns vorfiel —

Alderson. Gab mir eben keine hohe Meinung von Ihrem Muthe Sir! Ich dächte, Sie berichtigten mein Vorurtheil, machten die Honneurs des Hauses und begleiteten Ihren Nebenbuhler —

Arthur. Sehr gerne, Mylord! Aber die auf heut angesetzte Trauung —

Alderson. Ha, ha, ha! Sie haben recht, und gedoppelt Recht, daß Sie sich bei der so eben vorgefallenen Szene so auffallend tolerant bewiesen haben! Sie haben freilich eine viel wichtigere Bestimmung als zu morden, oder sich eigentlich — morden zu lassen! Ich dächte, Sie machten zur Abkühlung Ihres Muthes eine Promenade in den Garten, oder beehrten auch die Notarien mit einer Visite — es wird mir angenehm seyn, Sie in ihrer Begleitung wieder zu sehn!

Arthur. Ich gehorche! (im Abgehn) Mylords Scherz hat doch immer etwas reizbares!

Fünfzehnter Auftritt.

Alderson.   Charlotte.   Mistriß Hammon.

Alderson. Er muß ein wenig stark seyn, wenn er auf Ihre Nerven wirken soll, Sir!

Nun

Nun, Miß! Des jungen Herzogs Besuch war Ihnen wohl höchst unangenehm?

Charlotte. Mein Vater —

Alderson. Damit Sie nicht öfter durch dergleichen Zudringlichkeiten beunruhigt werden, so will ich noch heut ein Schreiben an den General Stormont erlassen und ihn ersuchen, den liebekranken Ritter unverzüglich zur Armee abzurufen.

M. Hammon. Gott behüt' und bewahre. Mylord! Es fehlt nur noch ein Urlaubbrief!

Alderson. Mistriß! Der Kaplan kann noch nicht weit entfernt seyn; wenn Sie Luft haben, ihm zu folgen, so dürfen Sie nur befehlen!

M. Hammon. Ich sage kein Wort, Mylord — aber Miß —

Alderson. Wird morgen um diese Zeit als Sir Arthur Burlingtons Gemahlinn von ihren neuen Unterthanen in Berkshire gehuldigt.

Charlotte. O Gott!

Alderson. Nun, was giebts?

Charlotte. Fordern Sie von mir den strengsten Gehorsam, mein Vater, nur nicht zu einer Verbindung mit Sir Arthur.

Alderson. Hm! Sonderbar! Ich dächte, die Frage wäre längst entschieden!

Charlotte. Von meiner Seite nie!

Alderson. Eigentlich auch nur Ceremonie! Denn hier ist nicht vom Wollen, sondern von Befolgung meiner Befehle die Rede.

Charlotte. Ich kann nicht, mein Vater!

Al-

Alderson. Es giebt Mittel, dem Unvermögen nachzuhelfen.

Charlotte. (halb vor sich) Grausam! Unerbittlich!

Alderson. Miß vergißt, daß sie mit ihrem Vater spricht!

Charlotte. Nein, mein Vater! Ich verkenne nicht die Pflichten einer Tochter; aber ein unüberwindliches Hinderniß zwingt mich, Sie um Nachsicht und Erbarmen anzuflehn!

Alderson. Ein unüberwindliches Hinderniß? Hm! Das müßte auffer den Gränzen meiner noch ziemlich gesunden fünf Sinne existiren. Wär es Ihnen nicht gefällig, Miß, mir darüber einen Aufschluß zu geben?

Charlotte. Wie kann, darf ich das? Bei den Gesinnungen, die Sie gegen mich äußern? O mein Vater! Ich habe Ihre Liebe verloren!

Alderson. Miß gesellen zu Ihren Fehler auch noch Blödsinn und beleidigendes Mißtrauen! Doch um meiner Tochter einen Beweis zu geben, daß ihr Vater weder gefühllos noch lieblos ist, so will ich der Schwärmerin verzeihn, wenn sie sich durch Vertrauen meiner Verzeihung würdig macht. Also — das unüberwindliche Hinderniß? —

Charlotte. O mein Vater! ich zittre! —

Alderson. Wofür? Ist das Hinderniß, wie du sagst, unüberwindlich; so vermag ich es nicht zu heben; ist es Schimäre, woran ich

fei-

keinesweges zweifle, so ist es Pflicht für mich,
sie zu berichtigen; also — ich bitte —

Charlotte. Mein Vater —

Alderson. Ich befehle!

Charlotte. (vor sich) Der entscheidende Augenblick! (leise zu Mistriß Hammon) Bringen Sie
meine Sara — meine letzte Hoffnung! Sie muß
mich unterstützen.

M. Hammon. Wenn das nur gut geht!
Ich zittre wie ein Espenlaub! (geht ab.)

Sechszehnter Auftritt.

Alderson. Charlotte.

Alderson. Das Geheimniß muß von be-
sondrer Wichtigkeit seyn, weil man sogar die
Bedienten entfernt.

Charlotte. (Sich ihrem Vater langsam und zitternd nähernd.)

Alderson. Du zitterst? (in einem mildern Tone)
Warum, Charlotte? Weshalb?

Charlotte. O Gott! Hör ich endlich einmal
wieder den Namen Charlotte aus Ihrem Munde? Ein Beweis, daß Ihr Herz noch nicht ganz
von mir abgewandt ist.

Alderson. Das war es nie! Nun — Deine Erklärung?

Charlotte. Mein Vater —

Alderson. Vertrauen!

Char.

Charlotte. (sinkt zu seinen Füßen und umfaßt seine Knie) Mein Vater!

Alderson. Das bin ich — Nun?

Charlotte. (innigst gerührt) Ja, Sie sind es! Das sagt Ihr Ton, Ihr Blick, dieß Bestreben, Ihre tiefgebeugte Tochter wieder empor zu richten. Ich will es wagen — muß — muß Ihre Verzeihung erflehn oder sterben!

Alderson. Lieber das Erstre! Ich werde doch endlich erfahren, was zu verzeihn ist!

Charlotte. Eduard — der Gegenstand Ihres Hasses —

Alderson. Eduard? Nun?

Charlotte. Ist — ist — mein Gemahl!

Alderson. (sie heftig zurückstoßend) Gemahl?

Charlotte. O Gott!

Alderson. Er? Er?

Charlotte. Verzeihung!

Alderson. Elende!

Charlotte. Ich bin es — und unabsehlich elend, wenn Sie mir nicht verzeihn!

Alderson. Fluch dir! Fluch dem Verführer!

Charlotte. Um Gotteswillen, mein Vater! (sich aufrichtend und zu seinen Füßen stürzend) Nicht Ihren Fluch! Erbarmen —— Erbarmen, mein Vater!

Alderson. Zurück! (reißt sich los und geht in heftiger Bewegung umher) Das war also der Streich, den mir das hämische Schicksal noch vorbehielt? Ha, Wuth! Rache!

Sie

Siebenzehnter Auftritt.

Mistriß Hammon. Lidy. Sara. Vorige.

Charlotte. (springt auf und winkt angstvoll zurück) Nicht näher! Um Gotteswillen!

M. Hammon. Gott und Herr! Hab ichs nicht gedacht!

Charlotte. Alles verloren! Ich habe keinen Vater mehr!

Alderson. Was ist das? (zu Lidy, die sich mit Sara entfernen will) Hieher!

Charlotte. (Sara ergreifend) Zu mir! Mein Eigenthum!

Alderson. Die Brut des Salisbury?

Charlotte Meine Tochter! Die Tochter Eduards! Ist noch ein Funke Gefühl in Ihrer Brust, so erbarmen Sie sich dieses Kindes! (es gegen ihren Vater empor haltend) Es ist mein Blut, Ihr Blut, das Kind Ihrer Tochter!

Alderson. Die Schande meines Hauses Weh ihm! Weh dir!

Charlotte. (ihn einige Augenblicke in der Stellung starr ansehend, läßt endlich das Kind sinken; Lidy ergreift es) So ist kein Erbarmen? Keine Rettung? (nach einer kurzen Pause) Fort, fort mit der Unschuldigen! Auch ihr droht Fluch! Fort! (winkt mit beiden Händen sich zu entfernen; Lidy trägt Sara fort. Mistriß Hammon folgt.) Ich bin das Opfer! Ich allein habe gesündigt, ich allein will büßen!

Al-

Alderson. Alle meine Hoffnungen vernichtet! Schande über mich! Fluch und Verderben über Dich, Verworfne!

Achtzehnter Auftritt.

Arthur. Hay. Frick. Alderson. Charlotte.

Hay. Hier, Mylord, sind die befohlnen Kontrakte —

Alderson. (sie zerreissend) Büssen sollst du, büssen bis an deinen letzten Athemzug!
(stürzt ab.)

Hay und Frick. (sich verwundernd folgen.)

Charlotte. Entsetzen! (sinkt)

Arthur. Mylord! Wohin? Miß! Was ist geschehn!

Charlotte. (mit der Hand winkend, ohne aufzusehn.) Hin zu ihm, dem Unerbittlichen! Alle Bande sind zerrissen!

Arthur. Zerrissen? Ha! Ihr Werk, Treulose, Ihre Kunstgriffe haben ihn geblendet. Aber nur Geduld! Ich will ihm schon die Augen öffnen! (geht ab.)

Charlotte. (allein) Ha, Grausamer! Bist du Mensch? Vater? Nein! Die Natur verwahrloste dich, gab dir nur die Gestalt eines Menschen!

Neun

Neunzehnter Auftritt.

Mistriß Hammon. Charlotte.

M. Hammon. (eilig) Kommen Sie, Herzenskind! Fuhrwerk und alles steht in Bereitschaft. Sir Eduard sah das Unglück vorher, besorgte was zu Ihrer Flucht nöthig war. Nur her die Schlüssel zu Ihrem Schranke!

Charlotte. (ihr die Schlüssel reichend) Gott! Werd ich stark genug seyn, alle Leiden zu ertragen?

M. Hammon. Um Eduard und Sarchens willen! (Schatoulle und Schmuckkästchen aus dem Schrank nehmend) Nur das Best, und Nothwendigste, das andre folgt! Da — hier ist auch die Adresse an Mistriß Larfield in London, unsers Pachters Schwester. Dieser soll zum Ueberfluß einen reitenden Boten voraus schicken und Ihre Ankunft melden. Sie nehmen einen Umweg über Berkshire, dem Landgute Burlingtons; dort werden Sie die Nachjagenden auf alle Fälle nicht vermuthen. Nur fort, Liebchen, fort! Kömmt Mylord erst wieder zu sich selbst, so ist sein erstes Geschäft, daß er Sie einsperren läßt, und dann ist alles verloren!

Charlotte. So muß ich — muß ich dich verlassen, väterliche Wohnung? Und nie — nie werd ich dich wiedersehn! Aber Eduard — Sara? —

M.

M. Hammon. Lovy ist mit Sarchen schon dem Wagen zugeeilt, der gleich hinter dem Küchengarten hält. Eduard ist nach Westerney zu seinem Oheim. In wenig Stunden erhält er Ihre Adresse und noch diesen Abend sehn Sie ihn in London. Nur fort — fort, Herzchen! Ich zittre und bebe! Wie leicht könnt uns Jemand überfallen — Burlington — Ihr Vater —

Charlotte. Ich folge — Ich muß! — Unterstützen Sie mich, Liebe! Ich bin sehr schwach — sehr abgemattet! Gott! Sey du mein Retter! (geht zur Seitenthüre, von Mistriß Hammon geführt, ab.)

Ende des dritten Aufzugs.

Vierter Aufzug.

(Zimmer im Hause der Mistriß Larfield in London.)

Erster Auftritt.

Mistriß Larfield. Betty.

M. Larfield. (in einem Buche lesend)
Betty. (sitzt gegenüber mit einer Handarbeit und schläft.)

M.

M. Larfield. (ſieht nach der Uhr, ſteht auf und öffnet ein Fenſter) Bald bricht der Tag an! Wenn nur kein Unglück vorgefallen iſt! (ſich wieder ſetzend) Betty! Hörſt du nicht? Betty!

Betty. (ſich ermunternd) Madame!

M. Larfield. Friſche Lichter!

Betty. Sogleich! Es iſt wohl ſchon ſpät?

M. Larfield. Früh, willſt du ſagen. Das Morgenroth ſteigt ſchon herauf.

Betty. Die Augen waren mir nur zugefallen. Unſre Gäſte bleiben aber auch lange aus! —
(geht ab.)

M. Larfield. Der Weg beträgt keine fünf Stunden — und noch nicht hier! (geht wieder ans Fenſter) Noch alles ruhig! — Sonderbar!

Betty. (bringt friſche Lichter und ſetzt die abgebrannten auf einen Nebentiſch.)

M. Larfield. Eine ſanfte heitre Luft! Sie verſpricht einen ſchönen Tag.

Betty. Wenn nur die Franzoſen keine Gewitterwolken heraufführen.

M. Larfield. Wollen nicht hoffen! Aber unſre Reiſenden aus Alderſon machen mich beſorgt. Gegen Mitternacht, ſchreibt mein Bruder, müſſen ſie hier eintreffen, und nun iſt es ſchon über vier Uhr — Horch! Ein Geraſſel — (aus dem Fenſter ſehend) Die Straße herab — Hoffentlich ſind ſie's! Geh, Betty! Nimm Licht! —

Betty. (geht ab.)

M. Larfield. Eine Kutſche — ſie kömmt näher — Sie müſſen ſich entweder verirrt oder
auch

auch einen Umweg genommen haben — Der Wagen hält — sie steigen aus — sie sinds! Gottlob! Die Angst wäre auch überstanden! (nimmt Licht und eilt zur Thüre.)

Zweiter Auftritt.

Charlotte. Lidy. Sara. Mistriß Larfield. Betty.

Betty. (die Thür öffnend und den Ankommenden leuchtend) Belieben Sie nur hereinzutreten.

M. Larfield. (mit einer ehrerbietigen Verbeugung) Milady! —

Charlotte. Ohne Zweifel Mistriß Larfield? —

M. Larfield. Ja, Milady! Die Schwester des Pachters auf Alderson.

Charlotte. Sie verzeihn, Mistriß — daß wir Sie durch unsre späte Ankunft an der Ruhe gehindert haben —

M. Larfield. Thut nichts, Milady! Ich war nur besorgt —

Charlotte. Der Kutscher nahm einen Umweg über Verkshire —

M. Larfield. Ah! Vermuthlich der Franzosen halber! Gestern Abend hieß es, sie wären über zwölf Meilen vorgerückt — aber Milady sind ermüdet (einen Stuhl reichend) Ists Ihnen gefällig? Betty! Führe doch die Frau mit dem Kinde in das Seitenzimmer, hier unter Haus —

X 3 Lidy.

Lidy. Elauben Sie, Milady?

Charlotte. Geh, liebe Lidy! Du bedarfst der Ruh — auch meine Sara —

Betty. (führt Lidy, welche die schlafende Sara trägt, in das Seitenzimmer ab.)

M. Larfield. (zu Betty) Hernach beforgst du Thee —

Charlotte. Ist noch kein Bote, keine Nachricht an mich hier eingetroffen?

M. Larfield. Noch nicht, Milady!

Charlotte. O Gott!

M. Larfield. Mein Bruder, der mir in seinem Briefe Ihre ganze traurige Geschichte berichtet hat, meldete mir zugleich, daß Ihr Herr Gemahl noch diese Nacht hier eintreffen würde; aber ich fürchte —

Charlotte. Wie? Was?

M. Larfield. Daß die Annäherung der Feinde ihn daran verhindern möchte! Man sagt, daß General Gates sich noch diese Nacht mit Lod Stormont vereinigen würde; ist diese Nachricht gegründet, so fürcht ich heut einen blutigen Tag!

Charlotte. O Gott! So werd ich ihn wohl vergebens erwarten — ihn vielleicht nie wieder sehn!

M. Larfield. Wegen seiner Ankunft in London könnten Sie recht haben, Milady; aber wegen des Wiedersehens hat es keine Gefahr! Mylord steht unter dem Regiment Gates — das ist, wie ich höre, nebst andern bestimmt, die

Haupt-

Hauptstadt zu decken; wenn also auch ein Treffen vorfällt — so ist er nicht einmal dabei gegenwärtig. Ich fürchte mehr für meinen Sohn;
der steht in dem Korps des Grafen Stormont,
das den Feind beobachtet — Er mußte schon gestern vor Tagesanbruch fort — Gott erhalt' ihn!

Charlotte. Und meinen Eduard!

M. Larfield. Er wird es, wenn es anders seinen weisen Absichten gemäß ist! Uebrigens können Milady hier die Zurückkunft Ihres
Herrn Gemahls in Ruhe und völliger Sicherheit
abwarten. Ich denk immer, es soll nicht lang
währen, so kehren Sie in seiner Begleitung wieder nach Alverson zurück.

Charlotte. Ach Gott! Dazu ist alle Hoffnung verloren!

M. Larfield. Nicht alle Hoffnung, Milady! Mylord ist Vater, Sie sind seine einzige
Tochter — Einige Tage, einige Wochen, und
sein Zorn wird sich legen, das Vaterherz wird
erwachen —

Charlotte. Wenn das wäre, so könnt ich
alles hoffen; aber er ist kalt — kalt wie Eis,
unversöhnlich bis ins Grab!

Dritter Auftritt.

Betty. Vorige. Hernach Thomas.

Betty. (bringt Thee; leise zu Mistriß Larfield.)
Ein Bedienter des Herzogs von Salisbury
wünscht

wünscht die hier angekommene Dame eiligst zu sprechen.

M. Larfield. Laß ihn kommen.

Betty. (geht ab.)

M. Larfield. Ein Bedienter von Ihrem Herrn Gemahl — Nun werden Sie ja hören — (schenkt Thee ein und bedient Charlotten.)

Charlotte. Von meinem Eduard? Er kömmt also nicht selbst?

Thomas. (kömmt.)

Charlotte. Du kömmst allein, Thomas? Wo ist dein Herr?

Thomas. Er folgt mir, Milady — Ich bin nur vorausgeritten, um nachzufragen, ob Sie schon eingetroffen wären.

Charlotte. Er folgt dir? Willkommen! Herzlich willkommen! Er kömmt, Mistriß! Ich werd ihn sehn, sprechen —

Thomas. Nur auf wenige Augenblicke, Milady! Mylord hat Order erhalten; er muß fort, zum Regiment — Die Feinde rücken immer näher; vielleicht daß noch heut ein Angriff erfolgt —

Charlotte. O Gott! ich mußt es erwarten! Ich werd ihn also nur sehn, um ihn wieder zu verlieren? Vielleicht auf ewig!

M. Larfield. Machen sie sich nicht vor der Zeit Kummer, Milady! Wie mir Kriegserfahrne berichten, so ist die Gefahr weniger bedeutend, als es scheint. Die Feinde sind zu schwach, um der verstärkten Armee des Grafen Stormont

lan=

lange Widerstand leisten zu können; hoffentlich
wird die Sache noch heute zu unserm Vortheile
entschieden.

Charlotte. Wollte Gott!

M. Larfield. Horch! Pferde! (ans Fenster
eilend.) Er ists! er ists!

(nimmt Licht und eilt ab.)

Charlotte. Eduard? Ihm entgegen! Hilf
mir, Thomas —

Thomas. Bleiben Sie, Milady! Sie sind
zu abgemattet — Ich hör' ihn schon —

Vierter Auftritt.

**Mistriß Larfield. Eduard. Charlotte.
Thomas.**

M. Larfield. (die Thür öffnend.) Nur hier
hinein, Mylord!

Eduard. (in Charlottens Arme stürzend.) Meine Charlotte!

Charlotte. Eduard! Hab' ich dich endlich?

Eduard. Meine Theuerste! Meine Liebe!
Aber du bist schwach — wankst!

M. Larfield. Kein Wunder! Sie hat die
ganze Nacht durch gewacht; die Beschwerlichkei-
ten der Reise — die mannichfaltigen Leiden in
dem Hause ihres Vaters —

(führt Charlotten auf einen Stuhl zurück.)

Charlotte. Sie sind nun überstanden! Was
wollt' ich nicht alles erdulden, um ihn, den

X 5   Ge-

Geliebten meines Herzens, meinen Eduard!

Eduard. Bestes Weib! Dank deiner Liebe, Bewunderung deinem Muthe, daß du mir nun ganz angehörst! Einen Kuß!

Charlotte. Hier — nimm ihn! Meine ganze Seele drückt ihn dir zum Siegel ewiger Liebe auf! (zu Eduard hinaufblickend.) So bist du nun wieder mein? Aber Gott! Wie lange? Nur wenige Augenblicke, und du eilst in den Kampf, der Gefahr, dem Tode entgegen!

Eduard. Nur einer geringen Anzahl Feinde entgegen; die vielleicht für ihre Verwegenheit büßen werden, ehe sie noch Gefahr bemerken! vielleicht auch nicht einmal unsre Annäherung erwarten werden. Thomas! Sieh, ob die Feldpost angekommen ist, ob Briefe an mich eingelaufen sind?

Thomas. Sogleich! (geht ab.)

Charlotte. Das Vielleicht ist betrüglich, Eduard! Ein ander Vielleicht kann ihnen Muth einflößen, unsern Völkern die Spitze zu bieten; sie sogar zu besiegen! O Eduard! Ich war nie muthlos; aber heute!

Eduard. Die in Alderson erlittenen Leiden haben dich schüchtern gemacht, deine Nerven erschüttert. Einige Tage Ruhe, und deine Kräfte werden sich sammeln; die Hoffnung wird wieder erwachen, dich von neuem beleben! Ich werde dir täglich schreiben, dir von allem Nachricht geben —

Char-

Charlotte. Aber die Gefahren, denen du täglich, stündlich ausgesetzt seyn wirst, wirst du mir verschweigen!

Eduard. Nein, Liebe! Du sollst alles, alles erfahren —

M. Larfield. Auch durch mich. Mein Sohn hat versprochen, mir jeden Vorfall von Wichtigkeit zu berichten.

Eduard. Die Minuten sind kostbar, theuerstes Weib! Laß sie uns nicht durch Klagen verkümmern, laß mich das Glück, dich wieder zu sehn, ganz genießen! Wo ist unsre Sara?

M. Larfield. Sie schläft hier in dem Nebenzimmer.

Eduard. Nur einen Augenblick, Liebe, ihr den Abschiedskuß zu geben —

Charlotte. Komm, komm! sieh es noch einmal, dieß theure Pfand unsrer Liebe und — vielleicht nie wieder!

Eduard. Bleib, meine Theuerste, du bist schwach! Ich kehre sogleich zu dir zurück. (zu Mistriß Larfield, die ihn begleiten will.) Auch Sie, Mistriß! Suchen Sie nur meine Charlotte zu beruhigen.

(geht ins Seitenzimmer ab.)

Fünfter Auftritt.
Charlotte. Mistriß Larfield.

Charlotte. Was ist es, das mich so zu Boden drückt? Umsonst streng' ich meine wenigen

Kräf=

Kräfte an, diese finstre Schwermuth zu zerstreuen!

M. Larfield. Der Gedanke an die nahe Trennung, Milady; die Furcht vor der anscheinenden Gefahr, welcher Mylord entgegen eilt, machen Ihnen natürlich Kummer! Sie müssen sich ihm nur nicht ganz überlassen; müssen, um sich zu beruhigen, auch zugleich den glücklichen Augenblick denken, wo Sie Ihren Gemahl, nach überstandner Gefahr, wiedersehn, ihn wieder in Ihre Arme schließen werden! So ein einziger Augenblick ersetzt alle zuvor empfundene Leiden!

Charlotte. Wollte Gott, er wäre schon erschienen, dieser glückliche Augenblick, er sollte mir eine Seligkeit seyn! In den Armen meines Eduards! — Nichts, nichts auf der Welt sollte mich wieder von ihm trennen! —

Sechster Auftritt.

Eduard. Vorige.

Eduard. (die letzten Worte hörend.) Nichts, meine Liebe! Nichts auf der Welt! (sie mit Inbrunst umarmend.) O meine Charlotte! Innigst geliebtes Weib! Wenn ich auch meines Lebens nicht achtete, so würd' ich es doch für dich zu erhalten suchen! Ja, Liebe! Um deinetwillen soll mir es theuer seyn; ich will es mit Sorgfalt schonen, will jeder Gefahr ausweichen, wozu mich Pflicht und Ehre nicht dringend auffodern! Dort schläft

das

das süße Unterpfand unsrer Liebe, das uns auf
immer vereinigt; dieß wird dich indeß über meine Abwesenheit trösten, wird in wenigen Tagen,
vielleicht schon morgen, ein Zeuge unsrer Wiedervereinigung seyn!

Charlotte. Eduard! Bester, theuerster Mann!
Ich weiß nicht, ob ich mehr deine Liebe, oder
deine Standhaftigkeit bewundern soll! Aber nur
zu sehr fühl' ich, in dem nämlichen Augenblicke,
daß ich nur ein Weib, ein schwaches Wesen bin,
das Dir zwar an Liebe nicht weicht, aber bey aller Anstrengung nicht über die Gefahr hinweg-
blicken kann! Furcht und Einbildung sind un-
aufhörlich geschäftig! Bald seh ich dich mitten
unter tausend feindlichen Schwertern kämpfen,
bluten, erliegen; bald tönt in meinen Ohren
ein ängstlich Klaggeschrey, das deinen Tod kündigt! Es sind Phantome, welche Kummer und
Angst erzeugen; die Vernunft sagt es mir, aber
ich vermag sie nicht zu verscheuchen!

Eduard. Du könntest mich muthlos machen
Charlotte, wenn ich im Kriege noch ein Neuling,
wäre! Verzeih, Liebe, daß ich diese traurige
Unterhaltung abbreche! Ich muß dir noch berichten, daß mein Oheim, Mylord Kendale, deinen Aufenthalt weiß. Er wird sich zwar aus
politischen Gründen nicht öffentlich für deinen
Beschützer erklären, sich aber insgeheim desto
lebhafter für dich interessiren und so oft als möglich nach London kommen, um dich zu besuchen.
Er wird dich in allen deinen Bedürfnissen unter-
stü-

stützen, wird dir meine Briefe einhändigen und alles beytragen, dich während meiner kurzen Abwesenheit aufzuheitern.

Charlotte. Der gütige Mann! O wie willkommen wird er mir seyn!

Eduard. Noch heut', oder morgen aufs späteste, kömmt er in London an; er will nach Hofe, dem Könige unsre Vermählung zu entdecken und ihm zugleich den Vorfall in Alderson zu berichten. Aber, Mistriß! Bis zu meiner Zurückkunft bleibt alles ein tiefes Geheimniß; auch muß Niemand, selbst Ihre vertrautesten Freunde müssen es nicht erfahren, wer meine Charlotte eigentlich ist. Wie leicht könnte Lord Alderson, durch irgend eine Unvorsichtigkeit, ihren Aufenthalt entdecken, und sie mir durch List oder Gewalt wieder entreißen!

M. Latfield. Unbesorgt, Mylord! Ihre Gemahlinn soll hier so unbekannt leben, wie in einem Kloster. Für die Verschwiegenheit meiner Leute bin ich Bürge, und meinen Freunden, welche sie von ohngefähr erblicken könnten, werd' ich sie als eine Verwandte von mir ankündigen.

Siebenter Auftritt.

Thomas. Vorige.

Thomas. (seinem Herrn einen Brief überreichend) Mit der Feldpost ist nichts angekommen, Mylord;

fort; aber ein Reiter, der über Westerney kömmt, brachte so eben diesen Brief.

Eduard. (den Brief erbrechend und lesend.) „Lord Eduard von Salisbury, Chef einer Es„quadron im Regiment Gates, wird hierdurch „beordert, sogleich nach Empfang dieses Schrei„bens aufzubrechen und unverzüglich im Haupt„quartiere des General Gates bey Danford zu „erscheinen, wo er seine nähere Bestimmung er„fahren wird.

Stormont.„

Nähere Bestimmung? Was will das sagen?

Charlotte. Ha! Auf den Wink meines Vaters! Der Grausame hielt Wort!

Eduard. (vor sich.) Ich will doch nimmermehr glauben — (zu Thomas.) Ist alles bereit?

Thomas. Alles, Mylord! Die Pferde stehn noch gesattelt.

Eduard. Erwarte mich — ich folge sogleich!

Thomas. (geht ab.)

Eduard. Charlotte! Ich muß fort — Dich verlassen; ohne Zeitverlust, wenn ich mich nicht den strengsten Vorwürfen aussetzen will! Gott segne, erhalte dich, bestes Weib! (sie umarmend.) Ihrer Sorgfalt, Meistriß, empfehl ich sie! Hier, Liebe — Diesen Kuß an meine Sara. —

Charlotte. O Gott! So schleunig?

Eduard. Ich muß! Pflicht und Ehre fordern es.

Char

Charlotte. Ich erliege!

Eduard. Charlotte! Meine Liebe! Erhole dich, fasse dich! Mein Herz blutet; aber ich muß! —

Achter Auftritt.

Thomas. Vorige.

Thomas. Mylord! Der Reiter läßt bitten, sich nicht zu verweilen, Sie möchten sonst von den immer näher anrückenden feindlichen Truppen abgeschnitten werden.

Eduard. (stutzt.) Die Gefahr so nahe und kein früherer Befehl? —

Thomas. Er hat, nebst einigen andern Reitern, die ihn begleiten, Ordre, Ihnen zur Bedeckung zu dienen.

Eduard. (stutzt.) Zur Bedeckung? Oder —? Dieß Schreiben des Grafen Stormont — nähere Bestimmung — das alles wird mir verdächtig! Doch — ich muß folgen; mein Schicksal erwarten — (zu Thomas.) In wenig Augenblicken bin ich bei dir. Geh!

Thomas. (geht ab.)

Eduard. Lebe wohl, Liebe! Bald sehn wir uns wieder!

Charlotte. So müssen wir uns trennen? Ach! Die Vollendung meines Schicksals! Nur noch einen Augenblick laß mich dich betrachten,

In=

Inbegriff aller meiner Wünsche und Hoffnungen!
Noch einmal an diese Brust drücken, an dieß
klopfende Herz — zum letztenmal in deinen Armen — (sinkt ohnmächtig hin.)

Eduard. Gott! Sie sinkt! Charlotte!

M. Larfield. Der Schmerz hat sie überwäl-
tigt — Nützen Sie den Augenblick, Mylord,
ehe sie sich wieder erholt.

Eduard. Charlotte! (mit einem Blick der äu-
ßersten Wehmuth.) Auch dein Bild ist mir unauslöschlich eingeprägt! Mistriß! Freundinn —
stehn Sie ihr bey! Ich darf nicht länger verweilen — Charlotte! (sieht sie starr an, küßt sie, entfernt sich, blickt zurück und umarmt sie von neuem.)
Charlotte! Lebe wohl! Gott erhalte dich! Lebe
wohl! (reißt sich fort.)

Neunter Auftritt.

Charlotte. Mistriß Larfield.

M. Larfield. Auch meine Standhaftigkeit
verläßt mich! Er eilt dahin, nähert sich dem
Grabe, das ihn vielleicht schon morgen umschließt;
vielleicht auch meinen Sohn! Gott erhalt' ihn!
Ihn und diesen Theuern!

Charlotte. (mit schwacher Stimme.) Eduard!
Eduard! Nur noch einen Augenblick! Ich will
— dir folgen — an deiner Seite — mit dir
sterben — (die Augen öffnend.) Eduard! Wo ist
er? (wild um sich blickend.) Wo ist mein Eduard?

Y   M.

M. Larfield. Die Pflicht rief ihn —

Charlotte. Er ist fort? Ha Grausamer! Du kannst mich verlassen? Mich? Deine Charlotte?

M. Larfield. Nur auf kurze Zeit, Milady —

Charlotte. Also ist er hin — hin unter die Mörder? Dem Tode entgegen?

M. Larfield. Unsre Feinde zu bekämpfen, zu besiegen! Sie werden ihn gewiß bald wieder sehn; vielleicht noch heute Nachricht von ihm erhalten.

Charlotte. Eine Trauerpost — Eduard ist geblieben — werd' ich hören; dem Boten fluchen!

M. Larfield. Um Gotteswillen, Milady! wo gerathen Sie hin? Noch ist ja nichts entschieden! So viel tausend tapfre Krieger sind der nämlichen Gefahr ausgesetzt, die Weiber, Kinder, Väter und Mütter hinterlassen. Alle sind um das Schicksal ihrer Lieblinge besorgt, alle bitten Gott für deren Erhaltung, und hoffen auf den Augenblick einer glücklichen Wiedervereinigung — und Sie, Milady, wollen verzweifeln, aller Hoffnung vor der Zeit entsagen? Bedenken Sie, daß Sie nicht allein Gattinn, daß Sie auch Mutter sind! Sie haben eine Tochter, für die Sie sich schonen, erhalten müssen!

Charlotte. Meine Sara! — Gut; ich will hin zu ihr, ihr den letzten Kuß ihres Vaters aufzudrücken! (sich mit Mühe aufrichtend.) O Gott! Ich bin schwach, sehr schwach! Helfen Sie mir
　　　　　　　　　　　— hin

— hin — auf mein Lager — das Lager der
Thränen und meines Erblassens!

M. Sarsfield. Zur Ruhe, Mlady — die
ist Ihnen höchst nothwendig!

Charlotte. Ja, ja! Zur Ruhe, die ewig
währt! Bis sie erfolgt, will ich Gott um Trost
anrufen, für mich — um Schutz, für ihn, den
Einzigen, meinen Eduard! Vielleicht wirft er
einen Gnadenblick auf mich — vielleicht hat er
noch Erbarmen!

Ende des vierten Aufzugs.

Fünfter Aufzug.

Erster Auftritt.

Mistriß Sarsield. Hernach Betty.

M. Sarsield. (an einem offnen Fenster stehend.)

Mein Gott! Welch eine schreckenvolle Nacht!
Der Tumult dauert fort! Die Gefahr muß größer seyn, als ich es vermuthete.

Betty. (kömmt.)

M. Larfield. Nun, Betty?

Betty. Ach Madame! Ich zittre und bebe! Jeden Schuß könnte man hören, wenn der Lärm auf den Gassen nicht so unbeschreiblich groß wäre. Das reitet, läuft und fährt, daß man sich nur mit Mühe durchdrängen kann! Die Leute sprechen, Lord Stormont hätte die Feinde bey Crayford überfallen — Andre sagen wieder, die Unsrigen wären geschlagen und retirirten sich gegen London — Kurz, so viele Fragen, so viele unterschiedene Antworten; aber keine mit Gewißheit.

M. Larfield. Etwas von Wichtigkeit muß vorfallen; auch war ein Angriff, aller Wahrscheinlichkeit nach, zu erwarten: aber so nahe bey London —

Betty. Ich bedaure nur unsre arme unglückliche Lady! Ganz gewiß ist auch sie durch den Tumult aus dem Schlafe gestört worden —

M. Larfield. Ich zittre für ihr Leben! Heute früh die Trennung von ihrem Geliebten; den ganzen Tag in tiefe fürchterliche Schwermuth versenkt und nun! —

Betty. Und nicht das Geringste zur Stärkung hat sie seit ihrer Ankunft aus Alberson zu sich genommen; sie muß endlich unterliegen! Ja — bald hätt' ichs vor lauter Angst und Schrecken vergessen — Ein Bedienter des Admirals! Kendale war vorhin an der Thür und fragte nach

Me

Mllady; sein Herr wäre so eben aus Westernney angekommen und wünschte sie zu sprechen.

M. Larfield. O Gott! Er soll kommen, trösten, beruhigen! Ich vermag es nicht; ich bin selbst außer aller Fassung!

Betty. Er wird vermuthlich gleich hier seyn; er wohnt nicht weit von hier, in dem Gasthofe zum Elephanten.

M. Larfield. Durch ihn erhalten wir vielleicht auch nähere Nachricht wegen der Unruhen —

Betty. Man pocht!

M. Larfield. Sieh zu! Vielleicht der Admiral selbst —

Betty. (nimmt Licht und öffnet die Thüre,) Allem Vermuthen nach!

Zweyter Auftritt.

Rendale. Vorige.

Rendale. Verzeihung! Der Bediente an der Thür wies mich herein — versicherte, ich käme nicht ungelegen — (zu Mistriß Larfield.) Ohne Zweifel hab' ich die Ehre, Mistriß Larfield vor mir zu sehn?

M. Larfield. Zu dienen — und wenn ich nicht irre —

Rendale. Der alte Admiral Rendale —

M. Larfield. Willkommen Mylord! Recht sehr willkommen sind Sie uns!

Y 3 Ren=

Kendale. Um so viel besser! Eigentlich find'
ich es unschicklich, einer Dame so spät die erste
Visite zu machen; allein die allgemeinen Unruhen machen heut' eine Ausnahme — auch kann
man diese Nacht gewissermaßen für einen Tag
annehmen; denn Luna prangt in ihrem schönsten Gallakleide, und in ganz London schläft jetzt
gewiß Niemand, er müßte denn einen dreyfachen
Rausch haben, oder schlafsüchtig seyn.

M. Larfield. Freylich! Bey der so nahen
Gefahr —

Kendale. Lord Stormont ist mit seinen Leuten schon in voller Arbeit und nicht gar ferne
von uns; denn seine Orgelpfeifen brummen,
daß man taub werden möchte!

M. Larfield. (ein Fenster öffnend.) Schrecklich! Welch ein Tumult! Welch Geschrey! Wie
die Menschen durcheinander laufen! —

Kendale. Die Stille der Nacht macht das
Wesen ein wenig fürchterlich. Aber eigentlich
könnten sich alle die Leute geruhig aufs Ohr legen; denn die ganze Sache ist von keiner Bedeutung.

M. Larfield. Doch, Mylord! Das Glück
des Krieges —

Kendale. Ist wandelbar! Aber dasmal muß
Madame Fortune bey uns katzaus halten! Unsre
Feinde haben freylich Muth; aber sie sind zu
schwach, stehen gerade auf dem Fleck, wo der
Schlaukopf Stormont sie haben will, und haben
sich keines Angriffs vermuthet. — Aber die

Haupt-

Hauptsache nicht zu vergessen — Was macht Milady? Wie befindet sie sich?

M. Larfield. Sehr schlecht, Mylord! Sie ist, theils durch die grausame Behandlung ihres Vaters, theils durch den Kummer über die Trennung von ihrem Gemahl, so sehr entkräftet, daß ich befürchte ==

Kendale. Nu, nu, einige Tage Ruhe und meines Neffen Eduards glückliche Zurückkunft werden sie schon wieder aufheitern.

Dritter Auftritt.

Lidy. Vorige.

Lidy. O Mistriß! Ich bin in einer grausamen Angst! Meine arme Lady ==
(Kendale erblickend und zurücktretend.)

M. Larfield. (zu Lidy.) Mylord Kendale

Lidy. O Mylord! Ihre Gegenwart kann vielleicht zur Beruhigung meiner Gebieterinn beytragen — Sie ist ganz außer sich!

M. Larfield. Ohne Zweifel hat sie der Tumult aus dem Schlafe geschreckt?

Lidy. Fast kein Auge hat sie zugethan! Vor Mitternacht hatte sie eine Art von Fieberschlaf, worin sie wohl hundertmal den Namen Eduard nannte; in der Folge stand sie auf und schrieb Briefe, deren einige sie nebst andern Papieren aus ihrer Brieftasche in ein Packet siegelte; endlich erregte der zunehmende Lärm auf der Straße

P 4
ihre

ihre Aufmerksamkeit; sie öffnete ein Fenster, hörte das dumpfe Brüllen des Geschützes, schrie: Eduard! und stürzte ohnmächtig zur Erde. Durch Hülfe eines Salzes erholte sie sich zwar wieder, aber sie ist jezt so schwach, so äußerst entkräftet, daß ich mit jedem Augenblicke fürchte, sie wird ihren Leiden unterliegen! Kommen Sie, Mylord! Sprechen Sie ihr Trost zu, wenn Sie es vermögen.

Kendale. Ich will — Melden Sie nur erst meine Gegenwart —

Lidy. Sogleich! (geht.) Fast erlieg' ich selbst bey so vielem Jammer!

M. Larfield. Dort kömmt sie — Mein Gott! Wie blaß! Wie entstellt.

Vierter Auftritt.

Charlotte. Vorige.

Charlotte. (zu Lidy.) Bist du da, Liebe? Geh zu deiner Sara — sie wünscht dich zu sehn.

Lidy. Sogleich, Milady! (geht ab.)

Charlotte. (Kendale erblickend.) Mylord! — Willkommen! So viel Güte —

Kendale. (Charlotten auf einen Stuhl führend.) Wohlstandspflicht, so viel man von einem alten Seemanne fodern kann; was Sie Güte zu nennen belieben, ist Schuldigkeit. Zwar werden Sie sich wundern, mitten in der Nacht von mir

ein

einen Besuch zu erhalten, der Ihnen eigentlich
erst morgen bestimmt war; allein ein Trupp
Franzosen schwärmte da gestern Abend in der
Gegend von Westeney herum, und weil ich nun
eben keine Lust hatte, die Visite dieser Herren
abzuwarten, so packt ich mich in meine Jagd-
chaise und fuhr bei hellem Mondenschein nach
London. Beim Absteigen vernahm ich, daß
Mistriß Larsield meine Nachbarinn, und in ihrem Hause, so wie in ganz London, noch alles
munter wäre; ich glaubte also, die Gegenwart
eines alten Soldaten würde Ihnen bei der Nacht-
musik, die uns Lord Stormont in der Nachbarschaft aufspielen läßt, nicht unwillkommen seyn.

Charlotte. Was könnte mir in dieser schre-
ckenvollen Nacht willkommener seyn, Mylord?
Verzeihn Sie nur, wenn ich Sie nicht mit aller
der Wärme empfange, welche Ihre gütige Vor-
sorge verdient! Der Gedanke an meinen Eduard,
an die Gefahr — O Mylord! Dieß sind die
fürchterlichen Augenblicke, welche über Leben
und Tod, welche über sein Schicksal und das
meinige entscheiden! Vielleicht ist es schon entschieden; vielleicht —

Kendale. Unbesorgt, Milady! Unser Freund
Eduard wird sich schon durchfechten; dafür hat
er Stärke, Muth und Klugheit — und im Fall
der Gefahr, die aber nicht zu besorgen ist, hat
er einen Renner, der in zwanzig Minuten seine
vier bis fünf Meilen durchschneidet, daß es pfeift!
Uebrigens ist der Vortheil ganz auf unser Sei-

te. Nach dem Plane, den General Störmont
entworfen hat, sind die Feinde so gut als geliefert; es bedurfte nur List, um sie in die Falle zu locken, und eines muthigen Angriffs, um
sich ihrer zu bemeistern. Hoffentlich wird das
ganze Werk nun beinahe vollendet seyn.

Charlotte. Wollte Gott!

Kendale. Zu unsrer aller Beruhigung! Bis
wir davon durch ein Schreiben von Ihrem Herrn
Gemahl, oder durch seine persönliche Erschei-
nung, überzeugt werden, etwas von Ihren
häuslichen Angelegenheiten, liebe Nichte —
denn dafür erkenn ich Sie! Sobald ich London
wieder verlasse, soll mein Weg sogleich nach Alderson, zu Ihrem Vater, gehn. — Es wird
mir zwar blutsauer ankommen; aber Ihnen und
meinem Neffen zu Gefallen, will ich auf ein
paar Stunden Augen und Ohren in die Tasche
stecken, seine Anordnungen bewilligen und mich
in seine Launen schicken. Es müßte doch mit
dem Henker zugehen, wenn ich den alten Gnurr-
kopf nicht wieder umlenken sollte!

Charlotte. Nie, Mylord! Unversöhnlichkeit
ist der Hauptzug seines Charakters, und Starr-
sinn die erste unselige Mitgabe der Natur, als
sie ihn in die Welt setzte! Er gab mir seinen
Fluch, und den wird er nie widerrufen!

Fünf-

Fünfter Auftritt.

Vorige. Betty.

Betty. (giebt einen Brief an Mistriß Carfield)
Durch einen Jäger von Mylord Alderson —

Charlotte. Von meinem Vater?

M. Carfield. An mich?

Rendale. Mitten in der Nacht? Sonderbar! Sollt er erfahren haben? —

Betty. Er befindet sich seit gestern Abend in London, und wohnt in dem nämlichen Gasthofe, wo Mylord abgetreten sind —

Rendale. Was Henker! War das vielleicht die lange hagre Figur im Schlafpelze, die bei meiner Ankunft die Thür eines Zimmers öffnete, mich begaffte und sie wieder zuschlug, daß es krachte? Sogleich gab ich nicht auf alle die Menschengesichter acht, die mir auffließen, und wer konnt auch vermuthen, daß Mylord sich in London und mit mir unter einem Dache befände!

Betty. Wie der Jäger sagte, so ist auch er der Franzosen halber geflüchtet.

Charlotte. Mir so nahe! Gott! Ich zittre!

M. Carfield. Durch welchen Zufall muß er erfahren haben? —

Rendale. Vermuthlich hat er gehört, daß ich mich nach Ihrer Wohnung erkundigte; hat mich fortgehn sehn, mir nachspüren lassen — (zu Betty.) Wartet der Jäger auf Antwort?

Bet-

Betty. Nein, Mylord! Er gieng sogleich wieder fort.

Kendale. Lesen Sie nur, Mistriß! Wir wollen doch hören, wie die Briefe lauten.

M. Larfield. (zu Betty.) Heinrich soll acht geben, und Niemand unangemeldet hereinlassen.

Betty. (geht ab.)

Kendale. (zu Charlotten) Fassung, Kind! Befürchten Sie nichts! Ich nehme Sie in meinen Schutz, gegen alle Gefahr! (zu Mistriß Larfield) Lesen Sie nur, lesen Sie!

M. Larfield. (liest) „Der entlaufenen, „welche Mistriß Larfield bei sich aufgenommen „hat, wird hierdurch angedeutet, daß Sie von „nun an ihrem Schicksale überlassen ist. Geor„ge, Graf von Alderson."

Charlotte. Gott! (ergreift das Blatt, liest und läßt es sinken) Mein Todesurtheil.

Kendale. Was zum Henker? — (das Blatt aufhebend und vor sich lesend.)

M. Larfield. Der Barbar!

Kendale. (die Schrift an Mistriß Larfield zurückgebend) Possen! Er ist Mensch, Vater! Der erste Zorn spricht aus ihm!

Charlotte. Der entschlossenste Haß! O sein Zorn würde mir eine Wohlthat seyn!

Kendale. Nicht verzweifelt, Milady! Was geschehn ist, ist geschehn und nicht mehr zu ändern! Wenn ihm der Gedank' einmal, über kurz oder lang, durch den Kopf fährt, er dann um sich blickt, sich verlassen und kinderlos sieht, so

wird

wird die Vernunft ihre Rechte schon wieder über ihn behaupten und das bewirken, was sein Herz Ihnen jetzt verweigert.

Charlotte. Nie! Nie! Ich kenn ihn! Sein Haß ist unauslöschlich! (im Gefühl des tiefsten Schmerzes) Ich habe keinen Vater mehr!

Kendale. (gerührt) Aber noch einen Freund — in Eduard einen Gemahl!

Charlotte. Hab ich noch einen Gemahl?

Kendale. Der bleibt Ihnen, trotz allen Flüchen Ihres Vaters, gewiß! Sie sehn ihn wahrscheinlich morgen wieder in London; für ihn müssen Sie sich schonen, erhalten. Sind die Franzosen wieder aus dem Königreiche, so soll er die Uniform sogleich an den Nagel henken, im Parlament als Herzog von Salysbury auftreten und Sie dann dem Hofe als seine Gemahlinn öffentlich vorstellen.

Sechster Auftritt.

Betty. Vorige.

M. Larfield. Was giebts?

Betty. Ach, Madame! Der ganze Himmel gegen Crayford zu ist feuerroth — das Schießen wird immer schwächer; die Leute wollen daraus vermuthen, daß die Feinde geschlagen wären —

Kendale. Sehr wahrscheinlich! Vermuthlich haben sie einige Dörfer angesteckt, um ihre

Flucht

Flucht zu decken. Erlauben Sie, Milady —
nur wenige Augenblicke, um darüber nähern
Bericht einzuholen — Ich bin sogleich wieder
bei Ihnen. (geht ab.)

Betty). (folgt.)

Siebenter Auftritt.

Charlotte. Mistriß Larsield.

M. Larsield. Haben Sie es gehört, Milady? Hoffentlich ist nun die Gefahr überstanden! Wenn sich die Nachricht bestätigt, woran
ich keineswegs zweifle, so sehn Sie Ihren See-
mahl vielleicht in wenig Stunden wieder.

Charlotte. Wollte Gott!

M. Larsield. Außer allem Zweifel! Denn
die geringe Entfernung —

Charlotte. O meine Freundinn! Sie wollen mich trösten; aber leider ist dieß Herz für
keinen Trost empfänglich, widerspricht aller Hoffnung!

M. Larsield. Sie betrüben mich unauss-
sprechlich, Milady! Wie? So ganz gefühlvoll
für Ihre Leiden und so gefühllos gegen allen
Trost? Dieser starr zur Erde gerichtete Blick —
heben Sie ihn zu mir — zu Ihrer Freundinn!

Charlotte. Zu ihm, zu meinem Eduard!
Dort — unter den Verklärten sind ich ihn wieder!

M.

M. Larfield. Beſte, theuerſte Freundinn!
Ich bitte, beſchwöre Sie, erwachen Sie aus
dieſem ſchrecklichen Traume! Noch lebt Eduard!
Bedenken Sie! Wenn er nun kömmt und Sie
ſein zweites Selbſt, ſeine Gattinn in einem ſolchen Zuſtande — oder vielleicht gar, durch
Gram und Kummer getödtet, auf der Bahre
erblickt — denken Sie ſich ſein Entſetzen, ſeine
Verzweiflung!

Charlotte. Gott! Was ſagen Sie? Das
wäre ſchrecklich! Nein, nein! Er ſoll leben!
Ich will leben, will mich faſſen, alle meine
Standhaftigkeit aufbiethen —

Achter Auftritt.

Rendale. Vorige.

Rendale. Luſtig, Kinder! Freude über
Freude! So eben kam ein Kourier. Die Feinde ſind geſchlagen, der ganze linke Flügel iſt gefangen, der rechte iſt abgeſchnitten; retirirt
ſich gegen London und wird auch bald um Quar-
tier bitten.

M. Larfield. Gottlob!

Rendale. General Gates iſt, mit dem Kern
der Reiterei, von dieſer Seite im Anmarſch und
wird ihn hoffentlich nun ſchon in Empfang genommen haben. Um zwölf Uhr nahm das Treffen ſeinen Anfang, und um zwei Uhr war alles
fir und fertig! Nun, Milady, ſoll's nicht lan-

ge mehr währen, so sehn wir unsern Freund
Eduard als Sieger in Ihren Armen!

Charlotte. Aber warum keine Nachricht von
ihm selbst?

Rendale. Ja, liebes Herzenskind! Zum
Schreiben möcht's ihm wohl, bei so bewandten
Umständen, an Zeit gebrechen! Denn als Ka-
vallerist muß er jetzt die Honneurs machen und
die ungebetenen Gäste begleiten. Ich denk, er
wird wohl, nach vollbrachter Arbeit, sein eigner Briefträger seyn.

Charlotte. Um zwölf Uhr, sagten Sie, nahm
das Treffen seinen Anfang?

Rendale. Um zwölf Uhr, bei hellem Mond-
scheine, so sagte der Kourier, welcher so eben
mit der Nachricht zum Staatssekretär eilte —

Charlotte. Um zwölf Uhr? (In tiefem Nachdenken) So viel tönte die fürchterliche Glocke und
bald darauf sah ich ihn, von Wunden bedeckt,
zu Boden sinken.

Rendale. Hoffentlich nur im Traume! Desto größre Freude für Sie, wenn er nun mit
gesunden Gliedern erscheint und die Träumerinn,
durch einen herzlichen Kuß, Lügen straft!

M. Larsield. Sie handeln grausam gegen
uns, und noch grausamer gegen sich selbst, Milady! Kummer ist der Antheil der liebenden Gattinn, wenn ihr Geliebter sich in Gefahr befindet; aber ein so finstrer Gram kann nur dann
Statt finden, wenn sie ihn verloren hat! Hoffen Sie, fürchten Sie; aber verzweifeln Sie
nicht

nicht zu einer Zeit, da Sie sich dem Ende Ihrer Leiden, dem Ziel Ihrer Wünsche nähern.

Rendale. Empfindsame Grillenfängereien! Er kann geblieben seyn — möglich; aber nicht wahrscheinlich; ich hätte sonst leider schon Nachrichten. Also Muth gefaßt, Milady, an der allgemeinen Freude Theil genommen, und sich in den Stand gesetzt, Ihren Gemahl zu empfangen.

Charlotte. Ihn zu empfangen, ihn an dieß Herz zu schließen, ihn ganz zu besitzen — Gott! Welch eine Seeligkeit!

Rendale. Die wird er Ihnen gewähren, und gewiß eher, als Sie es vermuthen.

Neunter Auftritt.

Betty. Vorige. Hernach Thomas.

Betty. Ein Bedienter des Herzogs von Salisbury wünscht Milady zu sprechen.

Charlotte. Von Eduard! Herein! Herein! O sein Anblick wird mir Trost gewähren!

Rendale. Nun, sehn Sie? Schon wieder ein Freudenbote!

Betty. (vor sich) O Gott! Ich fürchte das Gegentheil! (öffnet die Thür und winkt.)

Thomas. (tritt langsam und traurig herein, ohne von Charlotten bemerkt zu werden.)

M. Larfield. (leise) Ein Unglücksbote, Milady! Seine Miene spricht Tod.

Z   Ren-

Kendale. Tod? (Thomas erblickend und zurück=
fahrend) Ich Unglücklicher! Das öffnet mir mein
Grab!

M. Larfield. Verbergen — unterdrücken
Sie! —

Kendale. (zu Thomas, mit beiden Händen win=
kend.) Fort! Fort!

Charlotte. (durch diese Bewegnng aufmerksam
gemacht) Was geht vor? (wendet sich und erblickt Tho=
mas, der sich entfernen will) Wohin? Zu mir!
Wie? Du wankst? Du bebst?

M. Larfield. (zu Thomas) Fort — zurück
zu seinem Herrn! Wir erwarten ihn!

Charlotte. Ah Verräther! Ihr hintergeht
mich! (steht auf, ergreift Thomas bei der Hand, zieht
ihn mit sich fort und sinkt auf den Stuhl zurück.)
Hieher, Bote des Todes! Sprich! Wo ist dein
Herr?

Thomas. (schweigt.)

Charlotte. Wo ist dein Herr?

Thomas. (die Achsel zuckend.)

Charlotte. Tod?

Thomas. Erlauben Sie, Milady — (will
sich auf Kendales Wink entfernen.)

Charlotte. (ihn haltend) Ich lasse dich nicht!
Sprich! Wo — wie — wann starb er? Was
sprach er?

Thomas. (strebt noch immer, sich loszuwinden.)

Charlotte. Ich lasse dich nicht! Ich muß
alles wissen, darf es wissen, bin auf alles ge=
faßt!

Tho=

Thomas. (mit einem mitleidigen Blick) O Milady —

Charlotte. Sprich, Unglücklicher! Ich bitte dich, steh um dein Mitleid! Laß mich hören,
alles erfahren — die letzten Augenblicke seines
Erblassens! Er ist für mich verloren, das erwartete ich; nur die Art seines Todes —

Thomas. Schrecklich! Schrecklich! Sie
werden es nicht ertragen!

Charlotte. Ich werde — bin gefaßt, das
Aergste zu erfahren! Sprich!

Thomas. Hier — diesen Brief schrieb er
noch vor wenigen Stunden —

Charlotte. Gieb! (liest) „Meine Charlotte!
„Man hat meine Ehre gekränkt, mich auf das
„empfindlichste beleidigt! Unter dem Vorwande,
„daß ich den Dienst vernachlässigt, und eine mir
„gestern früh nach Westerney zugesandte Marsch-
„ordre nicht pünktlich befolgt hätte, hat man
„mir, sogleich bei meiner Ankunft im Lager,
„Arrest angekündigt" —

Kendale. Donner und Wetter! Lassen Sie
sehn — (nimmt das Blatt und liest) „Arrest ange-
„kündigt — gewiß auf Anstiften deines grau-
„samen Vaters" — Ha! Ganz natürlich! (liest)
„— Arrest angekündigt" — Hm! Hm! „Erst
„jetzt hab ich meine Freiheit wieder erhalten und
„bediene mich des Augenblicks, dir zu melden
„— Ha! Das Zeichen zum Aufbruch ertönt!
„Man kömmt, mich abzurufen. Verzeih, Lie-
„be! Ich muß abbrechen, gegen den Feind an-
„rü-

„rücken. Das nähere morgen von beinem bich
„ewigliebenben

„Eduard‟

Charlotte. Nun, Thomas? Das Nähe=
re —

Thomas. Die Nacht war bereits angebro=
chen — Alles blieb stehn und liegen; wir war=
fen uns auf die Pferde und eilten dem Tode
entgegen! Die Feinde, welche sich keines An=
griffs vermuthen, wurden unvermerkt einge=
schlossen, und in weniger als einer halben Stun=
de war der Sieg unser. Nun wurde die Reite=
rei zum Nachhauen beordert. Mein Herr, voll
Begierde, seine gekränkte Ehre zu retten, und
sich durch eine ruhmvolle That auszuzeichnen,
eilte mit einigen beherzten Reitern voraus, traf
auf einen Trupp Feinde und trieb ihn zurück.
Der Mond verbarg sich, in dem Augenblicke,
als wir ein Defilee passirten — Der Feind, un=
sre geringe Anzahl bemerkend, bediente sich des
Vortheils und unserer Unvorsichtigkeit, wand=
te sich plötzlich, umringt uns, und in wenig
Minuten war mein armer Herr, nebst dem größ=
ten Theil seiner schwachen Begleitung, zu Bo=
den gehauen!

Charlotte. (sinkt zurück)

Kendale. Entsetzlich! 〉 (Beide richten ihr
〉 Augenmerk aufTho=
〉 mas, ohne Charlot=
M. Larfield. Mein Gott! 〉 tensZustand zu mer=
〉 ken.)

Char=

Thomas. Zu spät, ihn zu retten; aber leider zu schnell zu seinem völligen Verderben, drängte sich gleich darauf unsre ganze Reiterey, in der Dunkelheit, durch das Defilee, den fliehenden Feinden nach, und mein vielleicht noch lebender Herr wurde, nebst allen dortliegenden Freunden und Feinden von den Pferden jämmerlich zertreten!

M. Larfield. Ach Gott!

Kendale. Halt ein, Unglücklicher!

(eine Pause)

Charlotte. (mit zur Erde gesenktem starren Blick.) Er ist todt! — Tod? — (mit einem erstickten Seufzer.) Schlimm, daß er tod ist!

Kendale. Mein Herz wird zerrissen!

(hinsinkend.)

Charlotte. (zu Kendale.) Nicht wahr — das hätt' ich nicht verdient?

Kendale. Gott erbarme dich ihrer?

Charlotte. (schwermüthig, ruhig.) Das wird er! (mit empor gerichteten Blick.) Er — Er wird mich mit ihm vereinigen!

M. Larfield. Leben Sie, leben Sie! Gott wird Trost verleihn!

Charlotte. In jener Ewigkeit!

M. Larfield. Sie sind Mutter; haben noch eine Tochter —

Charlotte. Hab ich?

M. Larfield. (zu Kendale.) Vielleicht daß der Anblick des Kindes sie zur Fassung bringt!

(eilt ab.)

З 3   Tho-

Thomas. O Mylord — Milady? — Werden Sie mir verzeihn? — (weint.)

Kendale. Guter Herzensjunge! Kannst du für Unglück?

Charlotte. (mit düstrer Fassung.) Deine Hand, Alter, Beruhige dich! Dein Herr ging voran — wir folgen!

Zehnter und letzter Auftritt.

Mistriß Larfield. Lidy. Sara. Charlotte. Kendale. Betty. Thomas.

Lidy. (bei Charlottens Anblick erschreckend.) Ach Gott!

Charlotte. (Sara, welche Mistriß Larfield auf ihrem Arm hält, erblickend.) Zu mir! (nimmt das Kind, küßt und betrachtet es mit unverwandtem Blick — nach einer Pause.) Unglückliches Geschöpf! Auch dich drückt der Fluch! (von der Fassung zur Wehmuth übergehend.) Hin — hin — wo mehr Segen ruht! (zu Kendale.) Ihr Eigenthum! Es stammt von Eduard!

Kendale. (nimmt das Kind, drückt es mit Inbrunst an sich, reicht Charlotten die Hand und sagt mit festem Tone.) Bey Gott — mein Eigenthum! (küßt das Kind noch einmal und giebt es an Lidy.)

Charlotte. Lidy — den Brief an meinem Vater —

Lidy. Sogleich! (geht nebst Sara ab.)

M. Marfield. Betty! Du bleibst bey dem Kinde.

Betty. (folgt Lidy.)

Charlotte. (deren Schwachheit augenscheinlich zunimmt, nach einer kurzen Pause.) Eduard — (zu Kendale.) Sie sammeln seine Gebeine, My= lord — und wenn ich nicht mehr seyn werde, so vereinigen Sie unsre erblaßten Körper im Gra= be — Die letzte Wohlthat!

Lidy. (einen Brief bringend.)

Charlotte. Hier, Mylord — (ihn an Ken= dale gebend.) — an meinen Vater — Vielleicht verlöscht sein Zorn, wenn er erfährt, daß ich ihn nicht überlebt habe —

Kendale. So ist denn alles verloren? Alles?

Charlotte. Für mich — auf Erden — al= les! Der Augenblick unsrer Vereinigung — nä= het sich — (nach einer Pause scheinen sich Sinne und Kräfte zu sammeln.) Lidy! — Meine Sara be= darf einer Mutter! — (löst ein Band von ihrem Halse, zieht es mit dem daran befestigten Bildnisse Edu= ards herab, sieht das Bildniß unverwandt an, küßt es und ruft mit schwacher Stimme.) Eduard! Eduard! (das Bildniß entfällt ihren erstarrenden Händen.)

Lidy. Sie stirbt; (sinkt zu Charlottens Füßen.)

M. Marfield. Erbarmen! Gott! Ist keine Rettung?

Kendale. Alles verloren! Keine Hofnung! Nun den — hin! hin, alles was mir auf die= ser Welt theuer ist — Hin, in jene beßre Welt! Dort sehn wir uns wieder!

Ende des letzten Aufzugs.